„Die Nacht der langen Messer": 90 Menschen fielen im Juni und Juli 1934 der von Adolf Hitler angeordneten Mordserie zum Opfer.

Peter Longerich

ABRECHNUNG

Hitler, Röhm und die Morde vom 30. Juni 1934

MOLDEN

Inhalt

Hermann Göring, Ernst Röhm und Adolf Hitler am Flughafen Berlin-Tempelhof. Es ist der 27. Juli 1932. Die drei Männer stehen kurz vor ihrem bis dahin größten politischen Triumph.

EINLEITUNG

Was geschah am 30. Juni 1934?

DIE DREI MÄNNER, die am 27. Juli 1932 auf dem Berliner Flughafen Tempelhof zusammentreffen, stehen unmittelbar vor ihrem größten politischen Erfolg: Vier Tage später, am 31. Juli, wird die NSDAP bei den Wahlen zum Reichstag mit 37,2 Prozent der Stimmen ihren größten Wahltriumph erringen und ihre Position als mit Abstand wichtigste politische Kraft im Land festigen.

Der „Führer" der NSDAP, Adolf Hitler, sein „politischer Beauftragter" in Berlin, Hermann Göring, und der „Stabschef" seiner Sturmabteilung SA, Ernst Röhm, rechnen zu diesem Zeitpunkt bereits fest mit einem durchschlagenden Erfolg: Sie scheinen im Begriff zu sein, die Macht im Lande zu übernehmen. Der äußerst entschlossene Blick, den sie für die sie umringenden Fotografen aufgesetzt haben, soll diese besondere Situation zum Ausdruck bringen.

Tatsächlich wird Hitlers Ernennung zum Reichskanzler des Deutschen Reiches noch einige Monate auf sich warten lassen, und der Weg dahin sowie der gesamte Prozess der dann folgenden „Machtergreifung" wird von scharfen innerparteilichen Konflikten begleitet sein. Unter dem Diktator Hitler werden sich Göring als preußischer Ministerpräsident und Röhm als Reichsminister und Anführer der SA ihre jeweils eigenen Machtstellungen aufbauen, und Röhm wird offen gegen Hitler opponieren. Hitler wird diesen Machtkampf blutig entscheiden: Weniger als zwei Jahre nach der Tempelhofer Szene lässt er Röhm und einen großen Teil der SA-Führung ermorden – Göring wird dabei eine wichtige Rolle spielen.

FÜR DIE EREIGNISSE UM DEN 30. JUNI 1934 gibt es bisher keine angemessene allgemein gebräuchliche historische Begrifflichkeit. Wie bei so vielen anderen Geschehnissen der Jahre 1933 bis 1945 hat man sich in der Regel damit begnügt, die von den Nazis eingeführte Terminologie einfach weiterzuverwenden und setzt sie dann meist zwecks Distanzierung genierlich in Anführungszeichen. So ist in der historischen Literatur und in der Publizistik auch 90 Jahre nach den Ereignissen immer noch vom „Röhm-Putsch“ die Rede, obwohl hundertprozentige Übereinstimmung herrscht, dass der behauptete „Putsch“ eine außerordentlich dreiste und schlecht fabrizierte Lüge des Regimes darstellte. Auch die häufig gebrauchte Bezeichnung „Röhm-Affäre“ trifft – schon wegen des mysteriösen Untertons – nicht den Kern der Sache.

Es ist an der Zeit, die Dinge endlich beim Namen zu nennen. Am 30. Juni beging das NS-Regime – genauer gesagt: Polizei, Geheime Staatspolizei (Gestapo) und die nationalsozialistische Schutzstaffel (SS) mit logistischer Unterstützung der Wehrmacht und auf Anordnung der politischen Spitze – einen Massenmord, dem nach heutigem Erkenntnisstand 90 Menschen zum Opfer fielen: SA-Führer sowie Personen, die Röhm und anderen SA-Größen irgendwie nahestanden, konservative Opponenten, einige prominente katholische Laien, Menschen, an denen man sich wegen ihrer Gegnerschaft in der „Kampfzeit“ rächen wollte, ehemals politisch Prominente, denen man zutraute, unter Umständen wieder aus der Deckung zu treten, verschiedene als lästig empfundene Existenzen, einige Juden, schließlich Bürger, mit denen SS-Angehörige in der Provinz „alte Rechnungen“ begleichen wollten.

Diese – unvollständige – Aufzählung zeigt bereits, dass es sich nicht um eine gezielte „Säuberung“ oder Ausschaltung einer bestimmten Oppositionsgruppe handelte, sondern um einen blutigen Rundumschlag, aus unterschiedlichen Motiven gegen verschiedenste Gruppen und Personen gerichtet. Das Ausufern der Morde auf ganz unterschiedliche Personengruppen, das wird im Einzelnen zu zeigen sein, ist jedoch nicht auf einen Kontrollverlust des Diktators zurückzuführen; das zeigt schon die Tatsache, dass die Aktion sich im Wesentlichen, wie intendiert, auf drei Hauptzentren, München, Berlin und Schlesien (wo zusammen 76 der 90 Morde begangen wurden), konzentrierte, und sich eben nicht zu einem mörderischen Flächenbrand auf das gesamte Reichsgebiet ausweitete. Die Entgrenzung des Mordens aus unterschiedlichen Motiven war Teil des hinter der Aktion stehenden Kalküls und kein unkontrollierter Vorgang. Spekulationen, dass Hitler in einer Reihe von Fällen die Morde nicht ausdrücklich autorisiert oder beabsichtigt hat, gehen am Kern der Sache vorbei. Der entscheidende Punkt ist der Willkürcharakter der gesamten Aktion, oder anders ausgedrückt: ihr terroristischer Charakter.

War der Terror der „Machtergreifung" im Sommer 1933 abgeklungen und hatte das Regime im folgenden Jahr großen Wert daraufgelegt, dass es mit der Zustimmung der überwältigenden Mehrheit regiere und die gewalttätigen innenpolitischen Auseinandersetzungen der letzten Jahre der Weimarer Republik jetzt unter einer starken autoritären Führung endlich überwunden seien, so zeigte es sich am 30. Juni 1934 eindeutig als ein Regime, dessen reale Machtgrundlage der Terror war. Dass nach dem 30. Juni die deutsche Bevölkerung aus Mangel an offiziellen Erklärungen mühsam versuchte, sich einen Überblick zu verschaffen, wer wann und wo und vor allem aus welchen Gründen erschossen worden war, unterstrich die Willkürherrschaft der Nationalsozialisten und verstärkte den Faktor Angst als Herrschaftsmittel. Wenn Hitler sich nach dem 30. Juni per Gesetz und per Reichstagsbeschluss ausdrücklich bescheinigen ließ, dass er als des „Volkes oberster Gerichtsherr" jedermann ohne weitere Umstände zum Tode „verurteilen" konnte und über seine diesbezüglichen Gründe niemandem rechenschaftspflichtig war, dann stellte er damit klar, dass die willkürliche mörderische Beseitigung von Menschen, aus welchen Gründen auch immer, künftig Teil seiner Herrschaftspraxis sein werde.

Der terroristische Massenmord des Sommers 1934 veränderte den Charakter der Diktatur Hitlers. Er leitete seinen Durchbruch zur Alleinherrschaft ein, die er schon wenige Wochen später, nach dem Ableben des Reichspräsidenten Paul von Hindenburg, mit der Usurpation des Präsidentenamtes (einschließlich des Oberbefehls über die Reichswehr) abschließen konnte und die er sich im August durch das „Volk“ in einem Plebiszit mit scheinbar „überwältigender“ Mehrheit bestätigen ließ.

Der 30. Juni markierte also ein die gesamte Diktatur nachhaltig veränderndes Zentralereignis des „Dritten Reiches“. Umso bemerkenswerter ist der relativ dürftige Forschungsstand. Obwohl immer wieder Einzelaspekte näher erhellt werden, sind die wenigen Gesamtdarstellungen viele Jahrzehnte alt.[1] Daher dieses Buch, das im Einzelnen drei Komplexe analysiert: Die Vorgeschichte des 30. Juni, die als eine Krisensituation mit vielfältigen Wurzeln zu beschreiben sein wird; eine eingehende Darstellung der Ereignisse von Ende Juni bis Anfang Juli, um die hinter den wüsten Morden stehenden Entscheidungen und Entscheidungsstrukturen transparenter zu machen; und schließlich die kurz- wie langfristigen Auswirkungen der Massenmorde.

Da die Täter Dokumente über den Massenmord – wenn sie sich überhaupt schriftlich festlegten – systematisch vernichteten, ist die wichtigste Quelle für die Ereignisse selbst eine Reihe von Gerichtsverfahren, meist aus den 1950er-Jahren, bei denen die Ermittlungsbehörden zum Teil umfangreiche Untersuchungen vornahmen und auf zahlreiche noch lebende Zeugen zugriffen. Was die Vor- und Wirkungsgeschichte des 30. Juni anbelangt, so werden in diesem Buch in einem bisher noch nicht geleisteten Umfang die periodischen[2] „Stimmungsberichte“ der Regierungspräsidenten und Gestapo-Stellen ausgewertet.[3] Ursprünglich waren sie wohl angelegt, um vor allem die Zustimmung der Bevölkerung zur Politik des Regimes zu dokumentieren, wobei man sich an Kriterien wie der Beflaggung privater Häuser, dem Besuch von Versammlungen und Feiern, der „Gebefreudigkeit“ bei Sammlungen und der Abwesenheit von öffentlich geäußerter Kritik orientierte – an

Verhaltensweisen also, die durch das Regime erzwungen wurden und über die „wirkliche" Stimmung und Einstellung der Menschen wenig aussagen. Doch in der im breiten Umfang (nämlich in ganz Preußen) im November 1933 einsetzenden Stimmungsberichterstattung – in Bayern gab es diese Übung bereits vor 1933 und sie wurde nun fortgesetzt – lässt sich vielfach auch ablesen, dass trotz des erheblichen Drucks Teile der Bevölkerung das von ihnen erwartete Verhalten (Beflaggung, Versammlungsbesuch etc.) nicht an den Tag legten und vor allem (hinter vorgehaltener Hand oder in verklausulierter Form) deutlich Kritik an offenkundigen Missständen und an der Politik des Regimes übten. So entwickelten sich die Berichte zwar nicht zu einem präzisen demoskopischen Messinstrument, aber doch zu wahren Katalogen von Beschwerden, die die innere Verwaltung bzw. die Gestapo an die politischen Entscheidungszentralen weiterreichten; vor allem natürlich dann, wenn die Berichterstatter für die aufgeführten Widrigkeiten nicht selbst verantwortlich zu machen waren. Im Ergebnis dokumentieren die Stimmungsberichte deutlich das Ausmaß der Unzufriedenheit und der Krisenstimmung in der Bevölkerung in der ersten Jahreshälfte 1934. Dazu zählen auch die sehr differenzierten, teilweise kritischen Reaktionen auf die Mordaktion. Und sie verweisen darauf, dass die Ursachen für die Unzufriedenheit fortbestanden.

Der „Oberste“ SA-Führer Adolf Hitler mit dem „Stabschef“ der Sturmabteilung, Ernst Röhm. Die SA war in der „Kampfzeit“ vor 1933 der wesentliche Träger nationalsozialistischer Agitation.

1.

Vorgeschichte

IM ERSTEN HALBJAHR 1933 war es den Nationalsozialisten in atemberaubend kurzer Zeit gelungen, den gesamten Staatsapparat auf allen Ebenen unter ihre Kontrolle zu bekommen, fast alle gesellschaftlichen Organisationen „gleichzuschalten", ihre politischen Gegner und Konkurrenten auszuschalten und ihre konservativen Regierungspartner von den Deutschnationalen und der Veteranenorganisation Stahlhelm zu dominieren. Mitte 1934 waren sie die Herren im Lande.

Seit der Notverordnung zum Schutz von Volk und Staat, Ende Februar nach dem Brand des Reichstages erlassen und mit der Gefahr eines kommunistischen Aufstands begründet, waren wesentliche Verfassungsrechte außer Kraft gesetzt. Jedermann konnte ohne weitere Begründung und auf unbegrenzte Zeit in „Schutzhaft" genommen werden. Mit dem Ermächtigungsgesetz vom März wurde das Parlament aus der Gesetzgebung ausgestaltet, die nun auf die Regierung überging. Mit der Usurpation des Staatsapparates standen den Nationalsozialisten alle staatlichen Machtmittel, Polizei, Justiz, Behördenapparat zur Verfügung; hinzu kamen mit Geheimer Staatspolizei und Konzentrationslagern neue terroristische Herrschaftsinstrumente.

Hakenkreuzfahnen, nationalsozialistische Uniformen, Plakate, Parolen und Symbole beherrschten das öffentliche Leben. Rundfunk, Presse und Film standen unter der Kontrolle des NS-Apparats. Es war kaum möglich, sich den rasch aufeinanderfolgenden Großveranstaltungen und Propagandakampagnen zu entziehen, die das Regime aufzog, um die angebliche Zustimmung der Massen zu seiner Politik zu demonstrieren. Wer von der offiziellen Politik abweichende Ansichten äußerte, setzte sich erheblichen Risiken aus, eine kollektive Meinungsbildung außerhalb des vom Regime gesetzten Rahmens war kaum noch möglich.

Seinen ersten außenpolitischen „Coup“, den überraschenden Austritt aus dem Völkerbund ließ sich Hitler durch eine Volksabstimmung bestätigen, bei der die Nationalsozialisten sagenhafte 95,1 Prozent Zustimmung einfahren konnten. So gelang es dem neuen Regime, das erste Jahr seiner Herrschaft als eine beispiellose Erfolgsgeschichte, als einen wahren nationalen Aufbruch darzustellen: Das einst zutiefst gespaltene deutsche Volk, vereint unter der Fahne des Nationalsozialismus, ging nun tatkräftig daran, die wirtschaftliche Krise zu überwinden und eine wahre „Volksgemeinschaft“ heranzubilden.

Doch Ende 1933, so scheint es, ein knappes Jahr nach der Machtübernahme der Nationalsozialisten, war die unaufhörliche Folge von Propagandawellen und Großspektakeln, mit denen fortwährend ganz Deutschland überschwemmt wurde, um so vor aller Welt die Geschlossenheit der Nation zu demonstrieren, immer weniger in der Lage, die real existierenden Probleme zu überdecken. Ja, das Regime drohte, in eine tiefgreifende Krise abzurutschen, die vielfältige Wurzeln hatte.

Neben den wirtschafts- und sozialpolitischen Problemen, neben dem schwierigen Verhältnis zu den beiden Kirchen, neben der Unzufriedenheit über die Herrschaftspraxis der Partei und anderem mehr stand innenpolitisch ein schwerwiegender Konflikt im Vordergrund: Die Auseinandersetzung zwischen dem Regime bzw. der NSDAP und der SA, in der es um nichts weniger ging als um die Rolle und den Machtanteil der „Sturmabteilung“ im künftigen „Dritten Reich“.

Um diese Auseinandersetzung einordnen zu können, müssen wir bis zum Beginn der Geschichte der NS-Bewegung zurückgreifen. Von Anfang an nämlich hatte es in ihr ein Spannungsverhältnis zwischen dem politischen Flügel, also der eigentlichen Partei, und ihren in der SA organisierten paramilitärischen Kräften gegeben; eine gewisse Rivalität zwischen „Politikern“ und „Soldaten“, personifiziert durch den Parteiführer Adolf Hitler und dem Ziehvater der SA, Ernst Röhm.[4]

Der Konflikt zwischen Partei und SA

Hervorgegangen war die SA aus einer Ordnertruppe der NSDAP, die sich seit November 1920 „Sport- und Turnabteilung“ nannte und zunächst, wie dies in den turbulenten Nachkriegsjahren üblich war, mit handgreiflichen Mitteln den „Saalschutz“ bei NSDAP-Veranstaltungen sicherstellte – und mit ebenso rabiaten Methoden solche der politischen Gegner zu sprengen suchte. Nachdem Hitler im Sommer 1921 die Führung der Partei „mit diktatorischen Machtbefugnissen“ übernommen hatte, kamen auf die Organisation neue Aufgaben zu. Ihre Mitglieder, meist junge Männer, die aufgrund ihres Alters keinen Kriegsdienst geleistet hatten, erhielten eine „militärische“ Ausbildung durch ehemalige Offiziere. Auf diese Weise fand die „Sturmabteilung“ – wie man sich nun anknüpfend an Elite-Verbände des Weltkrieges nannte – Anerkennung und Unterstützung im Kreis der rechtsgerichteten bayerischen Wehrverbände. Bei dieser Militarisierung der SA zog der Reichswehr-Hauptmann Ernst Röhm im Hintergrund die Fäden. Der Weltkriegs-Kompaniechef und ehemalige Freikorps-Offizier kontrollierte in Bayern ein Netzwerk von illegalen Waffenlagern, das er dem Zugriff der alliierten Militär-Kontrolleure entzog und aus denen die Wehrverbände einschließlich der SA nach seinem Gutdünken Waffen zur Verfügung gestellt bekamen. Röhm wurde damit eine Schlüsselfigur an der Schnittstelle von Politik, Militär und Wehrverbänden, und er sollte diese Rolle in höchst eigenständiger Weise nutzen. Als nach eigener Einschätzung durch die Kriegserfahrung zum „politischen Soldaten“ herangereift, sah er seine Aufgabe vor allem darin, die Politik in eine

Richtung zu lenken, die sich aus nicht hinterfragbaren militärischen „Erfordernissen" ergab.[5]

Die SA, großzügig unterstützt von Röhm, machte nun zunehmend durch Aufmärsche, manöverähnliche Geländeübungen und gewalttätige Großaktionen gegen die politische Linke von sich reden, sie war Ende 1922 bereits ein wichtiger Faktor in der bayerischen Innenpolitik. Als sich in der Krise des Jahres 1923 die bayerische Wehrverbandsszene aufspaltete, wurde die SA in eine Allianz rechtsextremer militanter Verbände einbezogen, die in Frontstellung zu den rechtskonservativen, hinter der bayerischen Regierung stehenden Kräften ging; diese Konfrontation mündete schließlich in Hitlers Putschversuch vom 9. November 1923 und endete im Gewehrfeuer der bayerischen Landespolizei an der Münchner Feldherrnhalle.

Bereits 1924 unternahm Röhm mit Hitlers Einverständnis erste Anstrengungen zur Reorganisation der SA in der Illegalität. Schon bald zeigte sich aber, dass Hitler und er bei der Neuorganisation völlig unterschiedliche Ansätze verfolgten: Während Röhm in der SA den Kern einer breiter aufgestellten, das gesamte rechtsextreme Lager umfassenden Wehrbewegung (sie firmierte unter dem Namen „Frontbann") und sich selbst als deren Führer auf Augenhöhe mit Hitler sah, wollte dieser die SA zu einer reinen Hilfstruppe der NSDAP zur Unterstützung und Absicherung ihrer auf Provokation und Tumult angelegten Propagandaarbeit machen, und Röhm sollte ihm unterstellt sein. Hitler hatte im Unterschied zu Röhm erkannt, dass mit der Stabilisierung der Republik die Zeit der Wehrverbände und des Putschismus vorüber war. Als man sich nach Hitlers Haftentlassung Ende 1924 nicht einig wurde, gab Röhm die Leitung von Frontbann und SA bald ab und zog sich aus dem politischen Leben für einige Jahre zurück; von 1928 bis 1930 war er als Militärinstrukteur in Bolivien tätig.

IN DER ZWEITEN HÄLFTE der 1920er-Jahre entwickelte sich die SA tatsächlich zunächst nach Hitlers Vorstellungen und war primär eine

Hilfsorganisation zur Unterstützung der jeweils örtlichen Parteiorganisation. Dies begann sich jedoch mit der Errichtung einer zentralen SA-Führung Ende 1926 zu ändern. Der neue „Oberste SA-Führer" Franz Pfeffer von Salomon schuf ein hierarchisch aufgebautes System von Führungsstäben nach militärischem Vorbild, die höheren Ränge belegten zumeist ehemalige Berufssoldaten und Freikorpsführer. Sie übertrugen ohne Weiteres ihr professionelles soldatisches Selbstverständnis auf ihre neuen Aufgaben und beharrten darauf, dass die Führung der „Truppe" in der Hand von Militärs liegen müsse und nicht Politikern überlassen werden könne. Dieses Beharren auf eine hohe Eigenständigkeit der SA, kombiniert mit einem starken Selbstbewusstsein, ja Überlegenheitsgefühl gegenüber den bloßen „Parteipolitikern" der NSDAP, das durch das schnelle Anwachsen der SA – im Herbst 1930 auf etwa 60.000 Mann – noch vergrößert wurde, führte zu zahlreichen Konflikten mit der Partei. Kurz vor den Reichstagswahlen vom September 1930 gipfelten sie in einem regelrechten Aufstand der Berliner SA, der nur mit großer Mühe durch Hitlers persönlichen Einsatz beendet werden konnte.

Angesichts dieser schweren Führungskrise setzte Hitler nun erneut auf Röhm und ernannte ihn zum „Stabschef" der SA, trotz der seinerzeit nicht gelösten grundsätzlich unterschiedlichen Auffassungen über die Rolle der Parteitruppe, deren Führung Hitler als „Oberster SA-Führer" selbst in der Hand behielt. Für Röhm sprach aus Hitlers Sicht, dass er von einem Großteil der SA-Führer respektiert wurde, als fähiger Organisator galt und wegen seines Bolivien-Aufenthalts in die internen Auseinandersetzungen der NS-Bewegung nicht involviert gewesen war.

IN DEN GUT ZWEI JAHREN bis zur Übernahme der Macht durch die Nationalsozialisten erwies sich Röhm als loyal gegenüber Hitler, ohne allerdings sein bewusst „soldatisches" Selbstverständnis und seine weitreichenden „wehrpolitischen" Ambitionen aufzugeben, und gerade deshalb genoss er zugleich innerhalb der SA große Autorität.

Im Vorwort seiner 1928 erschienenen Memoiren, der „Geschichte eines Hochverräters", hatte er noch einmal ausdrücklich den politischen Führungsanspruch des Soldaten hervorgehoben: „Die Besten sollen des Volkes Führer sein. Der Mann, der mit seinem Leibe sein Vaterland deckt, der sein Leben einsetzt für Geltung und Größe seines Volkes, hat zuvörderst Anspruch auf die Führung des Staates."[6] Dieser Satz findet sich in allen weiteren Ausgaben, auch in der letzten aus dem Jahr 1934.

Die SA war in dieser „Kampfzeit" der wesentliche Träger der nationalsozialistischen Agitation. Sie konzentrierte sich auf die gewaltsame „Eroberung der Straße" und verursachte damit gegen Ende der Weimarer Republik nahezu bürgerkriegsähnliche Zustände. Der Aktivismus der SA führte aber auch innerhalb der NS-Bewegung zu Spannungen und Konflikten.

Tatsächlich geriet die SA immer wieder in Auseinandersetzungen mit der Parteiführung, die einen (pseudo)legalen Kurs verfolgte und befürchtete, ein zu großes Maß an Gewalttätigkeit könne die NSDAP diskreditieren und letztlich zu einem Parteiverbot führen; hinzu kamen Kompetenzprobleme beim örtlichen „Einsatz" der SA und die leidige Finanzierungsfrage. Ein zweiter Konflikt tat sich zwischen der SA und der 1925 zunächst als Personenschutzverband der NSDAP gegründeten „Schutzstaffel" (SS) auf, die sich unter der Führung von Heinrich Himmler (seit 1926) zur zweiten paramilitärischen Organisation der NSDAP entwickelte. Nicht nur wirkte ihr elitäres Selbstverständnis häufig provozierend, sondern sie hob sich durch scharfe innere Disziplin und absolute Loyalität gegenüber der Parteiführung deutlich von den „Rabauken" der SA ab und wurde daher immer wieder von dieser gegen die unbotmäßige SA eingesetzt, um „Ordnung" zu schaffen. Abwerbungskampagnen der SS innerhalb der SA trugen außerdem wesentlich zur Verschlechterung der Stimmung bei. Drittens existierten aber auch innerhalb der SA nicht unerhebliche Spannungen zwischen der Basis auf der einen Seite, den einfachen „Braunhemden", meist arbeitslose junge

Männer, die die Hauptlast der „Kampfzeit" trugen, und den auf der anderen Seite relativ komfortabel ausgestatteten höheren SA-Führern, denen Kastengeist und „Bonzentum" vorgeworfen wurde.

Ein Sonderproblem ergab sich aus den Gerüchten über die Homosexualität Röhms, die im März 1932 durch die Veröffentlichung entsprechender Briefe Röhms, aber auch in verschiedenen Strafverfahren – trotz ausbleibender Verurteilung – eindeutig bestätigt wurden. Führende Parteigenossen forderten seinen Rücktritt, doch Hitler hielt an Röhm fest; wohl nicht zuletzt auch deshalb, weil er auch im Falle Röhms daraufsetzte, über die persönlichen Schwächen seiner engsten Mitarbeiter hinwegzusehen und sie so enger an sich zu binden. Dessen homosexuelle Orientierung bot den NS-Gegnern zwar eine breite Angriffsfläche, doch sie war innerhalb der NS-Bewegung kein Thema mehr – bis zum 30. Juni 1934.[7]

Alles in allem war die SA an der Schwelle zur „Machtergreifung" mit ihren über 400.000 Mitgliedern eine infolge ihres schnellen Wachstums sehr heterogene, labile und unkontrollierbar gewalttätige Massenorganisation. Ihre Führer und ebenso die Masse der Mitglieder hegten die feste Erwartung, nach einer nationalsozialistischen „Machtergreifung" für die Mühen und Opfer der „Kampfzeit" angemessen belohnt zu werden.

Diese Erwartungen wuchsen natürlich, nachdem die SA in den ersten sechs Monaten nach dem 30. Januar 1933 das gesamte Land mit ihrem Terror überzogen, die politischen Gegner niedergekämpft und so erst den Weg für die stufenweise nationalsozialistische Machtübernahme in Staat und Gesellschaft freigemacht hatte.[8]

Nun stellte sich umso drängender die Frage, welche Rolle die Organisation im „Dritten Reich" eigentlich spielen sollte. Bereits im Mai 1933 brachte Röhm seine diesbezügliche Besorgnis in einem Schreiben an den Reichsschatzmeister der NSDAP zum Ausdruck: „Während die politischen Leiter die höchsten Staatsstellen erklimmen und auch die SS in der Lage ist, bis zu den Stürmen herab eine gerechte Finanzierung durchzuführen", so beschwerte er sich, „hat die SA das Gefühl nach erkämpftem Sieg zur Seite gedrückt und benachteiligt zu werden.“[9]

Äußerst selbstbewusst und fordernd, leitete Röhm aus den „Verdiensten“ seiner Truppe eine Sonderstellung in dem im Entstehen begriffenen neuen Staatswesen ab. Im Juni schrieb er in den Nationalsozialistischen Monatsheften, „die nationale Erhebung ist uns nicht Sinn und Zweck unseres Kämpfens, sondern nur eine Teilstrecke der deutschen Revolution, die wir durchschreiten müssen, um zum nationalsozialistischen Staat, unserem letzten Ziel, zu gelangen“. SA und SS stellten „die Grundpfeiler des kommenden nationalsozialistischen Staates“ dar und die SA sei – neben Polizei und Reichswehr – der „dritte Machtfaktor des neuen Staats mit besonderen Aufgaben“.[10]

Doch nachdem Hitler im Juli das Ende der nationalsozialistischen „Revolution“ ausgerufen hatte und führende nationalsozialistische Politiker ihn darin mit Erklärungen ostentativ unterstützten,[11] stellte sich die Frage, welche Rolle die SA im „Dritten Reich“ tatsächlich spielen sollte, nachdem sie ihren Auftrag, die Gegner des Nationalsozialismus niederzukämpfen, erfüllt hatte. Tatsächlich musste die SA nun, im Gegensatz zu Röhms großsprecherischer Ankündigung vom Juni, erhebliche Einbußen der Stellung im Machtgefüge des neuen Staates hinnehmen, die sie sich in den vergangenen Monaten erkämpft hatte.

Seit März 1933 hatte Röhm in mehreren Ländern, insbesondere in Preußen und Bayern, auf den verschiedenen Ebenen der Innenverwaltung Sonderkommissare eingesetzt, um so die Interessen der SA gegenüber der staatlichen Bürokratie zur Geltung zu bringen und die Durchführung der durch die Landesregierungen angeordneten politischen Maßnahmen zu überwachen.[12] In Bayern hatten die Kommissare darüber hinaus willkürlich in das Verwaltungsgeschehen eingegriffen, Anweisungen an die Polizei erteilt oder eigenmächtig Schutzhaftbefehle erlassen.[13] Doch nun wendete sich das Blatt. Im Juli 1933 kündigte Reichsinnenminister

Wilhelm Frick einen Abbau des Kommissarwesens an, und Anfang Oktober wandte er sich in einem Schreiben an die Reichsstatthalter gegen „unzulässige Eingriffe der SA" in die Verwaltung und drohte bei Gesetzesverstößen konsequente Strafverfolgung an.[14] Im September bzw. Oktober wurden die Sonderkommissare in „Sonderbevollmächtigte" und „Sonderbeauftragte" umbenannt, ihre Tätigkeit sollte nun lediglich noch beratender Natur sein.[15] Angesichts wachsender Widerstände war es Röhm somit weder in Preußen, in Bayern noch in einem anderen deutschen Land gelungen, mit Hilfe der Kommissare eine effektive Kontrolle der Verwaltung auszuüben.[16] Nachdem bereits im August 1933 die Hilfspolizei aufgelöst worden war, ließ der als preußischer Innenminister amtierende Hermann Göring im Oktober auch die nichtstaatlichen Konzentrationslager, also vor allem die Haftstätten der SA, schließen.[17]

Außerdem bemühte sich die Regierung, die Gewalttätigkeit der SA einzuschränken. Denn die Führung der SA sah keine Notwendigkeit, dagegen einzuschreiten; brutale Gewaltanwendung war ja gerade das Markenzeichen der Sturmabteilung. So hatte SA-Chef Röhm in einer Anordnung vom 31. Juli 1933 – also nach dem von Hitler verkündeten Ende der NS-Revolution – ausdrücklich „jede Handlung" von SA-Männern, „die zwar den geltenden gesetzlichen Bestimmungen nicht entspricht, aber dem ausschließlichen Interesse der SA dient" gedeckt. Die Truppe wurde aufgefordert, gegen „Schänder des SA-Ehrenkleides" rücksichtslos vorzugehen; gleichzeitig gab er seiner Erwartung Ausdruck, dass „als Sühne für den Mord an einem SA-Mann durch den zuständigen SA-Führer bis zu 12 Angehörige der feindlichen Organisation, von der der Mord vorbereitet wurde, gerichtet werden."[18]

Doch die Staatsorgane machten nun Front. Im Juli wurde im preußischen Justizministerium eine Zentralstaatsanwaltschaft eingerichtet, die Ermittlungen in politisch „heiklen" Fällen aufnehmen sollte, insbesondere auch im Hinblick auf Verbrechen, die von Nationalsozialisten im Zuge der Machtergreifung begangen worden waren.[19] Auch Reichsinnenminister Frick wandte sich in dem bereits zitierten Schreiben vom Oktober 1933 wegen immer wieder vorkommender „Übergriffe unterer Führer und Mitglieder der SA" an die Länderbehörden und ermahnte sie, gegen „Übergriffe und Ausschreitungen" mit aller Energie vorzugehen.

Worum es dabei konkret ging, lässt sich etwa am Beispiel Hamburg aufzeigen. Dort verbot eine SA-Brigade in ihrem Bereich im gleichen Monat „aus gegebener Veranlassung", dass „aus marschierenden Kolonnen heraus Passanten, die die Fahnen und Hoheitszeichen der Bewegung nicht grüßen, geschlagen oder sonst wie zur Rechenschaft gezogen werden".[20] Eine Woche später beschwerte sich die Polizeibehörde in Hamburg bei den dortigen SA-Stäben über die „Anmaßung polizeilicher Rechte" und kündigte an, künftig gegen jeden, der sich solche Rechte anmaße und „Hausdurchsuchungen vornimmt, Verhaftung anordnet, Schußwaffen benutzt" oder mit ihnen drohe, „rücksichtslos" im Rahmen der Strafgesetze vorzugehen.[21]

Auch die von Röhm im Juli 1933 angekündigte Einführung einer besonderen SA-Strafgerichtsbarkeit, um so – nach dem Vorbild der wieder eingeführten Militärgerichte – Verfehlungen seiner Männer nicht durch die ordentliche Justiz verfolgen lassen zu müssen und generell die Gleichrangigkeit der SA mit der Reichswehr herauszustellen, scheiterte am Widerstand des Justiz- und Innenministeriums, aber vor allem an Hitler. Röhms Vorstellungen, ein umfassendes SA-Sonderrecht zu entwickeln, blieben unerfüllt.[22]

Röhm verfolgte nun vor allem die Strategie, die SA um jeden Preis zu vergrößern und organisatorisch zu verselbstständigen, staatliche Funktionen zu usurpieren und so die innenpolitische Machtstellung der SA als ein „Grundpfeiler" des NS-Staates weiter ausbauen.

Die um die Jahreswende 1932/33 etwa 430.000 Mann starke SA erhöhte die Zahl ihrer Angehörigen bis Mitte 1934 auf 4 bis 4,5 Millionen,[23] insbesondere durch die Eingliederung des Stahlhelms und anderer Wehr- und Veteranenorganisationen sowie durch zahlreiche Neueintritte junger Männer, die sich für ihr individuelles Fortkommen Vorteile erhofften. Durch die massenhafte Aufnahme neuer Mitglieder erhöhte sich der Erwartungsdruck, der auf Röhm lastete, nun alle diese Menschen irgendwie „unterzubringen", ganz enorm.

Infolgedessen war die SA in ihrer personellen Zusammensetzung heterogen, in ihrer Grundstimmung fordernd und unruhig und in ihrer Struktur fragil, hatte doch die rasche, kolossale Vergrößerung ein ständiges Umorganisieren zur Folge. Die Frage nach Orientierung und Verlässlichkeit der SA stellte sich auch angesichts der Tatsache, dass 1933/34 schätzungsweise weniger als 30 Prozent ihrer Angehörigen Parteimitglieder waren.[24]

Röhms Politik, den Einflussbereich der SA zu vergrößern, konzentrierte sich, neben dem letztlich missglückten Versuch, über die Kommissare in der staatlichen Verwaltung Fuß zu fassen, vor allem auf den Komplex des Militärs. Seit Frühjahr 1933 kooperierte die SA mit der Reichswehr. Beide Organisationen bauten gemeinsam ein Netzwerk von Schulen zur vormilitärischen Ausbildung auf, in denen Reserven für die Reichswehr herangezogen werden sollten. Außerdem erkannte die Reichswehr die alleinige Zuständigkeit der SA bei allen paramilitärischen Aktivitäten an, was den Prozess der Eingliederung anderer „Wehrverbände" (die nur auf diesem Weg an der „Landesverteidigung" teilnehmen konnten) erleichterte.[25]

Während die Reichswehrführung in der SA ein Hilfsorgan sah, gingen die militärpolitischen Ambitionen Röhms erheblich weiter: Die SA als der „dritte Machtfaktor" im nationalsozialistischen Staat neben Polizei und Reichswehr sollte ein Millionen Männer umfassendes Miliz-Heer bilden, das die innere und äußere Sicherheit des Staatswesens garantierte; die Reichwehr sollte in erster Linie Kader für die Ausbildung und militärische Spezialisten stellen. Das zeitgenössische Wort von dem „braunen Fels der Reichswehr", der in der „braunen Flut der SA untergehen" solle, macht diese Arbeits- und Gewichtsverteilung deutlich.[26]

Die Ernennung Röhms zum Mitglied des Reichskabinetts Anfang Dezember 1933 (zusammen mit dem Partei-Stellvertreter Hitlers Rudolf Heß) war aus Sicht der NS-Führung ein eher symbolischer Akt, um die „Einheit von Staat und Partei" zum Ausdruck zu bringen. Röhm jedoch verkündete, gleich nach seiner Ernennung, die „Oberste SA-Führung wird in meiner Person in den Staatsapparat eingebaut"[27], und tatsächlich dachte er daran, seinen Kabinettsposten zu einem „SA-Ministerium" auszubauen. Ein einige Monate später geschaffenes „Ministeramt" innerhalb der SA-Führung sollte diesen Anspruch unterstreichen.[28] Die SA-Führung baute einen eigenen Presseapparat auf und unterhielt mit der Wochenschrift „Der SA-Mann" ein eigenes Organ.[29] Seit Ende 1933 entwickelte Röhm auch eigenständige außenpolitische Aktivitäten. Sie zielten in erster Linie darauf, Befürchtungen im Ausland, die SA gefährde als Miliz die im Versailler Vertrag niedergelegte weitgehende Entmilitarisierung Deutschlands, zu zerstreuen. Ausgangspunkt war eine groß angelegte Rede Röhms vor der Auslandspresse und dem diplomatischen Korps am 7. Dezember 1933.[30] Auch ließ er sich zum Präsidenten der Akademischen Austauschstelle an der Universität München ernennen und versuchte darüber hinaus, mit Hilfe der SA-Hochschulämter, die den nun obligatorischen „Wehrsport" an den Universitäten organisieren und die Studenten für die SA gewinnen sollten, in den akademischen Betrieb einzugreifen.[31]

Die SA kam seit der Machtübernahme nicht nur in den Genuss beständiger staatlicher Zuschüsse,[32] um ihren Apparat zu finanzieren, aber auch um Ausrüstung und Uniformen zu beschaffen. Auch die von der Industrie organisierte „Adolf-Hitler-Spende der deutschen Wirtschaft", die das unkontrollierte Einsammeln von „Spenden" durch eine Pauschalzahlung ablöste, kam größtenteils der SA zugute. Zusätzliche Mittel stellten etwa der IG-Farben-Konzern, aber auch lokale Firmen bereit.[33]

Demnach zeichneten sich Ende 1933 Röhms Ambitionen ab, Haupt eines möglichst autonomen „SA-Staates" zu werden, der über eigene Finanzierungsquellen verfügte, seine eigene Gerichtsbarkeit besaß, bereitstand, die Führungsrolle in der Landesverteidigung zu übernehmen, selbstständig außenpolitische Kontakte pflegte etc.

Im Vergleich dazu hatte sich die Situation der meisten einfachen SA-Mitglieder im Laufe des Jahres 1933 kaum verbessert.[34]

Innerhalb der SA, sowohl bei „alten Kämpfern“ wie bei den hoffnungsfroh eingetretenen Neu-Mitgliedern, machten sich nun Enttäuschung und Frustration breit, hatte die „Machtergreifung“ doch in den meisten Fällen nicht dazu geführt, dass man rasch einen begehrten Versorgungsposten erhielt. Hinzu kamen starke Spannungen innerhalb der SA-Mitgliedschaft. Die altgedienten Angehörigen sahen in den neuen Mitgliedern häufig Opportunisten und Trittbrettfahrer und reagierten verärgert, wenn Neulingen bei Beförderungen oder der Arbeitsplatzvermittlung der Vorzug gegeben wurde.[35]

In einem Rundschreiben vom 1. Januar 1934 über die „Stimmung in der SA“ zeigte Röhm Verständnis für die Sorgen der „Alten Kämpfer“: „Der alte SA-Mann, der alle Jahre treu und brav und mit unerhörter Begeisterung seine oft schweren Pflichten erfüllt und ohne zu klagen die Opfer jahrelangen Kampfes willig ertragen hat, fühlt sich mancherorts durch den seit dem denkwürdigen Jahr 1933 erfolgten Zugang von Millionen junger Kämpfer zur SA in den Hintergrund gedrängt.“ Er müsse nun dabei zusehen, „daß andere, die während des Kampfes durch vornehme Zurückhaltung glänzten, in Posten einrückten, die der Kämpfer für sich in Anspruch nimmt“. Hinzu kämen „unfähige Unterführer“, häufig noch nicht lange in der Truppe, die „im rüdestem Kasernenhofton unseligen Angedenkens“ die ihnen unterstellten Männer „verärgern und verletzen“. Zur Abstellung solcher Missstände befahl Röhm, in Zukunft die „alten Kämpfer … bei gleicher Eignung vor den jungen SA-Männern in jedem Falle zu bevorzugen“.[36]

Auch erwies sich die Integration der aus dem Stahlhelm übergetretenen Männer als schwierig. Es handelte sich um 18- bis

35-jährige ehemalige Stahlhelmer, deren Übernahme in die SA bis zum Oktober 1933 erfolgte, sodann um die „mittlere" Altersgruppe der 36- bis 45-Jährigen aus dem Stahlhelm, die ab November 1933 eine organisatorisch eigenständige SA-Reserve I bildete, im Januar 1934 aber den SA-Gruppen unterstellt wurde und damit an Eigenständigkeit verlor.

Mit dem massenhaften Eintritt von Stahlhelmern in die SA wurden viele der Spannungen, die bisher zwischen den beiden Organisationen bestanden hatten, nun innerhalb der Sturmabteilung selbst ausgetragen. Denn viele der mittleren Altersgruppe, die nun die SA-Reserve I bildete, waren mit ihrer Eingliederung unzufrieden. Zahlreiche ehemalige Stahlhelm-Führer führten in der SA, so heißt es in einem Bericht der Gestapo, „stellenweise noch ein Sonderleben", vor allem, „da sie dort zum Teil unter Führer kommen, die ihrem Alter und ihrer militärischen Vorbildung nicht entsprechen".[37] Auch aus der Hamburger SA kamen zahlreiche Berichte über Spannungen im Verhältnis zu den ehemaligen Stahlhelm-Mitgliedern, zum Beispiel wegen Verweigerung des Hitler-Grußes.[38] Ein Rundschreiben der SA-Führung vom Juni 1934 stellte beim Stahlhelm „Dünkelhaftigkeit" und „überhebliches Auftreten" fest und nannte als Stichwort: „Reaktionäres Sammelbecken".[39]

IN DIE SA, die vor 1933 insbesondere arbeitslosen Männern eine Zuflucht geboten hatte, traten auch nach der „Machtergreifung" überdurchschnittlich viele Erwerblose ein, die sich von der Organisation eine rasche Wiedereingliederung in das Berufsleben erhofften. Eine „Sonderaktion" für die Angehörigen der „nationalen Wehrverbände" (SA, SS, Stahlhelm), gemeinsam getragen von Arbeitsämtern, Arbeitgeberverbänden und SA-Führung, sollte dies bewerkstelligen. Doch die Anstrengungen blieben weit hinter den hoch gesteckten Erwartungen zurück, nicht zuletzt deshalb, weil viele SA-Angehörige unterqualifiziert und durch langjährige „Kampfzeit" in der raubeinigen und halbkriminellen Subkultur der SA-Welt regelmäßiger

Beschäftigung im Erwerbsleben schlicht entwöhnt waren.[40] So hieß es sichtlich enttäuscht in einem Rundschreiben der SA-Führung, „Alte Kämpfer klagen über schlechte Entlohnung und wenig nationalsozialistisches Verständnis der Arbeitgeber. Bei diesen mitunter wenig Neigung zur Einstellung alter SA-Männer."[41]

Seit November 1933 stellte die SA, unterstützt durch Mittel der Arbeitsverwaltung, sogenannte „Technische Lehrstürme" auf, um arbeitslose SA-Männer wieder auf das Berufsleben vorzubereiten. Anfang 1934 wurden zusätzlich sogenannte „Hilfswerklager" eingerichtet, in denen Unterstützungsempfänger zusammengefasst wurden.[42] Systematisch wurden Gewerbetreibende, Firmen und Kommunalbetriebe um Sachspenden angegangen.[43]

Gleichzeitig ergriff die SA-Führung verschiedenste Maßnahmen, um die Disziplin in der „Braunen Armee" zu stärken und die heterogene Mammutorganisation einheitlich auszurichten. Im April verfügte Röhm, alle nach der „Machtergreifung" in die SA eingetretenen erheblich Vorbestraften wieder zu entfernen, während eine große Zahl der vor 1933 verurteilten SA-Männer ebenfalls ausgeschlossen wurde.[44]

Außerdem überzog die SA-Führung die Truppe in der ersten Jahreshälfte 1934 mit einer Flut von Anordnungen. Korrigiert werden sollten so unterschiedliche Dinge wie „schlechte Körperhaltung", „Rücksichtslosigkeiten" im Straßenverkehr, „Frechheiten in der Kritik" oder „Einmischung in kirchenpolitische Dinge".[45] Doch ein Befehl Röhms vom 1. Januar 1934, in dem er sich darüber beschwerte, „daß manche meiner letzten Anordnungen teilweise reichlich spät, teilweise überhaupt noch nicht vollzogen wurden" und er säumige SA-Führer „rücksichtslos zur Rechenschaft ziehen werde", verdeutlichen, dass seiner Autorität Grenzen gesetzt waren.[46]

Der Integration der immer heterogener und unruhiger werdenden SA sollte auch ein regelrechter Personenkult dienen, den namentlich „Der SA-Mann" bereits seit Frühjahr 1933 um Röhm aufzog. Im Detail verfolgte das Blatt Röhms Besichtigungsreisen,

Führerbesprechungen und Inspektionen, berichtete über die Paraden, die er abnahm, und brachte seine Reden im Wortlaut. Im Laufe der Monate schob das Blatt den Stabschef immer mehr in den Vordergrund. Allmählich begann diese Propaganda um Röhm die in der NS-Presse ansonsten übliche Lobhudelei Hitlers in den Schatten zu stellen.

Röhm wurde nicht nur als großartiger militärischer Führer gefeiert, sondern erschien geradezu als Volkstribun und Hoffnungsträger der Nation, als „Treuhänder der deutschen Revolution", wie das Blatt anlässlich Röhms 46. Geburtstags am 28. November 1933 titelte. Gleichzeitig wurde er aber auch als jemand dargestellt, der sich in kameradschaftlicher Manier um die Nöte seiner Männer sorgte, ein Mann mit Ecken und Kanten, gewiss, aber doch eine ehrliche Haut, eben der „Vater der braunen Soldaten".[47] Auf diese Weise versucht man auch von der in der Öffentlichkeit längst bekannt gewordenen Homosexualität Röhms abzulenken.

Um den vielfach orientierungslosen SA-Männern eine Perspektive zu eröffnen, nahm Röhm Ende 1933 aber auch seine alten Forderungen nach dem Primat des Soldaten innerhalb der NS-Bewegung sowie nach Verwirklichung der nationalsozialistischen Revolution wieder auf. Im „SA-Mann" schrieb er Mitte Dezember in einem programmatischen Artikel („Die S.A. im neuen Staat"): „Wenn der Soldat um einer guten oder schlechten Politik willen kämpfen und sterben soll, will er über diese Politik auch zu bestimmen haben!" Der Nationalsozialismus sei „die Auflehnung des Soldatentums … gegen das widersinnige Prinzip einer Führung der Politik durch Menschen und Kräfte, die nicht bereit oder fähig sind, für die Folgen ihres Tuns mit Leib und Leben einzutreten."[48]

Einen Monat später druckte das Organ eine Rede des Stabschefs ab, in der dieser behauptet hatte, es sei der „Wille des Führers, daß seine waffenlosen braunen Soldaten unnachsichtig darüber wachen, daß nicht Bürokratie und Spießertum das in der nationalsozialistischen Revolution Errungene durch Paragraphenreiterei und allzu temperierte ‚revolutionäre' Selbstgenügsamkeit zunichte machen"; der „Weg der deutschen Revolution zu dem aus nationalistischem *und* sozialistischem Geiste erneuerten Deutschland" sei noch nicht beendet.[49]

Auch in den Nationalsozialistischen Monatsheften vom Januar 1934 erinnerte Röhm an die „Verdienste" der SA und bekräftigte die Revolutionsforderung. Es seien die „Mannestugenden" der SA gewesen, die „der N.S.D.A.P. letztlich den Weg zur staatlichen Macht gebahnt" hätten, aber das eigentliche Ziel, die „nationalsozialistische Revolution" sei „noch nicht erreicht"; und deshalb würden, bis zum endgültigen Sieg, „S.A. und S.S. weitermarschieren, angreifen und – wenn es sein muß – sterben für die Idee des Hakenkreuzes".[50] Die gleiche Ausgabe brachte jedoch auch einen Artikel von Rudolf Heß, dem Stellvertreter Hitlers im Parteibereich, der die SA deutlich davor warnte, ein „Eigendasein" zu führen.[51]

Hitler selbst griff Anfang Februar in die Debatte ein, indem er in einer Ansprache vor den Gauleitern erklärte, es seien „Narren", die da behaupteten, die „Revolution sei nicht beendet", es gäbe Menschen in der Bewegung, „die unter Revolution nichts anderes verständen als einen dauernden Zustand des Chaos".[52]

Die verstärkten Aktivitäten der SA, der Personenkult um Röhm, die erneute Forderung nach dem Primat des Soldaten und der Fortsetzung der NS-Revolution – all dies waren aus Sicht Röhms in erster Linie Instrumente, um die Truppe zusammenzuhalten, ihr eine Orientierung zu geben und Druck auf die Partei- und Staatsführung auszuüben. Die erhebliche Unruhe und die hohen Erwartungen, die er mit dieser Politik innerhalb der SA beförderte, verstärkten aus Sicht Hitlers und der NS-Führung den Eindruck, von dieser Seite könne ihre Machtstellung ernsthaft gefährdet sein.

In den ersten Monaten des Jahres 1934 zeigte sich aber sehr deutlich, dass das Kernstück der machtpolitischen Ambitionen Röhms, nämlich der SA eine Schlüsselrolle in der „Landesverteidigung" zu sichern, nicht durchsetzbar war. Denn der Rückzug des Deutschen Reichs aus den internationalen Abrüstungsverhandlungen und der Austritt aus dem Völkerbund im Herbst 1933 hatten eine Umstellung der deutschen Rüstungsplanungen zur Folge. Für die Reichswehrführung trat nun die Zusammenarbeit mit der SA bei der Ausbildung und Bereitstellung von kurzfristig ausgebildeten Freiwilligen in den Hintergrund. Stattdessen konzentrierte man sich, entsprechenden Weisungen Hitlers folgend, auf Vorbereitungen zur Aufstellung eines 300.000 Mann umfassenden Friedensheeres auf der Grundlage der von der militärischen Führung stets favorisierten allgemeinen Wehrpflicht.[53]

Vor dem Hintergrund dieser Entwicklung traten bereits seit Herbst 1933 in der Zusammenarbeit und im Verhältnis zwischen Reichswehr und SA zunehmend Spannungen auf.[54] Diese verstärkten sich, als Röhm Anfang Februar – in einer an den Reichswehrminister Werner von Blomberg übersandten Denkschrift – an seinen Vorstellungen festhielt, die Reichswehr habe lediglich die Aufgabe, ein neues großes Milizheer professionell auszubilden. Blomberg erklärte hierauf in einer Kommandeursbesprechung den Versuch einer Einigung mit der SA-Führung als gescheitert, und der neu ernannte Chef der Obersten Heeresleitung gab Anweisung, alle Informationen unverzüglich zu melden, die darauf hindeuteten, dass die Ansprüche Röhms von seinen nachgeordneten Dienststellen aufgegriffen würden. Von den Militärs um eine Entscheidung gebeten, teilte Hitler den Spitzen von Reichswehr und SA Ende Februar mit, für seine Pläne käme nur eine Wehrpflichtigen-Armee infrage. Er veranlasste Röhm und Blomberg anschließend dazu, eine Vereinbarung zu unterzeichnen, die die alleinige Verantwortung der Reichswehr für die gesamte militärische Aufrüstung festschrieb und der SA lediglich – und zwar unter Aufsicht des Wehrministeriums – Aufgaben bei der vormilitärischen Ausbildung, beim Erhalt der Einsatzfähigkeit von Reservisten, beim Grenzschutz sowie bei der Mobilmachung ließ.[55]

Anschließend verlieh Röhm, im Kreise von SA-Führern, wohl in heftiger Form seiner Unzufriedenheit über die neue Rollenverteilung Ausdruck; möglicherweise wurden Hitler die Äußerungen Röhms hinterbracht.[56]

Bei der Heeresführung war das Misstrauen längst geweckt. Nur wenige Tage nach der ostentativen Einigung beschwerte sich Blomberg am 2. März bei Hitler über die Aufstellung bewaffneter SA-Stabswachen, zum Teil in Anlehnung an SA-Hilfswerklager. Eines der (insgesamt 13) Wehrkreiskommandos rechnete aufgrund vorliegender Informationen künftig allein in seinem Bereich mit „6000–8000 Mann ständig mit Gewehr und Maschinengewehr bewaffneter SA-Leute".[57] Tatsächlich sollten bei der Entwaffnung der SA nach dem 30. Juni 1934 immerhin 177.000 Karabiner und 1.900 Maschinengewehre eingesammelt werden.[58]

Anfang Mai erließ der Chef der Heeresleitung eine weitere Anweisung an die Wehrmachtbefehlshaber, „grobe Verstöße gegen" die Vereinbarung von Ende Februar zu melden. Charakteristisch für das gestörte Verhältnis zwischen beiden Organisationen war ferner die Weisung des Chefs der Heeresleitung, Werner von Fritsch, sich „Unverschämtheiten und Taktlosigkeiten unter keinen Umständen gefallen zu lassen. Keine Furcht vor etwaigen nachteiligen Folgen tatkräftigen Handelns wird gedeckt, wenn es auch vielleicht einmal nicht ganz korrekt war."[59]

Röhm intensivierte nun seine „außenpolitischen" Aktivitäten. Im März 1934 gründete er das schon erwähnte „Ministeramt" in der Obersten SA-Führung, um so seine Bemühungen um Kontakte zu den in Berlin akkreditierten Diplomaten in protokollarische Formen zu bringen. Er veranstaltete opulente Empfänge und suchte Einzelgespräche; unter anderem traf er sich wohl zweimal mit dem französischen Botschafter André François-Poncet.[60] Irgendwelche konkreten Resultate erbrachte diese „SA-Außenpolitik" offenbar nicht; sie war ja auch in erster Linie darauf angelegt, die Eigenständigkeit des Imperiums SA zu dokumentieren. Dies aber erregte das Misstrauen nicht nur des Auswärtigen Amtes, sondern dürfte auch Argwohn bei Hitler ausgelöst haben.[61]

Mittlerweile machte zumindest die materielle Konsolidierung der SA-Führungsorganisation erhebliche Fortschritte. Nachdem es Röhm gelungen war, seit Februar die der SA zufließenden staatlichen Mittel bedeutend zu erhöhen, wurde im April die Etatisierung der höheren und mittleren Stäbe vorbereitet, darüber hinaus plante man, insgesamt 74.000 SA-Führer und Unterführer regelmäßig aus der Staatskasse zu besolden.[62]

Seit Frühjahr 1934 ließ Röhm großangelegte Aufmärsche und Besichtigungen der SA in verschiedenen Teilen Deutschlands durchführen. Das war an und für sich nichts Neues; neu war jedoch, dass die Zahl der angetretenen SA-Männer aufgrund der ungeheuren Expansion jeweils ganz andere Dimensionen erreichte, und dass Röhm diese Machdemonstrationen nun verstärkt nutzte, um sich feiern zu lassen und unermüdlich in zündenden Ansprachen die Rolle der SA als „Willensträger" der NS-Revolution hervorhob. Dabei schlug er durchaus aggressive Töne an: „Deutschland wurde nicht und wird nicht gerettet werden durch schöne Feiern und durch noch so schöne Reden", rief er etwa im April in Hamburg aus[63] und spielte damit auf die zunehmende Lethargie an, mit der breite Bevölkerungskreise auf die Feierfreudigkeit der Partei reagierten. „Wenn einer es wagen sollte, an diesen neuen deutschen Aufbauwillen zu rühren, so steht die S.A. bereit, diese Narren oder Verbrecher an ihrem Volke niederzuschlagen und zu vernichten", drohte er bei einem SA-Aufmarsch in Franken.[64] Im Mai erklärte er vor bayerischen Einheiten, nur „Spießerseelen" glaubten an ein Ende der Revolution, doch die SA könne „durch das Sprüchlein von Ruhe und Ordnung nicht eingeschüchtert werden, denn wir wissen, daß die Ruhe und Ordnung, welche jenen den Blick trübt, nur so lange besteht, als die S.A. hart und konsequent die Macht des neuen Deutschland verkörpert".[65] Als Leitmotiv durchzog diese Auftritte vor den angetretenen SA-Standarten Röhms

Parole: „Die SA – das ist Revolution!".[66] Auch in einer weiteren Ansprache vor dem Diplomatischen Korps und der Berliner Auslandspresse, die er als Broschüre drucken ließ, legte er ein entsprechendes Bekenntnis ab.[67]

Gleichzeitig machte die SA durch fortgesetzte Disziplinlosigkeiten und Übergriffe von sich reden. Beklagt wurden in den entsprechenden Berichten der Behörden „Ausschreitungen und Reibereien" im Umgang mit der Zivilbevölkerung,[68] „eigenmächtig durchgeführte Amtshandlungen",[69] „Übergriffe von Angehörigen der SA gegen Polizeibeamte", wenn diese gegen sie einschritten,[70] ferner Kneipenschlägereien, versehentliche oder gezielte Schussverletzungen sowie schwere Misshandlungen, immer wieder waren Tote zu beklagen.[71]

Am 25. März – das bevorstehende Osterfest war traditionell unter Antisemiten ein beliebter Anlass für gewalttätige Ausschreitungen gegen Juden – löste der örtliche SA-Führer im mittelfränkischen Gunzenhausen nach entsprechenden Vorbereitungen ein Pogrom aus. Dabei zog eine Menschenmenge von Hunderten Personen, angeführt von SA-Männern, durch den Ort, holte jüdische Bürger gewaltsam aus den Häusern, misshandelte sie und sorgte anschließend dafür, dass sie in „Schutzhaft" genommen wurden. Zwei der Opfer starben dabei angeblich durch Selbstmord; in einem Fall ist jedoch Mord wahrscheinlich. Der Anführer des Unternehmens erschoss knapp vier Monate später einen jüdischen Gastwirt, der gegen ihn ausgesagt hatte, und verletzte dessen Sohn schwer.[72]

Nach wie vor wurde über starke Spannungen im Verhältnis von SA und Parteiorganisation berichtet.[73] Die Stapo Hannover zog Anfang Juni 1934 die Schlussfolgerung, es gäbe „naturgemäß bei der SA, in Anbetracht ihrer eigenartigen Stellung, soviel bedenkliche Reibungsflächen, daß der Gedanke nicht von der Hand zu weisen ist, daß den Führern von heute auf morgen ihre Gefolgschaft aus der Hand rutscht".[74]

Volk und Regime: Vertrauensverlust und wachsende Unzufriedenheit

Doch neben diesem Machtkampf innerhalb der NS-Bewegung bahnte sich im Frühjahr 1934 eine tiefgreifende Vertrauenskrise in der Bevölkerung an. Zu Recht schreibt der britische Wirtschaftshistoriker Adam Tooze, das Dritte Reich habe – wie nie wieder in seiner Geschichte – zwischen März und September 1934 am Rande einer „umfassenden sozialwirtschaftlichen Krise" gestanden.[75]

Im Winter 1933/34 hatte die NS-Regierung unbestreitbar einige Erfolge in der Bekämpfung der Arbeitslosigkeit zu verzeichnen, die allerdings weit hinter dem propagandistischen Getöse, mit der das Regime die „Arbeitsschlacht" feierte, zurücklagen: Man kann davon ausgehen, dass Mitte 1934 etwa ein Drittel der Anfang 1933 offiziell registrierten sechs Millionen Arbeitslosen wieder in regulären Beschäftigungsverhältnissen war.[76]

Doch die Hauptgefahr für eine weitere erfolgreiche sozioökonomische Entwicklung war mittlerweile an einer anderen Front entstanden: 1933/34 gingen die deutschen Exporte beständig zurück.[77] Dies hatte mehrere Ursachen. Zum einen protektionistische Handelsbeschränkungen in vielen Ländern als Folge der Weltwirtschaftskrise; zum anderen hatte ein einseitiges deutsches Schuldenmoratorium vom Sommer 1933 Gegenmaßnahmen im Ausland zur Folge, die den deutschen Export ebenso behinderten wie die relativ hohe Bewertung der Mark im Vergleich mit Pfund und Dollar.[78] Die eingeleitete massive Aufrüstung garantierte der deutschen Industrie einen stabilen Absatz im Innern und ließ verstärkte Exportbemühungen als wenig dringlich erscheinen. Auch wirkten sich Initiativen im Ausland zum Boykott von Waren aus Nazi-Deutschland negativ aus. Gleichzeitig war Deutschland darauf angewiesen, seine lebenswichtigen Einfuhren an Rohstoffen und Agrarprodukten mit Devisen zu bezahlen. Als Folge der geschilderten Entwicklung gingen aber die Devisenreserven der Reichsbank seit Anfang des Jahres 1934 rapide zurück. Sie konnte Import-Firmen nur noch einen Bruchteil der früher bewilligten Devisen zuteilen. Die Folge davon war ein Mangel an Rohstoffen, es drohten Produktionsstockungen und Entlassungen. Deutsche, die ins Ausland reisten, unterlagen schärfsten Devisenrestriktionen.

Sorgen um die immer kritischere Devisenlage begannen seit Frühjahr 1934 die allgemeine Stimmung zu belasten, wie die einschlägigen Berichte der Regierungspräsidenten und der Gestapo zeigten. Man befürchtete weiter zunehmende Schwierigkeiten bei der Rohstoffeinfuhr, die zu Arbeitszeitkürzungen und neuen Entlassungen führen könnten;[79] Inflationsängste[80] wurden geschürt und Gerüchte über eine bevorstehende Abwertung der Mark kamen auf.[81]

Der einstmals „feste Glaube“ an eine allgemeine Konjunkturbelebung infolge der eingeleiteten Regierungsmaßnahmen, so die Stapo Kassel Anfang Juni, „verliert an Boden“; nicht nur „Meckerer und Miesmacher“, sondern „gerade die treuesten Nationalsozialisten“ sähen „der weiteren wirtschaftlichen Entwicklung sorgenvoll entgegen“.[82] Auch die Stapo Potsdam, die bereits für den Monat Februar weit verbreitete Skepsis über den Wirtschaftskurs der Regierung festgestellt hatte („bald nach links, bald nach rechts schlagend“),[83] meldete Anfang April, die „wirtschaftliche Lage hat das Aufkommen einer stärkeren Kritik als bisher bewirkt. Die allgemeine wirtschaftliche Lage wird nach wie vor als wenig günstig, teilweise sogar als beunruhigend angesehen“.[84]

Enttäuschter Mittelstand

Unzufriedenheit und Enttäuschung zeigten vor allem die mittelständischen und bürgerlichen Schichten, die 1933 überdurchschnittlich hoch NSDAP gewählt hatten. Im Bürgertum, so der Regierungspräsident von Unterfranken Ende 1933, „gäbe es weite Kreise“, denen der „natsoz. Staat … lästig und unbequem erscheint“ und ihn als „vorübergehende Erscheinung betrachten möchten“.[85]

Eben in diesen Kreisen, so hielt der Oberpräsident der Rheinprovinz im Frühjahr fest, „macht sich eine kritische Beurteilung der außenpolitischen Lage, der Währungsverhältnisse und der wirtschaftlichen Zukunftsaussichten breit".[86]

Geschäftsleute beschwerten sich über den „flauen Geschäftsgang".[87] Klagen, die, wie die Stapo Aachen Anfang März berichtete, „mit einer wachsenden Kritik an den Regierungsmaßnahmen auf wirtschaftlichem Gebiet verbunden sind"; abfällige Bemerkungen stammten zum größten Teil aus Kreisen, die im Allgemeinen mit der nationalsozialistischen Regierung sympathisierten.[88]

Von den großen Versprechungen, die die NSDAP den Handwerkern vor 1933 gemacht hatte – Steuerreduzierung, Verwaltungsreformen, verringerte Sozialabgaben, berufsständischer Aufbau –, war bis Mitte 1934 nichts verwirklicht worden; man musste sich mit der „Werbewoche des Handwerks" begnügen, die mit großem Trara im Oktober 1933 im ganzen Reich durchgeführt wurde. Am 15. Juni 1934 trat zudem die Verordnung über den vorläufigen Aufbau des deutschen Handwerks in Kraft, die bisher autonomen und demokratisch verfassten Handwerkerinnungen wurden durch ein System autoritär geführter Zwangsinnungen ersetzt.[89]

Eine nicht zu unterschätzende Ursache mittelständischer „Mißstimmung" war die Tatsache, dass die neu gebildeten Innungen wesentlich höhere Beiträge erhoben als ihre Vorgängerinnen.[90] Auch war man im Handwerk und Kleingewerbe enttäuscht, dass die Partei ihre Versprechungen aus der „Kampfzeit", den Mittelstand gegen die Konkurrenz von Warenhäusern und Konsumgenossenschaften zu schützen, nicht einhielt, sondern sogar neue Kaufhäuser entstanden.[91] „Gerade die Geschäftswelt und das sogenannte Bürgertum befleissigen sich in auffälliger Weise bei der Nichtanwendung des Deutschen Grusses", beobachtete die Stapo Lübeck.[92]

Diese vor allem durch wirtschaftliche Ängste angetriebene und durchaus zur Schau gebrachte Skepsis bürgerlicher Kreise weckte im NS-Anhang antibürgerliche Ressentiments, die auf das Klischee der „Reaktion“ verkürzt wurden. So wurde etwa der Stapo Hannover Anfang des Jahres aus Hildesheim der „passive Widerstand reaktionärer Kreise“ gemeldet; hier habe man, so hieß es einige Monate später, „ein besonderes Interesse an Gegensätzen zwischen Partei und Staat und stelle die entsprechend heraus“.[93]

Die Polizeidirektion Kaiserslautern berichtete, Mitte Mai habe sich vor dem Gebäude der dortigen Kasinogesellschaft eine „größere Menschenmenge“ versammelt, die „ihrer Empörung Ausdruck gab, Feuerwerkskörper abbrannte und schließlich 4 Fensterscheiben einwarf“. Dieser Vorfall sei „auf die große Erregung zurückzuführen, die in der breiten Bevölkerung, namentlich in Arbeiter- und SA-Kreisen gegen den exklusiven Club der Kasinogesellschaft herrscht, die durch das reaktionäre Verhalten vieler ihrer Mitglieder und die anscheinend nicht staatsfreundliche Geschäftsführung ihrer Vorstandschaft überall Anstoß erregt hat“.[94]

Solche Aktionen und die Kritik an der „Reaktion“ blieben nicht ohne Folgen: „In den Kreisen der gebildeten Mittelschichten und auch in den Kreisen der Unternehmer hört man in verstärktem Maße, daß sie sich trotz ihres Einsetzens für das Ideengut des Nationalsozialismus durch die Partei als zweitklassig behandelt fühlen“, berichtete etwa die Stapo Erfurt.[95]

Ein bemerkenswertes Bedrohungsszenario, das sich im rechtskonservativen Milieu zusammenbraute, entwarf im März 1934 Wolf-Heinrich von Helldorff, Polizeipräsident von Potsdam und gleichzeitig Leiter der dortigen Gestapo. Der kannte das Milieu, das er im Folgenden beschrieb, sehr gut, war er doch aus dem Stahlhelm hervorgegangen. In einem „Teil der vorwiegend national eingestellten Massen des Kleinbürgertums“, so Helldorff, käme allmählich der Verdacht auf, dass mit der starken Zuwendung des Nationalsozialismus zur Arbeiterschaft „das nationale Ziel vielleicht verändert werden könne und vorwiegend sozialistische Interessen im Laufe der Zeit in den Vordergrund kommen könnten“. Daher, so Helldorff weiter, „findet sich allmählich eine Front zusammen, die etwa in der Linie Stahlhelm – Kirche – Frauenschaft – Jugenderziehung verläuft und alle Kräfte um sich sammelt, die aus zwar wirtschaftlichen, aber für national gehaltenen Interessen heraus an einer nicht zu weitgehenden sozialistischen Auswirkung der Programmpunkte lebhaften Anteil nehmen".[96]

Es war insbesondere der nach Eingliederung der jüngeren Mitglieder in die SA noch bestehende Rest-Stahlhelm, der weithin als Hort der Reaktion galt, auch nachdem er im März 1934 in den „Nationalsozialistischen deutschen Frontkämpferbund" umgegründet wurde.[97] Missfallen unter Nationalsozialisten erregten die weiter anhaltende Werbetätigkeit sowie die Gründung neuer Ortsgruppen der Veteranenorganisation.[98] Vielfach bestanden örtlich starke Spannungen zwischen SA und Stahlhelm, dessen Mitgliedern man vorwarf, systematisch Unzufriedenheit zu schüren.[99]

Murrende Bauern

Die Bauern, die in den protestantischen Gebieten Deutschlands in den letzten Jahren der Weimarer Republik überdurchschnittlich oft NSDAP gewählt hatten, erwarteten sich von einer nationalsozialistisch geführten Regierung vor allem höhere Erzeugerpreise für ihre Produkte und eine umfassende Sanierung ihrer häufig verschuldeten Höfe.

Die zentrale Figur in der nationalsozialistischen Landwirtschaftspolitik, Walter Darré, der vor 1933 den „Agrarpolitischen Apparat" in der NSDAP aufgebaut hatte, schaltete im Zuge der Machtergreifung als „Reichsbauernführer" alle landwirtschaftlichen Organisationen gleich. Ende Juni 1933 übernahm er die beiden Landwirtschaftsministerien im Reich und in Preußen. Noch im gleichen Jahr ging er daran, mit dem „Reichsnährstand" eine Einheitsorganisation zu schaffen, die den gesamten Agrar- und Ernährungsbereich umfasste und eine hierarchische Organisation erhielt, die bis hinunter zu den „Ortsbauernführern" reichte.[100]

Dabei ging es Darré nicht nur um die Erfassung, Lenkung, den Vertrieb und die Preisgestaltung der gesamten agrarischen Produktion, sondern vor allem um ideologische Ziele, um „Blut und Boden". Der „Bauernstand" sollte künftig die Basis für eine umfassende „rassische" Gesundung des deutschen Volkes, seine eigentliche „Blutquelle" darstellen.[101] Zu diesem Zweck sollte die Landwirtschaft aus den Schwankungen des Weltmarktes herausgelöst und auf das Ziel nationaler Selbstversorgung mit stabilen ökonomischen Grundlagen ausgerichtet werden. Dies setzte eine Steigerung der Produktion und einen Ausgleich zwischen den Interessen von agrarischen Erzeugern und Verbrauchern voraus. Beide zentralen Ziele wurden nicht erreicht; bereits 1933/34 zeichnete sich der Widerspruch zwischen agrarpolitischem Aufbruch unter ideologischen Prämissen und den unüberwindbaren praktischen Schwierigkeiten ab.

Zwar stiegen die Einkommen in der Landwirtschaft im Vergleich zum Tiefstand im Jahr 1932 im Gesamtzeitraum 1933/34 um durchschnittlich über 30 Prozent, doch dies reichte in der Regel nicht aus, um die in der Wirtschaftskrise erlittenen Verluste auszugleichen.[102]

Klagen und Enttäuschung der Bauern über zu niedrige Absatzpreise und steigende Erzeugungskosten durchziehen daher die Berichterstattung für den gesamten Zeitraum von Ende 1933 bis Mitte 1934.[103] „Die erste Begeisterung nach der Machtübernahme und die Hoffnungen, die gerade von der bäuerlichen Bevölkerung auf eine Besserung ihrer Lage gesetzt wurden, sind einer allgemeinen Enttäuschung gewichen", stellte die Stapo Hannover im Juni 1934 fest.[104] „Die Stimmung in der Landwirtschaft ist schlecht", berichtete die Stapo Kassel zur gleichen Zeit.[105]

Nicht anfreunden konnten sich viele Bauern auch mit dem Ende September 1933 erlassenen Reichserbhofgesetz. Grundgedanke war – unabhängig von dem in der jeweiligen Region vorherrschenden Erbrecht –, die „Erbhöfe" (bis 1939 besaßen etwa

20 Prozent der landwirtschaftlichen Anwesen diesen Status) ungeteilt nur noch einem Anerben zu übergeben, um so eine weitere Zersplitterung des landwirtschaftlichen Besitzes zu verhindern. Nur der Besitzer eines Erbhofes galt künftig als „Bauer", der sich damit schon äußerlich von den bloßen „Landwirten" abheben sollte. Sie bildeten in der Agrarbevölkerung eine eigene Schicht mit allerdings höchst zweischneidigen Privilegien.[106]

Denn der Erbhofgedanke bedeutete einen tiefen Eingriff in die bäuerliche Selbstständigkeit; nicht nur wurde die Erbfolge gesetzlich detailliert festgelegt, sondern bei Mängeln in der Betriebsführung drohte dem Bauern der Verlust der „Bauernfähigkeit" und damit seines Eigentums. Dass der Erbhof „unveräußerlich und unbelastbar" war und Vollstreckungsschutz genoss, gereichte zwar verschuldeten Bauern zum Vorteil, verwehrte aber dem Erbhofbauern den Zugang zu Krediten.

„Vielfach", so die Gestapo Hannover, höre man „die Behauptung, daß das Reichs-Erbhofgesetz nur dazu da sei, die schlechten Wirtschafter und Schuldenmacher durch die soliden und strebsamen Bauern zu sanieren".[107] Das neue System brachte, so machte ein Bericht des Bezirksamts Würzburg deutlich, erhebliche Unruhe in die bäuerliche Lebenswelt. Es führte zu unerquicklichen Diskussionen in vielen Familien und hatte Einfluss auf die Familienplanung, waren doch bereits Stimmen zu vernehmen, wonach man daran dachte, zum „2-Kindersystem" überzugehen.[108]

Ein weiteres wesentliches Ärgernis für die gesamte Landwirtschaft war die Politik des Reichsnährstandes, den gesamten Ernährungssektor einer umfassenden Marktregelung zu unterwerfen, um so die gesamte Erzeugung, Verarbeitung und Vermarktung von Nahrungsmitteln in Deutschland zu kontrollieren und zu steuern.

Zunächst traten Anfang 1934 kurzfristig gesetzliche Regelungen in Kraft, die die bäuerliche Selbstvermarktung bei Eiern und Milcherzeugnissen erheblich einschränkten. Anstelle des direkten Verkaufs von Eiern und selbst hergestellter Butter, der für viele Bauern ein wichtiger Nebenerwerb gewesen war, gab es nun Ablieferungsverpflichtungen und eine bis ins Einzelne geregelte Vermarktung über mehrere Stationen, die sich in der Praxis erst einspielen musste. Im Ergebnis erzielte der Bauer niedrigere Gewinne, musste in der Regel längere Transportwege zurücklegen und sah sich in seiner eigenständigen Wirtschaftsführung weiter eingeschränkt, während der Verbraucher höhere Preise für ein weniger frisches, teilweise bereits verdorbenes Produkt zu zahlen hatte. Beide Seiten reagierten mit heftigen Klagen.[109]

Der großzügig neu aufgebaute bürokratische Apparat des Reichsnährstandes zog wegen seiner hohen Kosten, die die zwangsweise eingegliederten Bauern und Landwirte zu tragen hatten, wegen seiner Schwerfälligkeit und wegen seiner Abkapselung gegenüber der staatlichen Verwaltung manche Kritik auf sich.[110]

Außerdem machte sich bereits im Frühjahr 1934 – trotz nach wie vor relativ hoher Arbeitslosigkeit – in der Landwirtschaft Arbeitskräftemangel bemerkbar.[111] „Junge Leute ziehen den angenehmeren Arbeitsdienst der harten und langen Bauernarbeit vor", berichtete der Regierungspräsident in Regensburg. Sein Augsburger Kollege stellte den – eigentlich naheliegenden – Zusammenhang mit der Erbhofgesetzgebung fest, da die „Mädchen eine spätere Versorgung auf dem Lande für fragwürdiger erachteten als früher".[112] Hier zeigte sich auf eklatante Weise, dass die Blut-und-Boden-Ideologie an den praktischen Erfordernissen bäuerlichen Wirtschaftens vorbeiging.

Orientierungslose Arbeiterschaft

In der NS-Propaganda spielte die Behauptung, den überwiegenden Teil der Arbeiterschaft aus den Fängen des „Marxismus" befreit und in treue Anhänger des neuen Regimes verwandelt zu haben, eine zentrale Rolle. Tatsächlich gingen die Arbeitslosenzahlen zurück. Von 6 Millionen im Januar sank die Zahl der offiziell registrierten

Arbeitslosen bis zum Juni 1934 auf unter 2,5 Millionen.[113] Allerdings kam dieses „Beschäftigungswunder“ maßgeblich dadurch zustande, dass man mehr als 1,2 Millionen Menschen aus der Arbeitslosenstatistik herausrechnete: „Notstandsarbeiter“, Angehörige des Reichsarbeitsdienstes und jugendliche „Landhelfer“[114] sowie arbeitslose Hausgehilfinnen und „Doppelverdienerinnen“.[115] Insgesamt kann man davon ausgehen, dass von den 6 Millionen Arbeitslosen des beginnenden Jahres 1933 kaum mehr als jeder Dritte Mitte 1934 wieder ein reguläres Beschäftigungsverhältnis erreicht hatte.

Alles in allem hatten aber im Frühjahr 1934 die Arbeiter einen vergleichsweise wohl etwas positiveren Erwartungshorizont als Bauern, Handwerker oder Kleinhändler, die nun aus ihren, mit der Machtergreifung verbundenen Illusionen herausgerissen wurden und entsprechend frustriert reagierten. Die Arbeiterschaft hingegen behielt in großen Teilen gegenüber dem Regime weiterhin eine vorsichtig abwartende Haltung.[116]

Dass sich ausgerechnet die soziale Schicht, die dem Nationalsozialismus in der Vergangenheit den stärksten Widerstand entgegengesetzt hatte, bisher insgesamt ruhig und gefügig verhalten hatte, wurde von den offiziellen Stimmungsbeobachtern als positive Überraschung bewertet und führte zu einer Überschätzung der Loyalität der Arbeiterschaft gegenüber dem Regime.[117]

So kam die Stapo Potsdam Anfang 1934 zu der Einschätzung, „daß niemals in den vergangenen Jahrzehnten die Gelegenheit so günstig war, wie gerade jetzt, aufklärend auf den Arbeiter einzuwirken, der bisher sich absichtlich jeder nationalen Beeinflussung verschloß“.[118]

„Es besteht der Eindruck“, so berichtete die Gestapo Oldenburg über den Monat März, „daß die nationalsozialistische Bewegung und mehr auch unter bisher noch abseitsstehenden marxistisch eingestellten Arbeitern an Boden gewinnt, nachdem diese durch die Tatsache sich davon haben überzeugen lassen müssen, daß die

NSDAP keine arbeiterfeindliche Bewegung ist, sondern eine wahre Volksgemeinschaft herbeiführen will".[119]

Die reale Lage der Arbeiterschaft stand allerdings solchen Einschätzungen entgegen. Insbesondere die auf dem Krisenniveau festgefrorenen Löhne bildeten ein ständiges Ärgernis der Arbeiter, zumal die Sozialabzüge ebenfalls auf dem hohen Krisenstand blieben und die Preise für den Lebensbedarf unaufhörlich stiegen. Die Stapo Hannover erläuterte die Situation: „Vielfach liegen die Löhne der einfachen Arbeiter unter den allgemeinen Unterstützungssätzen." Aber selbst, wenn sie diese um einige Mark überstiegen, so „verringert sich der Lohn durch die nunmehr in Kraft tretenden Abgaben so, dass der Endsatz den Unterstützungssätzen fast gleichkommt". Es sei verständlich, dass vielfach die Weiterzahlung der Unterstützung einer Arbeitsstelle vorgezogen werde.[120] Angesichts dieser prekären Lage verursachten gerade Spitzengehälter von Parteifunktionären und Managern immer wieder böses Blut, hatte die Partei doch vor 1933 eine Einkommensobergrenze von 1.000 Reichsmark pro Monat propagiert.[121]

Diese Zustände, so die Berichterstattung, drückten offenkundig auf die Stimmung der Arbeiter. Die Stapo Potsdam registrierte im März, dass die nur zwei Monate zuvor berichteten „Hoffnungen, die man auf die neue Führung setzte, zu schwinden beginnen"; auch in Würzburg schätzte man die Situation als „wenig erfreulich ein", gäbe es doch immer noch starke sozialdemokratische Einflüsse.[122]

Andere Berichterstatter kamen hingegen zu der Auffassung, dass große Teile der Arbeiterschaft dem Nationalsozialismus immer schon ablehnend gegenübergestanden hätten.[123] Vor allem aber fällt auf, dass nur sehr wenige Berichte der Arbeitsbeschaffungspolitik des Regimes positive Wirkungen auf die „Stimmung" attestierten. Und wenn, dann bezogen sich solche Erfolgsmeldungen fast durchweg auf die „Bevölkerung" (die häufig ohne Weiteres mit dem nationalsozialistischen Anhang gleichgesetzt wurde) und sehr selten konkret auf die Arbeiterschaft.

Diese Zurückhaltung muss verwundern, da nach der Ausrufung der „Arbeitsschlacht“ durch Hitler am 21. März 1934 gerade die angeblich so erfolgreiche Bekämpfung der Arbeitslosigkeit Hauptthema der Propaganda war und die Zahlen tatsächlich Anhaltspunkte für eine positive Entwicklung boten. Doch die sonst in den Berichten übliche überschwängliche Schilderung der Begeisterung über die Großtaten des „Führers“ blieb in diesem Falle weitgehend aus.[124]

Mit dem Gesetz zur Ordnung der nationalen Arbeit hatte das Regime im Januar die innerbetrieblichen Verhältnisse im nationalsozialistischen Sinne neu bestimmt. Entsprechend dem Führerprinzip besaßen die Unternehmer, jetzt „Betriebsführer“ genannt, unumschränkte Autorität gegenüber der Belegschaft, ihrer, wie es nun bezeichnenderweise hieß, „Gefolgschaft“.[125]

TATSÄCHLICH WAR ANFANG 1934 die Berichterstattung über die Situation in den Betrieben von einer tiefen Unsicherheit geprägt. Nicht nur lieferten sich die Nationalsozialistische Betriebszellenorganisation (NSBO) und die Deutsche Arbeitsfront (DAF) „dauernde Reibereien und Zwistigkeiten“, „Kompetenzstreitigkeiten“, die „in der Arbeiterschaft eine fortwährende Beunruhigung hervorrufen“;[126] darüber hinaus brachten viele Berichte die Befürchtung zum Ausdruck, beide Organisationen seien von ehemaligen „Marxisten“ unterwandert, und sie zeigten anschaulich, dass die neuen „Bonzen“ in den Betrieben kaum Vertrauen genossen,[127] da ihre Tätigkeit von den Belegschaften als wenig hilfreich angesehen wurde.[128]

Das offiziell verkündete Ideal einer harmonischen „Betriebsgemeinschaft“ funktionierte in der Praxis nicht. So beklagte das sächsische Innenministerium im April, „das Verhältnis zwischen Arbeitern und Unternehmern ist noch lange nicht als befriedigend anzusehen, was ja auch bei der oft noch stock-reaktionären Gesinnung der Unternehmer verständlich ist“.[129]

Den Einklang der „Betriebsgemeinschaft“ sollte ein Rat aus „Vertrauensmännern“ sicherstellen, der die bisherige innerbetriebliche

Vertretung der Arbeitnehmer ersetzte und dessen Vorsitz der „Betriebsführer“ selbst innehatte. Er sollte in Absprache mit der NSBO bzw. DAF jedes Jahr eine Liste von ihm geeignet erscheinenden Kandidaten, sämtlich DAF-Angehörige, zusammenstellen, die dann der Belegschaft zur Abstimmung vorgelegt wurde.[130]

Die ersten Vertrauensratswahlen vom April 1934 fielen aus Sicht des Regimes so negativ aus, dass sie nie veröffentlicht wurden. Soweit sich die Ergebnisse aus erhaltenen Unterlagen rekonstruieren lassen, ergibt sich folgendes Bild: Im Allgemeinen lag die Wahlbeteiligung demnach bei über 80 Prozent, wobei allerdings offenbleiben muss, inwieweit die Teilnahme tatsächlich freiwillig war, und ob die Wahl, wie gesetzlich vorgeschrieben, auch überwiegend geheim war.

Nicht überall wurde gewählt. Der Regierungspräsident in Würzburg berichtete etwa, an einzelnen Baustellen hätten die Wahlen nicht stattfinden können, da „die Aufstellung der früheren Roten Betriebsräte als Vertrauensmänner zu befürchten stand“.[131] Die Abstimmenden konnten den Listen zustimmen oder sie ablehnen, einzelne Kandidaten streichen oder den Stimmzettel ungültig machen. Fiel die vorgelegte Liste durch, konnten die Kandidaten trotzdem für gewählt erklärt werden.[132]

In der Regel dürften aber etwa 50 bis 70 Prozent der Abstimmenden den vorgelegten Listen vorbehaltlos zugestimmt haben. Man wird also im Ergebnis sagen können, dass sich in vielen Betrieben zwei etwa gleich große Lager gegenüberstanden: Diejenigen, die – unter Druck oder nicht – den vorgeschlagenen Vertrauensräten zustimmten, und die, die die gesamte Veranstaltung entweder pauschal ablehnten oder aber bestimmte Änderungswünsche hinsichtlich der Kandidatenlisten hatten.[133] In jedem Fall wird deutlich, dass das Ziel des Regimes, mit den Abstimmungen zu dokumentieren, die überwiegende Zahl der Betriebsangehörigen sei in einer geschlossenen „Betriebsgemeinschaft“ unter Führung der DAF vereint, verfehlt wurde.[134]

Einer der höchsten preußischen Verwaltungsbeamten, der Oberpräsident in der Rheinprovinz, dem sicherlich durch die interne Berichterstattung ein präziseres Bild der Wahlresultate vorlag, sah in „diesem unerfreulichem Ergebnis" immerhin ein „Stimmungsbild", das „erheblich von dem Bild öffentlicher Kundgebungen, Presseberichten u.a. abweicht" und das er bestätigt fand durch viele Einzelgespräche, „deren Grundtendenz gleichfalls von der offiziellen Haltung erheblich abweicht, und zwar unterschiedslos bei Arbeitern, Bauern, Gewerbetreibenden und Wirtschaftsführern, bei alten Parteigenossen und neuen Parteimitgliedern und parteifremden Personen".

Noch negativer beurteilte die Stapo Erfurt die Situation im Juni. Es sei doch zu verzeichnen, dass aufgrund von „kommunistischen Bestrebungen die arbeitende Bevölkerung sich teilweise langsam von der nationalsozialistischen Bewegung abwendet".[135]

Die Stimmungsberichterstattung im ersten Halbjahr 1934 und das Ergebnis der Vertrauensratswahlen zeigen also deutlich, dass die Bemühungen, der Arbeiterschaft eine einheitlich positive Einstellung gegenüber dem Regime zu unterstellen, an den Realitäten vollkommen vorbeiging.

Ein differenzierteres Bild der Einstellung der Arbeiterschaft zum Nationalsozialismus vermitteln hingegen die Deutschland-Berichte der Exil-SPD („SOPADE-Berichte") im Frühjahr 1934. Danach waren die früher sozialistisch organisierten Arbeiter in der Masse nach wie vor anti-nationalsozialistisch eingestellt, zum Teil aber entmutigt bzw. sehr vorsichtig. Zuspruch fände das Regime bei den früher „Unorganisierten" bzw. denjenigen, die nur den „Randorganisationen" der Arbeiterbewegung, also zum Beispiel Sportvereinen, angehört hätten. Die früher politisch indifferent eingestellten Arbeiter seien zumeist vom neuen System enttäuscht und würden am lautesten schimpfen. Auch viele alte Mitglieder der NSBO seien mit ihrer Organisation höchst unzufrieden. Die wieder in Arbeit gekommenen Arbeitslosen seien trotz niedriger Löhne froh und zum Teil anerkennend.

Die Lektüre der im Exil zusammengestellten Berichte macht vor allem eines klar: Innerhalb der Arbeiterschaft existierten sehr unterschiedliche, zum Teil gegenläufige Stimmungsbewegungen, die sich überhaupt nicht auf einen gemeinsamen Nenner bringen ließen.[136]

Widerständige Kirchen

Erhebliche Unruhe verursachte auch die 1933 durch das Regime eingeschlagene Politik gegenüber den beiden großen christlichen Konfessionen.

Gegenüber dem deutschen Protestantismus hatten die Nationalsozialisten das Ziel verfolgt, die evangelischen Landeskirchen zu einer einheitlichen und gleichgeschalteten „Reichskirche" zusammenzufassen. Bei den Kirchenwahlen vom Juli 1933 war es den „Deutschen Christen" mit massiver Unterstützung Hitlers und der Nationalsozialisten gelungen, die Macht in den meisten Landeskirchen zu übernehmen, und im September wurde der regimetreue Wehrkreispfarrer Ludwig Müller in das neugeschaffene Amt des Reichsbischofs eingeführt.[137]

Dagegen regte sich bald heftiger innerkirchlicher Widerstand. Der „Pfarrernotbund" wurde gegründet, der sich die rückhaltlose Rückbesinnung auf das protestantische Glaubensbekenntnis zum Ziel gesetzt hatte und dem sich bis Januar 1934 über 7.000 Geistliche – etwa ein Drittel aller protestantischen Pfarrer – anschlossen.[138] Diese innerkirchliche Opposition erstarkte im Herbst 1933, nachdem allzu offenkundig wurde, dass die Deutschen Christen theologische Positionen vertraten, die mit den christlichen Glaubensgrundsätzen nicht zu vereinbaren waren und sich zahlreiche protestantische Gläubige von ihnen abwandten. Gleichzeitig gab die NSDAP eine kirchenpolitische Neutralitätserklärung ab, mit der sie den Deutschen Christen und dem Reichsbischof ihre Unterstützung entzog und die Oppositionsbewegung indirekt als legitim anerkannte.[139]

Während Müller daran ging, sich mit ziemlich rabiaten Methoden nach und nach die Landeskirchen unterzuordnen[140] und immer offenkundiger wurde, dass das eigentliche Ziel die Bildung einer überkonfessionellen „Nationalkirche" war,[141] konsolidierte sich die Oppositionsbewegung. Auf einer Bekenntnissynode, die Ende Mai 1934 in Wuppertal-Barmen stattfand, verabschiedete man eine Theologische Erklärung zur gegenwärtigen Lage der Evangelischen Kirche, in der die „Irrlehren" der Deutschen Christen verworfen wurden. Nach dieser Synode bildeten sich zahlreiche Bekenntnisgemeinden, denen informelle Kirchenleitungen, die Bruderräte, vorstanden. Sie lehnten die offizielle Kirchenleitung ab.[142] Damit war im Frühjahr 1934 die Spaltung der evangelischen Kirche eingetreten, also genau das Gegenteil von dem, was Hitler ursprünglich mit seiner „Einigungspolitik" angestrebt hatte.

DIE AUFKOMMENDE FRONTBILDUNG in der protestantischen Kirche wurde in der amtlichen Berichterstattung nicht nur als innerkirchliche Angelegenheit dargestellt, sondern man sah zunehmend in der Oppositionsbewegung ein Sammelbecken von regimefeindlichen Kräften, und zwar insbesondere aus Kreisen der „Reaktion".

Da sich Parteigenossen auf beiden Seiten engagierten, bestand die Gefahr, dass die Partei in die Auseinandersetzungen einbezogen wurde; und überhaupt erschien der, wie die Stapo Berlin festhielt, „Austrag in breitester Öffentlichkeit … aber doch vom politischen Standpunkt aus unerwünscht, weil dabei die Gefahr des Übergreifens vom kirchlichen auf das politische Gebiet entsteht".[143]

Im April 1934 hielt der Oberpräsident der Rheinprovinz fest: „Die zunehmenden kirchenpolitischen Auseinandersetzungen stellen mehr und mehr eine ernste politische und für die Volksgemeinschaft schädliche Gefahr dar. Es werden wertvolle völkische, sozial und charakterlich nicht zu entbehrende Volksteile in eine gewisse innere Opposition oder doch Gleichgültigkeit gegenüber dem neuen Reiche gedrängt, darunter viele, die noch vor 6 bis 8 Monaten zu aufrichtiger Gefolgschaft gewillt waren."[144]

Seit Herbst 1933 registrierten die Stimmungsberichte der Regierungspräsidenten und der Gestapo voller Argwohn verstärkte Aktivitäten innerhalb des katholischen Milieus. Im Vorfeld der Volksabstimmung vom November hatte das Regime sich bemüßigt gesehen, seine Politik gegenüber den Kirchen etwas zu lockern. Insbesondere das am 10. September ratifizierte Konkordat zwischen Vatikan und Drittem Reich schien die noch im Sommer 1933 heftig umstrittene Existenz des katholischen Vereinswesens endlich zu sichern, sodass die Vereine nun ihre Tätigkeit in größerem Umfang wieder aufnahmen.[145] Doch tatsächlich waren die Formulierungen des Konkordats vage und das künftige Schicksal der Vereine hatte man weiteren Verhandlungen überlassen; die wurden jedoch von der Regierung verschleppt und man setzte darauf, in der Zwischenzeit durch Verwaltungsmaßnahmen untergeordneter Behörden die Verbände zu zermürben und zur Auflösung zu bringen.[146]

BESONDERS GEFÄHRLICH erschien den Berichterstattern, dass die katholischen Jugendorganisationen als direkte Konkurrenz zur nationalsozialistisch organisierten Jugend, also zu Jungvolk, Hitlerjugend und Bund Deutscher Mädel, auftraten. Dabei tat sich der Sportverband „Deutsche Jugendkraft" nach Ansicht der Beobachter besonders hervor. Immer wieder kam es zu „Spannungen" und „Reibereien".[147]

Hier öffnete sich eine nicht zu unterschätzende Gefahrenquelle, wie die Stapo Kassel Anfang 1934 berichtete: „Die kirchlichen Verbände haben sich unter Berufung auf das Konkordat und mit Hilfe der Ungeschicklichkeit der HJ-Führung schon soweit durchgesetzt, daß sie stellenweise von der HJ bereits als gleichberechtigt anerkannt werden. Sie treiben Wehrsport und rücken mit klingendem Spiel, Fahnen und einheitlicher Kleidung, Koppel und Schulterriemen aus. Die Führer fangen auf diese Weise die Jugend und lehren sie … eine Weltanschauung, die nichts anderes als eine pazifistische ist und im Gegensatz zu den Grundsätzen der NSDAP steht.“[148]

Die Befürchtung, dass in den neu zum Leben erwachten katholischen Verbänden „eine gefährliche Sammlung von Gegnern des nationalsozialistischen Staates vorbereitet wird“, so der Ansbacher Regierungspräsident Ende 1933, „löste eine starke Erbitterung in den nationalsozialistischen Kreisen aus“, die bereits in kleineren örtlichen Zusammenstößen zwischen HJ und ihren katholischen Konkurrenten zum Ausdruck komme.[149] Seit Jahresende häuften sich in den Berichten zudem Meldungen über verstärkte Aktivitäten katholischer Priester, die immer wieder für Konflikte sorgten.[150] Die Gestapo ermittelte gegen die unbotmäßigen Geistlichen und verhängte immer wieder auch Schutzhaft gegen diesen Personenkreis.[151]

IMMER MEHR BERICHTERSTATTER kamen seit Ende 1933 zu der Schlussfolgerung, dass zumindest ein Teil der katholischen Priester und ihr engerer Anhang in einem fundamentalen weltanschaulich-politischen Gegensatz zum nationalsozialistischen Staat stünden. Im Januar meldete etwa der Ansbacher Regierungspräsident, dass „in der Systemzeit herrschende Kreise, allen voran der frühere politisierende Klerus, eifrig am Werk sind, in mehr oder weniger harmlos erscheinender Weise ihre auseinandergestobenen Reihen wieder zusammenzuschließen“. Täglich würden neue Beweise erbracht, dass „diese Sammlung von katholischen Männern, Frauen und Kindern nicht erfolgt, um sie dem nationalsozialistischen Staat zuzuführen … Man vermeidet wohl alles, was Anstoß erregen könnte; ebenso sorgfältig hütet man sich aber auch, irgendwelche Sympathie für den nationalsozialistischen Staat zu äußern.“[152]

Klerus und politischer Katholizismus, so hieß es im Januar aus der Pfalz, folgten einer neuen Linie: „Nicht mehr nach außen Widerstand gegen den neuen Staat, vielmehr einordnen, aber sich nicht von den nationalsozialistischen Ideen infizieren lassen, sondern den nationalsozialistischen Staat mit katholischem Geist durchsetzen und so in die Hand nehmen."[153]

Die verstärkte Teilnahme an der Volksmission und an Wallfahrten wurde von verschiedenen Stellen als deutliche Demonstration gegen den NS-Staat gewertet.[154]

Insbesondere die äußere Zurückhaltung und Anpassungsfähigkeit gerade der katholischen Priester wurde als gefährlich eingeschätzt: „Die überwiegende Anzahl der katholischen Geistlichen steht nach wie vor dem Staat ablehnend gegenüber", berichtete die Stapo Kassel Anfang Mai, doch ihre „propagandistische Tätigkeit ist, auch wenn sie gegen den Staat gerichtet ist, so geschickt, daß Zwischenfälle nicht vorkamen und ein Anlaß zum Eingreifen nicht gegeben war."[155]

Denn „die fanatischen früheren Zentrumsanhänger und der größte Teil der katholischen Geistlichkeit", so erläuterte die Stapo Kassel in ihrem nächsten Monatsbericht, erklärten sich nach außen hin „mit allen Maßnahmen des Dritten Reiches durchaus einverstanden, im geheimen aber arbeiten sie dagegen. Bei Veranstaltungen der Bewegung sind sie nicht zu sehen. Der Deutsche Gruß wird nur sehr zögernd von ihnen angewandt."

Auf dem Land, wo die Geistlichkeit nach wie vor „eine ungeheure Macht über das Volk" ausübe, suchte sie mit „allen Mitteln ... das Vordringen der Hitlerjugend zu hemmen".[156]

Dies führte den Kasseler Gestapochef zu einer bemerkenswerten Einschätzung: „Der Kampf der politisierenden katholischen Geistlichen bzw. der katholischen Kirche gegen die nationalsozialistische Bewegung ist zumindest in meinem Staatspolizeistellenbezirk z.Zt. eine größere Gefahr für den Staat als das Treiben der KPD-Reste".[157]

Der Ansbacher Regierungspräsident sah dies ganz ähnlich. Er hatte bereits im Februar gemeldet, schwieriger als die Bekämpfung des Kommunismus sei es, „den noch immer in den Gedankengängen der früheren Bayer. Volkspartei sich bewegenden katholischen Geistlichen beizukommen, die außerordentlich vorsichtig zu Werke

Hitler und Röhm (2. v. re.) mit den anderen Angeklagten des gegen sie wegen des Putschversuchs vom November 1923 angestrengten Prozesses in München, März 1924.

Demonstrative Einigkeit: Hitler, Gregor Strasser, Röhm und Göring, bei einem Ausflug in die bayerischen Alpen, Berchtesgaden, Sommer 1932.

Der „Oberste" SA-Führer (Adolf Hitler) in der Gaststube des „Braunen Hauses". Ein Propagandafoto des Leibfotografen Heinrich Hoffmann, 1931 oder 1932.

oben Ernst Röhm und SA-Gruppenführer Karl Ernst (re.). Auch er fiel den Morden vom Juni 1934 zum Opfer.

links SA-Mann in einer Saalschlacht, Propagandabild von Felix Albrecht, 1930.

unten Bis Mitte 1934 war die Zahl der SA-Angehörigen rasant auf 4 bis 4,5 Millionen angewachsen.

Heute neue Rassenberichte

Der gerade Weg

Deutsche Zeitung für Wahrheit und Recht.

Sonntag

Hat Hitler Mongolenblut?

Eine rassewissenschaftliche Untersuchung über den Erwecker der nordischen Seele

Fritz Gerlich, Herausgeber des Blattes „Der gerade Weg“, arbeitete in seinem Kampf gegen die NSDAP mit durchaus rabiaten Parolen, die Karikatur aus Gerlichs Blatt zielt auf den Machtkampf zwischen SA und SS ab.

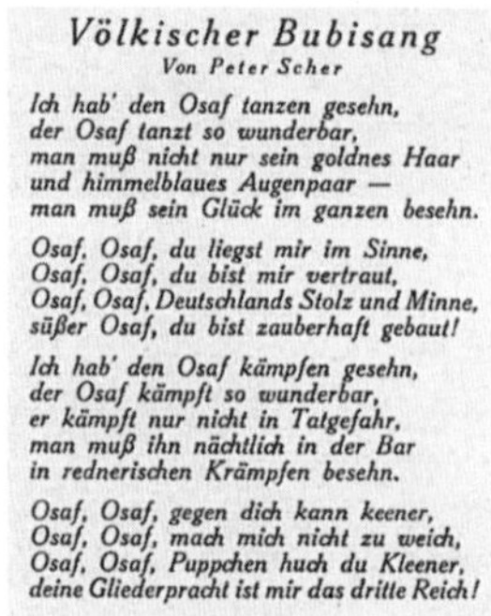

Völkischer Bubisang

Von Peter Scher

Ich hab' den Osaf tanzen gesehn,
der Osaf tanzt so wunderbar,
man muß nicht nur sein goldnes Haar
und himmelblaues Augenpaar —
man muß sein Glück im ganzen besehn.

Osaf, Osaf, du liegst mir im Sinne,
Osaf, Osaf, du bist mir vertraut,
Osaf, Osaf, Deutschlands Stolz und Minne,
süßer Osaf, du bist zauberhaft gebaut!

Ich hab' den Osaf kämpfen gesehn,
der Osaf kämpft so wunderbar,
er kämpft nur nicht in Tatgefahr,
man muß ihn nächtlich in der Bar
in rednerischen Krämpfen besehn.

Osaf, Osaf, gegen dich kann keener,
Osaf, Osaf, mach mich nicht zu weich,
Osaf, Osaf, Puppchen huch du Kleener,
deine Gliederpracht ist mir das dritte Reich!

Das Bekanntwerden von Röhms Homosexualität lieferte den Gegnern der NSDAP und SA reichlich Munition für Angriffe, etwa in einem Flugblatt aus Wien (li.) oder in einem Spottgedicht im Simplicissimus, 20. Juli 1931.

oben Ernst Röhm am Steuer, Hitler daneben: Eine Rollenverteilung, die für Letzteren innerhalb der NSDAP undenkbar war.

unten Kritik an SA-Bonzen: Karikatur aus der sozialdemokratischen Satirezeitschrift „Der Wahre Jacob", 15. 10. 1932.

rechts Ungewollte Begegnung beim Deutschen Derby in Hamburg: Franz von Papen und Joseph Goebbels, der kurz zuvor dessen Marburger Rede hatte verbieten lassen. Goebbels in seinem Tagebuch, 24. 6. 1934: „Derby. Große Panne. Publikum gegen Papen. Habe alle Mühe, einen Skandal zu vermeiden."

oben Die Führungsspitze der NSDAP im Berliner Hotel Kaiserhof nach Ernennung Hitlers zum Reichskanzler, 30. 1. 1933. Noch gehört Ernst Röhm zum inneren Kreis der Partei. (v.re. Rudolf Heß, Heinrich Himmler, Richard Walter Darré, Göring, Röhm, Hitler, Joseph Goebbels, Hanns Kerrl, Wilhelm Kube, Otto Wagener, sitzend: Wilhelm Frick) Der SA-Chef wurde nach dem 30. 6. wegretuschiert.

links „Der Wahre Jacob“ nimmt Hitlers Ringen mit der eigenen Partei in der Kirchenpolitik aufs Korn, 15. 10. 1932.

links oben Klare Positionierung im „Kirchenstreit“. Hitler begrüßt demonstrativ den „Reichsbischof“ der evangelischen Kirche Ludwig Müller auf dem Reichsparteitag der NSDAP im September 1934.

links unten Der als „Rechts-Katholik“ geltende Papen sah sich als Brückenbauer zwischen Katholizismus und Nationalsozialismus, hier bei einer Fronleichnamsprozession 1933.

gehen und infolge der Gewissensbindung der von ihnen Beeinflußten nur selten verfolgbare Spuren ihrer Wühlarbeit hinterlassen".[158]

Die örtlichen und regionalen Behörden verhängten überall im Reich Uniform-, Abzeichen-, Aufmarsch- und Betätigungsverbote, untersagten der Deutschen Jugendkraft sportliche Betätigungen und schränkten die Versammlungen der katholischen Vereine ein.[159]

Ein besonders gravierender Konflikt ereignete sich in der Osterzeit in Würzburg. Als ein schon zweimal wegen seines „staatsabträglichen Verhaltens" in Schutzhaft genommener Pfarrer trotz polizeilichen Aufenthaltsverbots auf Geheiß des Würzburger Bischofs in seine kleine unterfränkische Gemeinde zurückkehrte, um hier am Weißen Sonntag die Kommunion vorzunehmen, wurde er erneut in Haft genommen. Als der Würzburger Bischof darauf erklärte, dann müsse die Kommunion in der Gemeinde bedauerlicherweise ausfallen, fand sich am 7. April eine „erbitterte Volksmenge" vor dem Bischöflichen Palais in Würzburg ein und skandierte Sprechchöre. Einige Demonstranten drangen in das Gebäude ein, bei dem anschließenden Polizeieinsatz wurden einige Beamte leicht verletzt. Als sich der Bischof bei den anschließenden Verhandlungen mit örtlichen NS-Größen unnachgiebig zeigte, wurde ihm von einem ebenfalls anwesenden Kriminalbeamten – mit Blick auf die vor dem Palais als Drohkulisse aufmarschierte Menschenmenge – „Inschutzhaftnahme zur Sicherung von Leben und Gesundheit" angedroht. Der Bischof lenkte darauf ein und sagte zu, die Kommunion so bald wie möglich nachholen zu lassen.[160] Angeblich zur „Unterbindung weiterer Demonstrationen" wurde in der örtlichen Parteizentrale, im gegenüber dem Palais gelegenen „Braunen Haus", eine ständige SA-Wache von 30 Mann eingerichtet.[161]

Das Verhältnis von katholischer Kirche und NS-Bewegung, insbesondere das zwischen katholischer Jugend und HJ, wurde im Frühjahr 1934 landauf, landab als angespannt beschrieben.[162] Es kam zu „Zusammenstößen", „Störungen der öffentlichen Ordnung",

„Zwischenfällen“, „Ausschreitungen und Übergriffen“ sowie zu „Tätlichkeiten“.[163]

In Bayern wurde an verschiedenen Orten den Beamten und Behördenangestellten untersagt, wie bisher üblich, an den Fronleichnamsprozessionen teilzunehmen, und öffentliche Gebäude wurden in diesem Jahr nicht geschmückt.[164] Das Verbot der Bayerischen Politischen Polizei, bei den Prozessionen „weltliche“ Fahnen mitzuführen, sorgte für erhebliche „Mißstimmung“.[165]

Umgekehrt nutzte die katholische Bevölkerung die Prozession als eine Möglichkeit, um ihre enge Verbundenheit mit der kirchlichen Obrigkeit herauszustellen, so etwa in Bamberg, wo Erzbischof und Weihbischof beim Verlassen des Domes von den katholischen Jugendverbänden mit „Treu Heil“ begrüßt wurden.[166]

Ärger über die „kleinen Hitler“

In den offiziellen Berichten finden sich immer wieder Hinweise auf die Unzufriedenheit der Bevölkerung mit den örtlichen NS-Führern, deren offenkundige Unzulänglichkeiten häufig auch von den Berichterstattern selbst betont wurden.

Diese Unzufriedenheit über das untere Funktionärskorps, so schrieb etwa die Stapo Osnabrück Ende 1933, ergebe sich „teils aus ihrem taktisch nicht immer klugen Verhalten gegenüber den bis zur nationalen Erhebung noch nicht nationalsozialistischen Bevölkerungsschichten“ und sei zum Teil „auf die nicht immer makelfreie Vergangenheit einzelner Unterführer zurückzuführen“. Es sei von diesen Funktionären „vielfach schon ein allzu starker Druck ausgeübt und allzu heftig in manche Verhältnisse eingegriffen worden“, man habe „im Übereifer viele Fehler gemacht“.[167]

Gerade unter den alten Parteigenossen stieß man sich andernorts „an dem oft übersteigerten Aufwand in der Repräsentation“, ärgerte sich über „Luxusautomobile“ und anderes mehr.[168]

Die allgemeine Kritik in der Bevölkerung richtete sich „auf das äussere Auftreten, das Vorleben, kurz die persönliche Haltung mancher Amtsverwalter".[169] „Kann es Wunder nehmen", so hieß es in einem Bericht der Stapo Harburg-Wilhelmsburg aus dem Frühjahr 1934, „dass große Teile der Bevölkerung sich enttäuscht fühlen und an der Bewegung irre werden, wenn SS-Führer, Amtswalter und Vertrauensmänner der Arbeiterschaft Unterschlagungen verübten, mit dem Gelde um sich werfen und diese Taten nach der Entdeckung teilweise von vorgesetzten Stellen vertuscht werden, bis die Polizei von sich aus dahinter kommt?".[170]

„Eigenmächtigkeiten" örtlicher Parteiorgane, wie etwa die Besetzung oder Beschlagnahme von Gebäuden, „Eingriffe in die Zuständigkeit der Polizeibehörden", so wurde immer wieder beklagt, erweckten „Zweifel an der Festigkeit der Staatsautorität".[171]

„Meinungsverschiedenheiten" zwischen dem Ortsgruppenleiter der Partei und dem Bürgermeister seien in verschiedenen Gemeinden geeignet, „die ordnungsgemäße Führung der Geschäfte zu beeinträchtigen", berichtete der Pfälzer Regierungspräsident. „Es wäre sehr erwünscht, wenn eine klare Zuständigkeitsordnung zwischen der politischen und verwaltungsmässigen Geschäftsführung in allen Verwaltungsangelegenheiten durchgeführt würde, um Unstimmigkeiten zwischen örtlicher-politischer und örtlicher-gemeindlicher Führung im kleinen Bereich der Gemeinde zu beseitigen."[172]

BEI DEN ÄRGERNISSEN über die örtlichen Funktionäre bildete die „Führerfrage" in der HJ ein besonderes Problem. Die vom Reichsjugendführer Baldur von Schirach ausgegebene Parole „Jugend wird durch Jugend geführt" lief in der Praxis darauf hinaus, dass Kinder und Jugendliche durch Gleichaltrige oder kaum Ältere ohne jede erzieherische Kompetenz gedrillt wurden. „Zum Teil sind die Unterführer selbst noch Kinder, denen jede Führerfähigkeit fehlt und die selbst noch einer straffen Hand bedürfen", meinte die Gestapo Hannover Anfang 1934. In der HJ herrschte, so die Beschwerden, zum Teil ein „autoritätsfeindlicher Geist", es werde „eine gewisse Zügellosigkeit großgezüchtet".[173]

Drohender Stimmungsumschwung

Alle diese Faktoren wirkten sich negativ auf die „Stimmung" aus, so wie sie Monat für Monat von der offiziellen periodischen Lageberichterstattung der Behörden eingeschätzt wurde. Für den Zeitraum November 1933 bis Juni 1934 konnten über 160 offizielle Berichte ausgewertet werden, von denen zwei Drittel von den bayerischen Regierungspräsidenten stammten; hinzu kam die im November 1933 bzw. April 1934 einsetzende laufende Berichterstattung des sozialistischen Exils.

Ende 1933, Anfang 1934 charakterisierten die meisten offiziellen Berichterstatter die Stimmungslage noch als positiv, meist als „ruhig" oder „gut" sowie – den Blick mehr in die Zukunft richtend – als „hoffnungsvoll" bzw. „zuversichtlich".[174] Die allgemeine Stimmung, so konzedierte der Oberpräsident der Rheinprovinz Anfang des Jahres, habe sich „naturgemäß nicht auf der Höhe der ersten Begeisterungsmonate gehalten".[175]

In dieses insgesamt aber noch positive Bild mischten sich aber seit Februar/März auch Stimmen, die eine „Verschlechterung" der Stimmung in der allgemeinen Bevölkerung, oder doch in bestimmten Teilen konstatierten, namentlich in der Arbeiterschaft, bei den Bauern und auch bei den gebildeten Mittelschichten.[176]

„Im Ganzen muss die Zunahme einer kritisch-beobachtenden Stimmung gegenüber dem neuen Reiche festgestellt werden", schätzte der Oberpräsident der Rheinprovinz die Gesamtlage für den Monat Februar ein, und über den März schrieb er, die „kritisch-abwartende Stimmung hat sich verbreitert und ist zum Teil ausgesprochen skeptisch und gedrückt geworden." Drei Monate später konstatierte er, die „kritische Stimmung ist geblieben und hat sich zum Teil versteift".[177]

Die Berichte, die die Exil-SPD aus Deutschland erhielt und auswertete, bestätigten dieses Bild. Im April konstatierte die SOPADE, deren Deutschland-Berichte zu diesem Zeitpunkt im Prager Exil herausgegeben wurden, zum ersten Mal seit der „Machtergreifung" lasse sich ein allgemeiner „Stimmungsumschwung“ ins Negative konstatieren. Die Menschen hätten wieder den Mut, ihre Unzufriedenheit zu artikulieren.[178]

Diese Tendenz setzte sich in der Berichterstattung der SOPADE im Mai fort. Der „Stimmungsumschwung“ greife weiter um sich, Kritik sei in „erstaunlicher Offenheit“ möglich.[179] Zwar habe, so heißt es aus Dresden, während eines kürzlichen Hitler-Besuches in der Stadt „Begeisterung“ geherrscht, die auch „indifferent gewordene Kreise“ erfasste, sich aber rasch wieder verflüchtigt habe, sei doch „die Kampfinjektion durch Feste und Aufmärsche von recht kurzer Wirkung“.[180]

Auch die sozialistische Exilgruppe „Neu Beginnen“ bemerkte seit Ende 1933 „wachsende kritische Strömungen gegen das Regime“, die vor allem in den bürgerlichen Mittelschichten wurzelten.[181] Im Monat Februar sah man „eine allgemeine Zunahme der Meckerei, der Unzufriedenheit in breiten Schichten, ein aktiveres Auftreten von Teilen der gleichgeschalteten Jugend des Régimes, eine stärkte Aktivität reaktionärer Gruppen (Monarchisten), aber auch eine gewisse Zunahme und Erholung der illegalen Arbeit der revolutionären Organisationen“.[182] Diese negative, zumindest aber diffuse Stimmungslage setzte sich in den kommenden Monaten fort[183] und schien sich im Mai zu verfestigen: Es sei „überall die bisherige Meckerstimmung zu teilweise kritischer Opposition angewachsen. Alle Klassen sind unzufrieden“.[184]

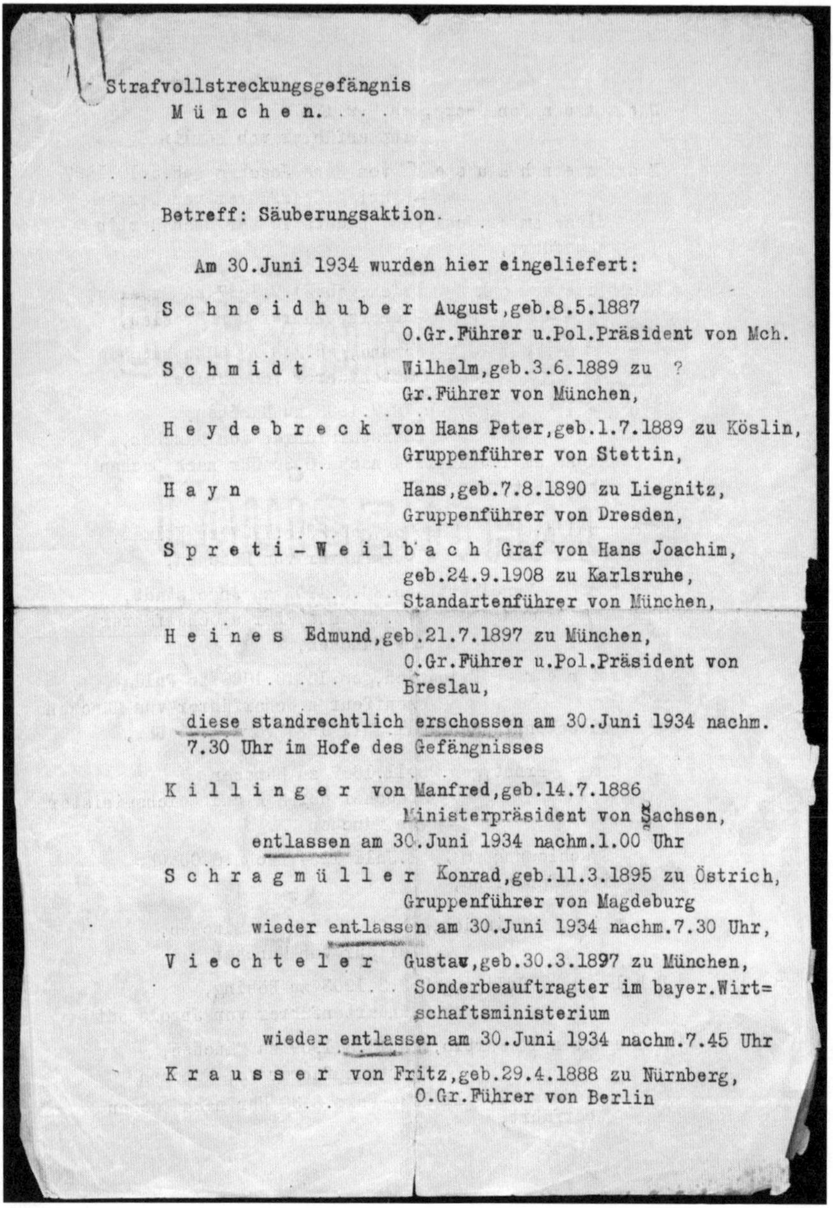

Strafvollstreckungsgefängnis
M ü n c h e n.

Betreff: Säuberungsaktion.

Am 30.Juni 1934 wurden hier eingeliefert:

S c h n e i d h u b e r August,geb.8.5.1887
O.Gr.Führer u.Pol.Präsident von Mch.

S c h m i d t Wilhelm,geb.3.6.1889 zu ?
Gr.Führer von München,

H e y d e b r e c k von Hans Peter,geb.1.7.1889 zu Köslin,
Gruppenführer von Stettin,

H a y n Hans,geb.7.8.1890 zu Liegnitz,
Gruppenführer von Dresden,

S p r e t i - W e i l b a c h Graf von Hans Joachim,
geb.24.9.1908 zu Karlsruhe,
Standartenführer von München,

H e i n e s Edmund,geb.21.7.1897 zu München,
O.Gr.Führer u.Pol.Präsident von
Breslau,

diese standrechtlich erschossen am 30.Juni 1934 nachm.
7.30 Uhr im Hofe des Gefängnisses

K i l l i n g e r von Manfred,geb.14.7.1886
Ministerpräsident von Sachsen,
entlassen am 30.Juni 1934 nachm.1.00 Uhr

S c h r a g m ü l l e r Konrad,geb.11.3.1895 zu Östrich,
Gruppenführer von Magdeburg
wieder entlassen am 30.Juni 1934 nachm.7.30 Uhr,

V i e c h t e l e r Gustav,geb.30.3.1897 zu München,
Sonderbeauftragter im bayer.Wirt=
schaftsministerium
wieder entlassen am 30.Juni 1934 nachm.7.45 Uhr

K r a u s s e r von Fritz,geb.29.4.1888 zu Nürnberg,
O.Gr.Führer von Berlin

Betreff: Säuberungsaktion. Eine Seite jener Liste, auf der die im Gefängnis München-Stadelheim erschossenen Gefangenen dokumentiert sind. Die „Entlassenen" Kraußer und Schragmüller wurden am 2. Juli 1934 ermordet.

2.

Abrechnung

MITTLERWEILE GINGEN die innenpolitischen Gegner der SA in Stellung. Dazu gehörten neben Reichswehr und großen Teilen der Partei insbesondere die SS unter Heinrich Himmler, dem es 1933/34 nach und nach gelungen war, zusätzlich das Kommando über die Politische Polizei in den Ländern zu übernehmen. Die nationalsozialistischen Machthaber in den einzelnen Ländern versuchten auf diese Weise mit Unterstützung der SS ein Gegengewicht zu den ausufernden Machtansprüchen der SA zu bilden. Am 20. April 1934 wurde Himmler schließlich zum „Inspekteur der Geheimen Staatspolizei in Preußen" ernannt und war damit de facto Chef einer reichsweiten Geheimpolizei.[185]

Eine Schlüsselposition nahm dabei der Chef des Sicherheitsdienstes der SS, Reinhard Heydrich ein, der gleichzeitig stellvertretender Gestapo-Chef wurde. Die Politische Polizei und der Sicherheitsdienst sammelten bereits seit längerer Zeit Materialien gegen die SA, ebenso (spätestens seit Anfang 1934) die Reichswehr. Es gibt auch Belege dafür, dass seit Mai 1934 Göring und die Gestapo sowie die Militärs Informationen über die SA an Hitler weitergeleitet haben. Röhm reagierte wiederum, indem er ebenfalls im Mai die Anweisung gab, Material über „Feindseligkeiten gegen die SA" zu sammeln.[186]

Im Übrigen reagierte das Regime auf den Schwund an Vertrauen und die Zunahme an Kritik, indem es nicht den Kampf gegen die Ursachen der Misere in den Vordergrund stellte, sondern mit allen Mitteln versuchte, die Opponenten und diejenigen, die angeblich schlechte „Stimmung" verbreiteten, mundtot zu machen. Nachdem Hitler in seiner Rede zum 1. Mai einen Rundumschlag gegen sämtliche „Kritiker“ des Regimes ausgeteilt hatte, kündigte die Reichspropagandaleitung der NSDAP am 3. Mai eine „umfassende Versammlungs-Propagandaaktion“ an, die sich insbesondere gegen „die Miesmacher und Kritikaster, gegen die Gerüchtemacher und Nichtskönner, gegen Saboteure und Hetzer richten wird, die immer noch glauben, die klare Aufbauarbeit des Nationalsozialismus stören zu können.“

Die Aktion sollte in „Versammlungen, Demonstrationen und Kundgebungen gleich einem Trommelfeuer das Volk aufrütteln“. Nach „den in Kampfzeiten geübten Methoden“ sollten „die Versammlungen alle erfassen, bis ins letzte Dorf hinein, mit jeder Woche in ihrem Tempo stärker, in der Unerbittlichkeit der Forderungen härter, an Durchschlagskraft und Erfolgen alle bisher durchgeführten Aktionen in den Schatten stellen.“ Für das Ende der Aktion wurde ein Datum festgesetzt, das im Licht späterer Ereignisse bemerkenswert erscheint: Der 30. Juni 1934. Die Kampagne richtete sich jedoch nicht, oder zumindest nicht direkt, gegen die SA, sondern vor allem gegen Kritik aus „reaktionären“ und kirchlichen Kreisen, also gegen Opponenten, die man verdächtigte, die offenkundigen Unstimmigkeiten zwischen SA und Regime für ihre Zwecke auszunutzen.[187]

Doch die Kampagne traf auf eine Bevölkerung, die sich durch die ewigen Kundgebungen nicht mehr so recht mitreißen lassen wollte. In der amtlichen Stimmungs-Berichterstattung überwogen jedenfalls diejenigen Stimmen, die die „Miesmacher-Kampagne“ für kontraproduktiv hielten. So meinte die Stapo-Stelle Kassel, es sei „fast das Gegenteil von dem erreicht worden, was erreicht werden sollte“: „Während vor etwa 6 bis 8 Wochen über die Nörgler und Gerüchtemacher kaum geredet wurde, ist jetzt die Miesmacherei wegen vielen Unzufriedenen erst recht im Gang“.[188] Auch die Stapo Hannover hob diesen ungewollten Effekt hervor: Es sei niemand damit gedient, „wenn Äußerungen einzelner, die vielleicht nur in einem kleinen Kreise gemacht worden sind, nun ausposaunt, der ganzen Belegschaft und Fabrik mitgeteilt werden oder in die Zeitung kommen".[189] Es scheint also, dass die Kampagne eher zu einem weiteren Vertrauensverlust in die Regierung führte.

Zudem erreichte nun die Devisenkrise einen neuen Höhepunkt, als Reichsbankpräsident Hjalmar Schacht Mitte Juni 1934 die vollständige Aussetzung des Zinstransfers für alle Reichsanleihen zum 1. Juli erklärte[190] und die Reichsbank einige Tage später ihr Devisenbewirtschaftungssystem auf Monatsbasis abschaffte und fortan Devisen ad hoc abgab. Der deutsche Außenhandel stand vor dem Kollaps, zwischen Großbritannien und dem Reich drohte ein Handelskrieg.[191] Absehbar war nun, was ab Jahresmitte tatsächlich eintreten sollte: Rohstoffmangel, Produktionsstörungen, vorübergehende Betriebsstilllegungen, Lieferengpässe.[192]

Währenddessen spitzte sich der Konflikt zwischen SA und Parteiführung weiter zu. Anfang Juni hatte Hitler (wie er am 13. Juli dem Reichstag erklären sollte[193]) in Berlin eine angeblich fünfstündige Unterredung mit Röhm, in der er ihm versicherte hätte, alle Gerüchte, die SA solle aufgelöst werden, seien „eine niederträchtige Lüge". Was bei diesem Gespräch unter vier Augen tatsächlich besprochen wurde, wissen wir nicht, aber Hitlers Formulierung deutet darauf hin, dass es bei dieser Aussprache um nichts Geringeres ging als um die Existenz der SA. Außerdem, so Hitler weiter rückblickend über das Gespräch, habe er Röhm auf „unmögliche Exzesse" hingewiesen und „restlose Ausmerzung" verlangt.

Nach der Unterredung mit Hitler veröffentlichte Röhm eine Mitteilung, die offensichtlich der Beruhigung der Gesamtlage dienen sollte. Er habe einen „mehrwöchigen Krankheitsurlaub angetreten", um sich einer Kur zu unterziehen, während die SA im Juli geschlossen in Urlaub gehen werde. Röhm hielt es allerdings für nötig, darauf hinzuweisen, dass er nach dieser Ruhepause „sein Amt in vollem Umfange weiterführen" und die SA „nach ihrem wohlverdienten Juli-Urlaub neu gestärkt und unverändert ihre großen Aufgaben im Dienste des Führers und der Bewegung erfüllen" werde.[194]

Doch mittlerweile war es nicht nur der Konflikt mit der SA, der aus Sicht des Regimes die innenpolitische Lage erheblich belastete. Denn die konservativen Regierungspartner Hitlers sahen in den Auseinandersetzungen um die SA nun ihre Chance, seit dem Frühjahr 1933 verlorenes Terrain wieder zurückzugewinnen. In den Vordergrund gerückt wurde dabei die Person des Vizekanzlers Franz von Papen, der den Reichspräsidenten Paul von Hindenburg noch einmal in Aktion setzen sollte.

So unternahm Papen im Mai den Versuch, Hindenburg dazu zu überreden, in seinem Testament einen Passus einzufügen, der die Wiedereinführung der Monarchie vorsah. Hitler, den Papen hierüber informierte, leitete daraufhin Schritte ein, um gegebenenfalls die Verbreitung des Schriftstücks zu unterbinden.[195] Dies sollte sich dann allerdings als überflüssig erweisen, weil Hindenburg die Passage nicht in sein Testament aufgenommen hatte.[196] Ebenfalls im Mai sorgte in den politischen Führungsrängen das Gerücht für eine gewisse Aufregung, Papen habe die Absicht, selbst die Nachfolge Hindenburgs anzutreten, was Hitlers Ambitionen entgegenstand:[197] Denn Hitler war bereits seit Sommer vergangenen Jahres entschlossen, sich nach dem Tod des Reichspräsidenten zu dessen Nachfolger „ausrufen" und anschließend durch ein Plebiszit bestätigen zu lassen.[198]

WESENTLICH WEITER reichten hingegen die Pläne, die Papens Mitarbeiter verfolgten. Dem ansonsten ressortlosen Papen stand ab Mai 1933 eine eigene Vizekanzlei zur Verfügung, die in dem repräsentativen Palais Borsig, zentral im Berliner Regierungsviertel, Ecke Voß- und Wilhelmstraße, untergebracht war. Dort sammelte sich alsbald um Papens Adjutanten Fritz Günther von Tschirschky sowie dem Publizisten Edgar Jung und dem Pressemann Herbert von Bose ein Kreis von überdurchschnittlich jungen, konservativ bis ultrakonservativ eingestellten Männern, ausgestattet mit einem elitären Selbstverständnis, die es sich zur Aufgabe gemacht hatten, das konservative Element auf Kosten Hitlers und der Nationalsozialisten wieder entscheidend zu stärken und letzten Endes die NSDAP und ihren Führer von der Macht zu verdrängen.

Die Hoffnungen richteten sich auf eine Reaktivierung der präsidialen Machtstellung Hindenburgs, der dazu gebracht werden sollte, in einem letzten Kraftakt, gestützt auf Oberbefehl und Ausnahmerecht, Hitler in die Schranken zu weisen und das politische Kräfteverhältnis neu zu ordnen.[199] Als sich Hindenburg jedoch Anfang Juni, dem Vernehmen nach todkrank, ganz auf sein Gut Neudeck im heutigen Polen zurückzog, mussten die Verschwörer in der Vizekanzlei einsehen, dass ihnen die Zeit davonlief.

Jung gelang es nun, Papen ein Redemanuskript – man muss es schon so nennen – unterzuschieben, mit dessen Verlesung dem Vizekanzler, und zwar von ihm selbst unbeabsichtigt, die Rolle des Sprechers einer konservativen Oppositionsströmung zufiel. Am 17. Juni hielt Papen diese Rede an der Marburger Universität, in der er den Totalitätsanspruch und die Terrorherrschaft der Nationalsozialisten sehr offen kritisierte.[200]

Auf Anordnung Hitlers wurde diese Rede für die gesamte Presse verboten.[201] Papen drohte zwar mit seinem Rücktritt, ließ sich jedoch von Hitler von diesem Schritt abbringen; denn der scheute zu diesem Zeitpunkt noch den offenen Bruch mit den Konservativen, er wollte Papen als Galionsfigur in der Regierung halten. Ebenso konnte Hitler Papen seine ursprüngliche Absicht ausreden, unverzüglich Hindenburg in Neudeck Bericht zu erstatten; stattdessen sagte ihm Hitler einen gemeinsamen Besuch einige Tage später zu. Auf Papens schriftliche Bitte, eine von ihm entworfene Ehrenerklärung zu unterschreiben, reagierte Hitler nicht.[202]

Im Übrigen stellte sich Hindenburg, als er von dem Dissens zwischen dem Kanzler und seinem Vize unterrichtet wurde, sogleich auf Hitlers Seite und empfing ihn, als Hitler am 21. Juni zu einem Besuch in Neudeck erschien (natürlich ohne von Papen) in geradezu herzlicher Art und Weise.[203]

Die grundsätzliche Entscheidung Hitlers, gegen beide Lager vorzugehen, sowohl gegen die SA wie den konservativen Zirkel, dürfte in den Tagen nach dem 23. Juni herangereift sein, an denen er sich auf dem Obersalzberg aufhielt. Er sah sich nun einer Situation gegenüber, in der nicht nur sein SA-Stabschef im Hinblick auf die NS-Revolution ständig genau das einforderte, was er selbst verboten hatte, während sich sein Vizekanzler ebenfalls offenbar für berechtigt hielt, seine Politik offen zu kritisieren. Nimmt man noch die recht eigenständige Stellung des äußerst selbstbewussten Göring hinzu, so drohten in seiner Diktatur so etwas wie machtpolitische Nebenzentren zu entstehen, was Hitler auf keinen Fall zulassen wollte. Sein Kalkül dürfte dabei gewesen sein, dass die Beseitigung einiger Konservativer, durchgeführt im Windschatten der „Niederschlagung" eines fiktiven SA-Aufstandes, in der Ausnahmesituation einer „Staatsnotwehr" also, weniger Aufsehen erregen, da die gewaltsame Stilllegung des Unruheherdes SA allgemeine Erleichterung auslösen und gerade bei den konservativen Eliten ohne größere Widerstände hingenommen werden würde.

In diesen Tagen war nicht zufällig eine ganze Reihe warnender Stimmen führender NS-Funktionäre zu vernehmen, die sich an beide Lager richteten. Joseph Goebbels hatte vor allem die „Reaktion" vor Augen, wenn er auf dem thüringischen Gauparteitag in Gera am 18. Juni Stellung gegen die „Saboteure, Nörgler und Miesmacher" bezog, während der ebenfalls anwesende Hitler vorwiegend über außenpolitische Themen sprach. Drei Tage später verkündete Goebbels auf der Sonnwendfeier des Gaues Berlin eine „scharfe Abrechnung" mit den „vornehmen Herren" und „nörgelnden Bierbankstrategen".[204] An die SA wandte sich wiederum drohend der „Stellvertreter des Führers" Rudolf Heß am 25. in einer Rede, die über den Sender Köln ausgestrahlt wurde: „Wehe dem, der die Treue bricht im Glauben, durch eine Revolte der Revolution dienen zu können. Armselig, die da glauben, auserwählt zu sein, durch agitatorisches Handeln von unten dem Führer revolutionär helfen zu müssen ... Keiner wacht mehr über seine (!) Revolution als der Führer."[205] Am 26. Juni sprach Göring auf einer Parteiveranstaltung in Hamburg, wo er unter anderem gegen reaktionäre „Interessentenklüngel" und „die unfruchtbaren Kritiker" wetterte und erklärte, wer das Vertrauen gegenüber dem Regime zerstören wolle, der habe sich „um seinen Kopf gebracht".[206]

In dieser spannungsgeladenen Situation wurde Edgar Jung, der Verfasser der Marburger Rede, am 25. Juni verhaftet. Seine Mitstreiter in der Vizekanzlei gerieten nun unter Zugzwang und versuchten, in den nächsten Tagen ein klärendes Gespräch Papens mit Hindenburg in Neudeck zu arrangieren. Ein Termin kam zunächst nicht zustande, doch immerhin begab sich Hindenburgs Sohn (und Adjutant) Oskar am 28. Juni nach Berlin, um sich durch Papen, Bose und Tschirschky über deren innenpolitische Lagebeurteilung informieren zu lassen. Es wurde schließlich ein Treffen zwischen Hindenburg und Papen für den 30. Juni in Aussicht genommen, und man überredete Hindenburg junior, sich vom Chef der Heeresleitung Fritsch die eigene Lagebeurteilung bestätigen zu lassen. Da Oskar Hindenburg aber Fritsch nicht antraf, ließ er sich bei Minister Blomberg, einem ausgesprochenen Vertrauensmann Hitlers, melden. Blomberg dürfte er über sein gerade stattgefundenes Gespräch in der Vizekanzlei informiert haben, und der wiederum wird diese Neuigkeiten nicht für sich behalten haben.[207]

ENDE JUNI zeichnete sich eine weitere Entwicklung ab, die aus der Sicht Hitlers und der politischen Führung die innenpolitische Situation noch komplizierter machte. Am 27. Juni empfing Hitler eine Delegation der deutschen Bischöfe, die in diesen Tagen im Auftrag des Vatikans die abschließenden Verhandlungen über die Ausführung des Konkordats, insbesondere in Bezug auf die katholischen Verbände, führen sollte. Hitler gab sich bei dieser Gelegenheit recht aufgeschlossen gegenüber seinen Gästen; ganz offensichtlich sah er sich angesichts der unübersichtlichen innenpolitischen Lage veranlasst, der katholischen Kirche gegenüber zumindest den Anschein der Konzessionsbereitschaft zu wahren.[208]

Zwei Tage später hatten sich Bischöfe und Innenministerium auf einen Vertragsentwurf geeinigt, der vorsah, diejenigen Verbände, die ausschließlich religiösen, kulturellen oder karitativen Zwecken dienten, in die Katholische Aktion, also die Laienorganisation der Kirche, einzugliedern und sie in die kirchliche Hierarchie einzubinden.[209] Damit hatte die katholische Seite durchaus einen Erfolg errungen, hatte das Regime doch bisher stets versucht, die Verhandlungen zu verschleppen und die Verbände zwischenzeitlich zur Auflösung zu bringen. Nun aber gab es eine Bestandsgarantie für die namentlich aufgezählten Organisationen. Ferner wurden Nebenabsprachen mit den an den Verhandlungen ebenfalls beteiligten Vertretern der NS-Bewegung getroffen.[210]

Wenige Tage vor Beginn der Verhandlungen, am 24. Juni, hatte Erich Klausener, Leiter der Katholischen Aktion im Bistum Berlin, auf dem 60. Katholikentag des Bistums auf der Rennanlage Hoppegarten 60.000 begeisterte Teilnehmer aufgefordert, sich im Alltag selbstbewusst zu ihrem Glauben zu bekennen. Diese Demonstration katholischer Einmütigkeit und Stärke im unmittelbaren Vorfeld der entscheidenden Verhandlungsrunde musste aus Sicht des Regimes als Herausforderung in einer innenpolitisch ohnehin zugespitzten Lage gewertet werden.[211] Und wenige Tage später, schien sich nun diese Vorgehensweise für die katholische Seite auszuzahlen: Durch die in Aussicht genommene Ausführung des Konkordats sollte ausgerechnet Klauseners Organisation, aus Sicht des SD nichts anderes als eine „Auffangstellung“[212] für die früheren katholischen Parteien, weiter gestärkt werden und staatliche Anerkennung erfahren.

Man kann davon ausgehen, dass die radikalen kirchenfeindlichen Kräfte in der Partei um Alfred Rosenberg, Martin Bormann und Heinrich Himmler nicht ohne Weiteres bereit waren, das ausgehandelte Ergebnis hinzunehmen.[213] Das buchstäblich am

Vorabend des 30. Juni erzielte Verhandlungsresultat musste aber auch dazu beitragen, den Druck auf Vizekanzler Papen zu erhöhen, der als führende Persönlichkeit einer dezidiert rechtskatholischen Bewegung[214] in Parteikreisen als „der schützende Heilige der katholischen Kirche“ gesehen wurde.[215]

Vor diesem Hintergrund nahmen die Vorbereitungen für eine gewaltsame Auseinandersetzung mit der SA-Führung erheblich an Fahrt auf. In der letzten Juni-Woche machte nun auch die Reichswehr deutlich Front gegen die SA. Nach den Erinnerungen einiger hoher Offiziere setzten verstärkte interne Vorbereitungen etwa am 24. Juni ein.[216] Am 28. Juni informierte das Wehrministerium die Truppe, ein Putsch der SA könne nicht ausgeschlossen werden, worauf die Kasernen in Alarmbereitschaft versetzt wurden. Am 30. Juni stand das Infanterie-Regiment 19 für den Fall bereit, falls im Raum Tegernsee die „Ordnung wieder hergestellt“ werden müsse.[217]

HIMMLER WIEDERUM empfing im gleichen Zeitraum eine Reihe von Oberabschnittsführern seiner SS zu Einzelgesprächen, um sie auf die bevorstehende „Abwehr“ eines SA-Putsches vorzubereiten. So lauten jedenfalls die Nachkriegsaussagen von Udo von Woyrsch (OA Schlesien), Friedrich von Eberstein (OA Sachsen-Thüringen) und Erich von dem Bach-Zelewski (OA Ostpreußen).[218] Am 28. Juni fand bei Heydrich eine Besprechung der SD-Oberabschnittsführer statt; Heydrich bereitete die Anwesenden auf die angeblichen Umsturzpläne Röhms vor und ordnete eine „umfassende und sorgfältige, dabei aber vorsichtige Beobachtung der SA“ an.[219]

Unmittelbar nach seiner Rückkehr aus Berlin, so erinnerte sich sein damaliger Stellvertreter und Leiter des SD-Abschnitts München, Walter Kureck, habe ihm sein Chef Werner Best den Auftrag erteilt, „von etwa 15 bis 20 SA-Führern aus München festzustellen, wo sie sich aufhalten“.

Das gleiche Verfahren lässt sich für Sachsen nachweisen, wo die SD-Abschnitte den Auftrag erhielten, Listen von Personen, die beseitigt oder verhaftet werden sollen, zusammenzustellen und sie an den vorgesetzten Oberabschnitt weiterzuleiten, von dort seien sie nach Berlin gegangen.[220]

Karl Wolff, der ehemalige Adjutant Himmlers, sagte hierzu nach dem Krieg aus, die Endversion dieser listenmäßigen Erfassung sei sodann zwischen Heydrich, Himmler und Hitler abgesprochen worden.[221] Tatsächlich besaß die SS also bereits von Anfang der Aktion an Listen verdächtiger SA-Führer, wie vor allem die gezielten Festnahmen im Raum München beweisen.[222] Heydrich hatte in der Besprechung vom 28. Juni den Termin für die Aktion noch offengelassen; die Entscheidung hierüber traf Hitler am gleichen Tag.

Hitlers Entschluss

Adolf Hitler hielt sich am 28. Juni, wie seit Längerem geplant, in Essen auf, um zunächst an der Hochzeitsfeier des dortigen Gauleiters Josef Terboven teilzunehmen und anschließend die Krupp-Werke zu besichtigen. Im Laufe des Tages erhielt Hitler verschiedene Meldungen, die ihn veranlassten, sich zusammen mit Göring und dem SA-Gruppenführer Victor Lutze, den er einige Tage zuvor unter dem Siegel tiefster Verschwiegenheit über eine angebliche Verschwörung der SA-Spitze informiert hatte, in seine Essener Hotel-Suite zurückzuziehen; hier wurde er laufend mit neuen Informationen versorgt. Welchen Inhalt die Hitler offensichtlich alarmierenden Nachrichten hatten, blieb Lutze, der kurze Zeit später über die Ereignisse eine Tagebuchnotiz anfertigte, allerdings verborgen. Lutze kam die ganze Angelegenheit „komisch“ vor und er hatte das „Gefühl, als wenn bestimmte Kreise ein Interesse daran hatten, grad jetzt, wo der Führer von Berlin abwesend war und nicht selbst alles schriftlich, sondern nur telefonisch sehen bzw. hören konnte, die Sache zu verschärfen und voran zu treiben“. Jedenfalls, so Lutze, war Hitler sich inzwischen wohl im Klaren darüber, dass er „nun zuhauen wollte“.

Man besprach den Plan, Röhm an seinem Urlaubsort, dem oberbayerischen Bad Wiessee, und die übrigen der Verschwörung verdächtigen SA-Führer an ihren jeweiligen Aufenthaltsorten zu verhaften. Das erschien jedoch zu kompliziert und Hitler entschloss sich, Röhms Adjutantur telefonisch die Weisung zu erteilen, die höheren SA-Führer möchten sich am 30. Juni zu einer Tagung in Bad Wiessee einfinden. Im Anschluss an diese Besprechung flog Göring in der Nacht nach Berlin zurück, um hier die entsprechenden Maßnahmen zu organisieren.[223]

Am nächsten Tag, dem 29. Juni, erschien der Völkische Beobachter (VB) mit einer Reihe von Beiträgen, die auf eine weitere Zuspitzung der Lage hindeuteten, ohne jedoch die SA direkt zu erwähnen. Er enthielt eine Erklärung Blombergs, „Wehrmacht und Staat sind eines geworden", er gab eine Rede Görings in Köln wieder, der dort gegen die „ewig Gestrigen und die Spaltpilze" wetterte, und berichtete aus Kiel, wo Goebbels einen weiteren verbalen Angriff auf „Miesmacher und Kritikaster" startete.[224]

An diesem 29. Juni setzte Hitler seine Tour durch Westdeutschland mit mehreren Besichtigungen von Arbeitsdienstlagern fort. Gegen Mittag brach er jedoch sein Programm ab und begab sich früher als geplant zur nächsten Station seiner Reise, nach Bad Godesberg, wohin er auch – für diesen überraschend – Goebbels bestellte, der eilends per Flugzeug aus Berlin eintraf.

Dass Hitler bei seinem geplanten Schlag gegen die SA-Führung den Propagandaminister und Berliner Gauleiter an seiner Seite haben wollte, hatte folgenden Hintergrund: Goebbels unterhielt recht gute Beziehungen zur Führung der SA in Berlin, und er hatte den Propaganda-Kampf gegen die „Miesmacher" einseitig gegen die „Reaktion" geführt und die SA geschont. Goebbels war denn auch, wie seine Tagebücher zeigen, in der zweiten Juni-Hälfte ganz auf die von Papen und seinem Kreis ausgehende Herausforderung fixiert gewesen und hatte eigentlich einen Schlag Hitlers gegen die „Reaktion" erwartet.[225] Vor diesem Hintergrund erschien es Hitler ratsam, ihn in der kritischen Phase aus der Hauptstadt abzuziehen und dort Göring allein das Feld zu überlassen. Goebbels sollte nun die Gelegenheit erhalten, aus nächster Nähe mitzuerleben, wie Hitler hartnäckige Opponenten in den eigenen Reihen zum Schweigen brachte – auch eine Warnung also?

In Godesberg angekommen, erfuhr Goebbels am Nachmittag von Hitler, dass es schon am kommenden Tag gegen „Röhm und seine Rebellen" gehen solle, und zwar: „Mit Blut", die angeblichen Aufrührer sollten zu spüren bekommen, „daß Auflehnung Kopf kostet". Um Mitternacht nahm Hitler noch einen Zapfenstreich des Arbeitsdienstes ab; danach liefen telefonisch weitere Informationen ein („die Rebellen rüsten", notierte Goebbels), die Hitler veranlassten, seine Terminplanung zu ändern und noch in der Nacht nach München abzufliegen.[226]

Im Laufe des Tages traf Görings Staatssekretär Paul Körner per Flugzeug mit einem Brief Görings in Godesberg ein. Hitler nahm den Inhalt zur Kenntnis und trug Körner auf (so erinnerte er sich jedenfalls), sogleich wieder nach Berlin zu fliegen und Göring auszurichten, „dass die Sache in Ordnung sei".[227]

Welche konkreten Informationen Hitler zu dieser Beschleunigung seines Anti-Röhm-Kurses veranlassten, ist nicht überliefert. Es könnte sich um Ergebnisse der Gestapo-Ermittlungen gegen den am 25. Juni verhafteten Jung, dem Verfasser der Marburger Rede, handeln, also um Einsichten in Pläne des Papen-Kreises, durch einen Vorstoß bei Hindenburg den Umbau der Diktatur in eine deutschnational-rechtskonservative Richtung voranzutreiben. Außerdem ließ Hitler den Kommandeur der SS-Leibstandarte Sepp Dietrich aus Berlin nach Godesberg einfliegen und teilte ihm mit, er solle sich sofort nach München begeben, um hier alles Notwendige für seinen persönlichen Schutz am nächsten Tag vorzubereiten. In München angekommen, erfuhr Dietrich telefonisch von Hitler, ein Teil seiner Truppe befände sich bereits im Bahntransport nach Oberbayern, wo er sie am nächsten Morgen in Empfang nehmen solle.[228]

In seiner Reichstagsrede vom 13. Juli, in der er ausführlich die angebliche Niederschlagung des „Röhm-Putsches" rechtfertigte, sollte Hitler erklären, er habe ursprünglich auf der Führerbesprechung in Bad Wiessee Röhm absetzen und „die hauptschuldigen SA.-Führer verhaften" lassen wollen; er habe dann jedoch im Laufe des 29. Juni konkrete Informationen erhalten, dass die Putsch-Aktion der SA unmittelbar bevorstünde, sodass er sich entschlossen hätte, vorzeitig nach München zu fliegen, um dort „blitzschnell" durch „rücksichtsloses und blutiges Zugreifen" die „Ausbreitung der Revolte zu verhindern".[229]

DIESE ÄUSSERUNGEN HITLERS UND GOEBBELS' Tagebucheintrag deuten darauf hin, dass der Diktator tatsächlich zunächst am 28. Juni die Entscheidung zur Absetzung und teilweisen Verhaftung der SA-Führung auf der zwei Tage später anberaumten SA-Führersitzung fällte, und sich erst am 29. Juni dazu entschloss, „blutig" vorzugehen, also eine Reihe von Personen liquidieren zu lassen sowie seinen Flug nach München in die Nacht vorzuverlegen, um das Überraschungsmoment für seine Aktion zu nutzen. Jedenfalls war das Stichwort, „die Rebellen rüsten", für Goebbels schwerwiegend genug, um sogleich seine Familie aus ihrem Wohnsitz in Kladow bei Berlin „unter Polizeischutz" in die Hauptstadt zu dirigieren. Er schien also von einer realen Gefahr auszugehen.[230]

Hitler ging es aber nicht mehr nur um die Entscheidung eines innenpolitischen Machtkampfes zu seinen Gunsten, sondern seit dem 29. Juni war Hitler entschlossen, seine Gegner physisch zu vernichten, eine Aura des Terrors und des Schreckens zu verbreiten, die künftige Oppositionsbildungen bereits im Ansatz verhindern sollte.

Am frühen Morgen des 30. Juni gegen 4 Uhr landete Hitlers Maschine, in der sich auch seine Adjutanten Wilhelm Brückner, Julius Schaub und Julius Schreck sowie Pressechef Otto Dietrich und Goebbels befanden, in München. Noch auf dem Flugplatz wurde ihm mitgeteilt, dass in der vergangenen Nacht eine Münchner SA-Standarte alarmiert worden sei; Waffen seien ausgegeben worden und größere Haufen seien randalierend durch München gezogen.[231]

Was damit konkret beabsichtigt war, ist nicht mehr nachzuverfolgen; möglicherweise handelte es sich um eine Protestdemonstration gegen die Reichswehr, die innerhalb der SA zunehmend als konfrontativ wahrgenommen wurde, vielleicht war es aber auch das Ergebnis einer Provokation. Auch an anderen Orten im Reichsgebiet kam es Ende Juni zu ähnlichen Eigenmächtigkeiten örtlicher SA-Formationen, offenbar eine Folge der allenthalben hochnervösen Stimmung.[232]

FÜR HITLER JEDENFALLS ergab sich ein eindeutiges Lagebild: Der Aufstand der SA hatte begonnen! Er entschloss sich nun, sein Vorgehen noch einmal zu beschleunigen. Er fuhr ins Innenministerium, wohin er die SA-Führer Hans Walter Schmidt und August Schneidhuber bestellte, also die beiden in der SA-Hierarchie für die Münchner Standarte zuständigen Führer, wobei Schneidhuber außerdem als Münchner Polizeipräsident fungierte. Beiden riss Hitler ihre Rangabzeichen herunter und drohte ihnen mit Erschießung.[233]

Fassen wir zusammen: Über Wochen war bei Hitler der Entschluss herangereift, gegen die SA-Führung und die rechtskonservativen Kräfte um Papen vorzugehen, um so die zunehmende Kritik an seinem Regime zum Schweigen zu bringen und die vielfältigen Krisenerscheinungen mit gestärkter Autorität zu überdecken. Unter dem Eindruck immer alarmierenderer Nachrichten über ein großangelegtes Komplott, mit denen er durch die Reichswehrführung, und von Göring und Himmler versorgt wurde, fasste er am 28. Juni den Entschluss zur Absetzung der SA-Spitze und am 29. Juni dann die Entscheidung zur „blutigen" Abrechnung. In der folgenden Nacht und am frühen Morgen des 30. Juni in München beschleunigte er das Tempo und entschloss sich endlich, die Aktion auf die rechtskonservativen Opponenten auszudehnen und gleichzeitig eine Generalabrechnung an früheren und gegenwärtigen Widersachern vorzunehmen.

Hitler steigerte sich in diesen Stunden in einen zu allem entschlossenen Zustand wütender Raserei hinein: Verrat und Hinterhältigkeit seiner Gegner bedrohten sein Regime und seine Person, und in dieser existenziellen Ausnahmesituation fühlte er sich zu einem radikalen Strafgericht auch an alten Kampfgefährten nicht nur legitimiert, sondern geradezu verpflichtet. Die Frage, inwieweit er am Schluss sich selbst überzeugt hatte, ein Putsch der SA stünde unmittelbar bevor oder in welchem Umfang seine dementsprechenden Bekundungen bloße Schauspielerei eines eiskalten Machtkalküls waren, ist nicht zu beantworten und eigentlich auch zweitrangig.

Denn Papens Marburger Rede und der vermutete Vorstoß der um ihn versammelten rechtskonservativen Kräfte bei Hindenburg auf der einen Seite, andererseits der beständige offene Widerspruch von Seiten Röhms gegen die offiziell erklärte Beendigung der NS-Revolution sowie die ständigen Machtdemonstrationen der SA, dazu die immer offener geäußerte Unzufriedenheit der Bevölkerung über die wirtschaftliche Lage, die Willkürherrschaft örtlicher Parteibonzen, die Kirchenpolitik des Regimes, dies alles zusammen lief auf einen schweren machtpolitischen Konflikt und letztlich eine Bedrohung seiner eigenen Stellung hinaus. In seiner Wahrnehmung war diese Konstellation bereits eine Art von „Putsch" bzw. ein Staatsstreich, und auf diese subjektive Bedrohung reagierte er, indem er eine Welle von Gewalt und Terror auslöste.

IN DIESER STIMMUNG wartete er in München das kurzfristig mit Unterstützung der Reichswehr organisierte Eintreffen von SS-Verstärkungen aus Berlin und Dachau nicht ab, sondern fuhr mit Goebbels, Viktor Lutze, Otto Dietrich und einem kleinen SS- und Kripo-Kommando in das etwa 60 Kilometer südlich von München gelegene Bad Wiessee, dem Kur- und Ferienort am Tegernsee.[234]

Dort hatte Röhm in der Pension Hanselbauer,[235] direkt am See gelegen, Quartier bezogen, und hier nächtigten auch die zur „Führerbesprechung" bereits angereisten SA-Führer samt Begleitung. Als Hitler noch vor sieben Uhr morgens, Stunden vor dem geplanten Treffen, in Bad Wiessee eintraf, fand er die Pensionsgäste zumeist noch schlafend in ihren Zimmern vor. Die Festnahme der Betroffenen fand wohl unter weit weniger dramatischen und skandalösen Umständen statt, als es die NS-Propaganda darstellte und später unkritisch in zahlreichen Schilderungen aus der Nachkriegszeit übernommen wurde.

Eine Aussage eines der Mitglieder des „Führerschutzkommandos" nach dem Krieg vermittelt ein etwas anderes Bild. Hitler habe sich zunächst das Zimmer Röhms zeigen lassen. „Als er dort anklopfte, rief Röhm, was denn eigentlich los sei. Hitler öffnete die Türe, begab sich in das Zimmer und erklärte Röhm für festgenommen." Bewacht von Angehörigen des Kommandos habe sich Röhm angezogen und ins Speisezimmer begeben, „woselbst er noch Kaffee trank". In der Zwischenzeit wurden „die noch anwesenden SA-Führer im Beisein von Hitler und Göbbels (!) an Hand einer Liste festgenommen" und per Omnibus in das Gefängnis München-Stadelheim verbracht.[236]

Während Hitlers Aufenthalt in Bad Wiessee traf überraschend ein Lastwagen, vollbesetzt mit Röhms Stabswache, also seiner Leibgarde, bei der Pension ein. Hitler gelang es aber, diese Mannschaft nach München zurückzubeordern.[237] Danach fuhr Hitlers Wagenkolonne nach München zurück; entgegenkommende Fahrzeuge, die weitere SA-Führer nach Bad Wiessee brachten, ließ er anhalten und forderte die Insassen zur Rückkehr auf, in einigen Fällen wurden noch weitere Verhaftungen vorgenommen.[238] Währenddessen kontrollierten SS-Angehörige und Kriminalbeamte am Münchner Hauptbahnhof die ankommenden Züge, nahmen aufgrund einer Liste bestimmte SA-Führer fest und verbrachten sie in das Gefängnis Stadelheim.[239]

Hitler wiederum begab sich in die in unmittelbarer Nähe zum Münchner Königsplatz gelegene Reichszentrale der NSDAP, um die weitere Aktion von hier aus zu leiten. Das allgemein „Braune Haus“ genannte Gebäude, das ehemalige Barlow-Palais, war 1930 von der NSDAP erworben und zur repräsentativen Parteizentrale umgebaut worden. Für die Nationalsozialisten war es vor allem ein symbolischer Ort für ihren phänomenalen Siegeszug in den frühen 1930er-Jahren.[240] Dort hielt Hitler zunächst eine höchst aufgeregte Ansprache vor einer Reihe anwesender Funktionäre und SA-Führer. Den Ernst der Lage unterstrich die Tatsache, dass ein schwerer MG-Zug der Reichswehr das Gebäude sicherte.[241]

Dann zog sich Hitler in sein Arbeitszimmer zurück, um, wie Rudolf Heß einige Tage später in einer im Radio übertragenen Ansprache auf dem Königsberger Gauparteitag berichtete, „die ersten Urteilssprüche zu fällen“ und eine Reihe von Weisungen und Erklärungen abzufassen bzw. zu autorisieren.

Hitler schrieb eigenhändig die Namen der zu erschießenden SA-Führer auf einen Zettel.[242] Später am Nachmittag erteilte er dem mittlerweile in der Parteizentrale erschienenen Führer der Leibstandarte Sepp Dietrich den Befehl, diese Männer erschießen zu lassen. Dietrich begab sich daraufhin nach Stadelheim, das im Jahre 1894 eröffnete Münchner Strafvollstreckungsgefängnis, das noch vor dem Ersten Weltkrieg zu einem Gebäudekomplex erheblichen Umfangs ausgebaut worden war.[243]

Dort angekommen, bestand jedoch der Gefängnisdirektor namens Robert Koch auf einer schriftlichen Anweisung.[244] Dietrich besorgte sich daraufhin beim bayerischen Innenminister Adolf Wagner eine Liste der in Stadelheim eingelieferten SA-Führer, die Koch bereits am Morgen für Wagner verfasst hatte und die dieser nun mit einer handschriftlichen Notiz in eine Todesliste verwandelte. Justizminister Hans Frank, der ebenfalls nach Stadelheim gekommen war, machte noch den Versuch, mit den Betroffenen zu sprechen, wohl, wie Koch sich erinnerte, um „der

Erschiessung eine gewisse Form" zu geben, unterließ dann aber nach einem Hin und Her mit Schneidhuber weitere Gesprächsversuche.[245]

Dietrich ließ sich sodann von Koch zwei Orte innerhalb des Gefängnisses zeigen, an denen schon früher (wohl im Zusammenhang mit der Niederschlagung der Räterepublik 1919) Erschießungen stattgefunden hatten. Nachdem die entsprechenden Vorbereitungen getroffen worden waren, ordnete er die Exekutionen an: Sie wurden vom Führer des Kommandos jeweils mit einer kurzen Erklärung eingeleitet, die in etwa lautete: „Der Führer hat Sie zum Tode verurteilt."[246] Die Opfer waren die Obergruppenführer August Schneidhuber (München), Edmund Heines (Breslau) sowie die Gruppenführer Wilhelm Schmidt (München), Hans Hayn (Dresden), Hans Peter von Heydebreck (Stettin) sowie der Standartenführer Hans Erwin Graf Spreti, der Adjutant Röhms.[247]

Göring wütet in Berlin

Die insgesamt 27 Personen, die am 30. Juni und in den folgenden Tagen in Berlin umgebracht wurden, bilden, was den Grund für ihre Ermordung und den Modus Operandi anbelangt, zwei Gruppen: 18 Opfer gehörten der SA oder der SS an und wurden in der Kaserne der Leibstandarte in Berlin-Lichterfelde (also in dem Gebäudekomplex, in dem sich heute das Bundesarchiv befindet) erschossen. Die zweite Gruppe setzte sich aus neun Personen zusammen, die aus unterschiedlichen politischen Gründen liquidiert wurden, und zwar nicht in der genannten Kaserne, sondern an anderen Tatorten.

Zunächst wurden am 30. Juni in der Kaserne der Leibstandarte drei SS-Männer erschossen, die wegen außerordentlich brutaler Gewalttaten gegen Häftlinge im Konzentrationslager Stettin-Bredow (auf dem Gelände der ehemaligen Vulkanwerft) im April 1934 zu langen Freiheitsstrafen verurteilt worden waren, und zwar der Lagerkommandant und Außendienstleiter der Stettiner Stapo Joachim Hoffmann sowie die Wachleute Fritz Pleines und Gustav Fink.[248]

Ebenfalls noch am 30. Juni wurde in der Kaserne der Leibstandarte Karl Ernst, der Berliner SA-Chef, erschossen. Ernst wurde in Bremerhaven, wo er sich für seine Hochzeitsreise nach Madeira einschiffen wollte, festgenommen und durch ein SS-Kommando unter der Führung von Kurt Gildisch, ehemaliger Chef des „Führer-Begleitkommandos", der zu dieser Zeit zur SS-Leibstandarte abkommandiert war, per Flugzeug nach Berlin gebracht. Gildisch wurde auch Augenzeuge der Erschießung.[249]

Am nächsten Tag wurden drei von Ernsts engeren Mitarbeitern, die in Berlin festgenommen worden waren, am gleichen Ort erschossen, ferner in Bayern festgesetzte SA-Führer, die am 1. Juli nach Berlin verbracht wurden: Wilhelm von Sander, der Stabsführer von Ernst, der ihn in Bad Wiessee hatte vertreten sollen, der sächsische Gruppenführer Georg von Detten sowie sein Stabsführer Joachim von Falkenhausen, Obergruppenführer Fritz von Kraußer, der Stellvertreter Röhms, sowie Konrad Schragmüller, SA-Gruppenführer Mitte, gleichzeitig Polizeipräsident von Magdeburg.[250]

Hans Karl Koch, der Führer der SA-Gruppe Westmark, dessen Festnahme in Bad Wiessee ursprünglich vorgesehen war, wurde auf Fürsprache von Viktor Lutze noch an Ort und Stelle von Hitler freigestellt. Er hatte noch die Ansprache Hitlers im Braunen Haus gehört und war dann nach Koblenz zurückgekehrt. Dort wurde Koch jedoch von den Polizeibehörden, die offensichtlich über Hitlers Sinneswandel nicht informiert waren, verhaftet und nach Berlin überführt, wo er ebenfalls erschossen wurde.[251]

Außerdem wurden in Berlin-Lichterfelde eine Reihe weiterer SA-Führer erschossen: Ulrich von Beulwitz, der in der Pressestelle der Obersten SA-Führung arbeitete; er wurde am 30. Juni von Göring in einer Pressekonferenz entdeckt und auf seine Veranlassung hin in Haft genommen.[252] Ferner der Brigadeführer

Willi Klemm[253] aus dem Stab Heines, der Adjutant Heines, Hans-Walter Schmidt, der in Schlesien verhaftet und nach Berlin verbracht wurde. Unbekannt sind die Gründe für die Erschießung des Berliner SA-Führers Kurd Krause.[254]

Zu der Exekution des Köpenicker SA-Standartenarztes Erwin Villain ist hingegen folgende Vorgeschichte bekannt: Villain war wegen der Weigerung des Gesundheitsstaatssekretärs Leonardo Conti, seine Ernennung zum Vorsitzenden der Berliner Ärztekammer zu bestätigen, mit diesem in schweren Streit geraten. Im Verlauf jener Auseinandersetzung war er im Flur eines Münchner Hotels über Conti hergefallen und hatte diesen erheblich verletzt. Dem Haftbefehl entzog sich Villain unter anderem, indem er sich in Ernsts Wohnung in Berlin vor den Behörden versteckte, schließlich wurde er aber doch gegen den Widerstand der Berliner SA-Führung vor Gericht gestellt und verurteilt. Da Conti seit 1930 Mitglied der SS war und einen Führerrang bekleidete, dürfte der Tod Villains unter der Rubrik „Begleichung alter Rechnungen" einzuordnen sein.[255]

Die genannten Exekutionen fanden sämtlich am 1. Juli oder am frühen Morgen des 2. Juli statt, dann wurde die gesamte „Aktion" gestoppt, die Überlebenden wurden freigelassen. Ein „Standgericht" in der Kaserne der Leibstandarte – bestehend aus dem Chef des SA-Feldjägerkorps, Walter Fritsch, dem Verwaltungsleiter der Leibstandarte, Konrad Leroux sowie dem Kommandeur des Göring unmittelbar unterstehenden Polizeiverbandes, Walter Wecke – lieferte die gewünschten „Todesurteile" im Schnellverfahren.[256]

Die zweite Gruppe der in Berlin, außerhalb der Kaserne der Leibestandarte Ermordeten, umfasst eine Reihe von sehr unterschiedlichen Personen.

Das prominenteste Opfer war sicherlich der ehemalige Wehrminister und Reichskanzler Kurt von Schleicher, der vor Übernahme dieser Ämter im Jahre 1932 als Leiter des Ministeramtes des Wehr-Ressorts eine überaus einflussreiche Rolle an der Nahtstelle von Politik und Militär gespielt hatte. Die später von Hitler gegebene Begründung für seine angeblich geplante, dann aber wegen seines angeblichen Widerstandes missglückte Verhaftung, er sei der eigentliche Hintermann der Putschpläne gewesen, entbehrt jeder Grundlage. Im Gegenteil muss man davon ausgehen, dass Schleicher sich nach dem Ausscheiden aus dem Kanzleramt in politischer Beziehung ausgesprochen zurückhaltend verhielt. Immerhin sind Kontakte zwischen Jung und Schleicher seit dem Herbst 1933 nachweisbar. Für die Sammlung anti-nationalsozialistisch eingestellter Reichswehr-Offiziere wäre Schleicher, der immer noch sehr gut innerhalb des Offizierskorps vernetzt war,[257] sicher eine sehr gute Adresse gewesen – doch es gibt keinerlei Anzeichen dafür, dass er in diesem Sinne offen oder konspirativ tätig war.[258]

Schleicher hielt sich am Mittag des 30. Juni 1934 im Arbeitszimmer seines Hauses auf, als seine Haushälterin einer Gruppe von fünf sehr bestimmt Einlass fordernden jüngeren Männern in Zivil die Tür öffnete. Die ungebetenen Besucher verlangten, Schleicher zu sprechen, drängten hinter der Haushälterin („Ich werde mal nachsehen") in das Arbeitszimmer und ermordeten, kaum dass dieser die Frage, „Sind Sie der General von Schleicher?", positiv beantwortet hatte, ihr Opfer mit drei Schüssen. Frau Schleicher, die sich im gleichen Zimmer aufhielt, wurde unmittelbar darauf ebenfalls erschossen.[259]

Schleichers engster Vertrauter, der ehemalige Leiter des Ministeramts im Wehrministerium, Ferdinand von Bredow, der am Nachmittag von der Ermordung Schleichers erfahren hatte, wurde am Abend des 30. Juni von vier Zivilisten in seiner Wohnung aufgesucht und zum Mitkommen aufgefordert. Er wurde noch am gleichen Abend oder am 1. Juli an einem unbekannten Ort erschossen.[260]

Laut Hitlers Auslassungen im Reichstag am 13. März 1934 unterhielt Bredow im Auftrag von Schleicher und Röhm konspirative

Verbindungen ins Ausland. Tatsächlich war Bredow im März 1933 bei einer geplanten Reise nach Paris von deutschen Behörden am Überschreiten der Grenze gehindert worden, weil sich – so die offizielle Begründung – in seinem Gepäck Empfehlungsschreiben der Französischen und der Belgischen Mission in Berlin befanden. Sein Pass wurde eingezogen. Für gegen das Regime gerichtete Bestrebungen Bredows gab es jedoch nicht den geringsten Anhaltspunkt.[261]

Seine Tagebücher aus den Jahren 1933/34 zeigen eine insgesamt ambivalente Haltung gegenüber dem Regime. Im Juni 1934 vermerkt er verschiedentlich die überall grassierende Krisenstimmung. Papens Rede bewertete er positiv, hielt sie allerdings für „einen der bekannten Papenschen Husarenritte", schätzte also ihre politische Wirkung als gering ein. Der letzte Eintrag, zwei Tage vor dem 30. Juni verfasst, lautet: „Nur nicht gegen Regime arbeiten. Mit Wehrmacht hinter Hitler. Quatschereien über Militärdiktatur sind entsetzlich. Hoffentlich hält Hitler durch und ist der große Staatsmann."

Gegen 11.30 Uhr des 30. Juni besetzte ein etwa 30 Mann starkes Kommando der Leibstandarte die Vizekanzlei, die Zentrale der konservativen Oppositionsgruppe um Jung und Bose, gefolgt von einigen Zivilisten, wohl Angehörige des SD.[262] Zwei aus dieser Gruppe suchten Bose in seinem Büro auf und erschossen ihn hinterrücks.[263] Papen war am Morgen von Göring zu einer Besprechung gebeten worden, wohl um zu vermeiden, dass er sich während der Besetzung im Gebäude aufhielt.[264] Man muss sich dabei vor Augen halten, dass das Gebäude der Vizekanzlei direkt an die Reichskanzlei angrenzte und nur fünf Häuser vom Palais des Reichspräsidenten entfernt lag. Der kaltblütige und heimtückische Mord erfolgte also mitten im Zentrum der Regierungstätigkeit. Tschirschky, der Papen zu Göring begleitet hatte, wurde nach seiner Rückkehr in die Kanzlei zusammen mit weiteren Mitarbeitern festgenommen und in das Hausgefängnis der Gestapo verbracht. Nach einigen Tagen wurde er in das Konzentrationslager Lichtenburg verlegt, dann aber am 6. Juli bereits wieder entlassen. Papen wiederum wurde, nach einer kurzen

Visite in der Vizekanzlei, mit einer Eskorte zu seiner Berliner Privatadresse gefahren und bis zum Ende der Aktion durch Göring unter Hausarrest mit Polizeibewachung gestellt.[265] Der schon am 25. Juni festgenommene Jung, der im Hausgefängnis der Gestapo-Zentrale, im Keller des Prinz-Abrecht-Palais, festgehalten worden war, wurde in der folgenden Nacht unter nicht näher bekannten Umständen ermordet. Seine Leiche soll am frühen Morgen in einem Straßengraben bei Oranienburg aufgefunden worden sein.[266]

Ein weiteres bekanntes Opfer der Mordaktion war Erich Klausener, Ministerialdirektor im Reichsverkehrsministerium, der als Leiter der Katholischen Aktion in Berlin nur wenige Tage zuvor auf dem märkischen Katholikentag vor 60.000 Menschen jene Rede gehalten hatte, die man als demonstrativen Ausdruck eines gewachsenen katholischen Selbstbewusstseins werten konnte. Tatsächlich hatte Klausener grundsätzlich eine positive Einstellung zum Regime. Er glaubte an einen Ausgleich zwischen Nationalsozialismus und Katholizismus. Nicht nur durch den Auftritt auf der Pferderennbahn Hoppegarten hatte er sich aber den Zorn der Machthaber zugezogen. Hinzu kam, dass ihm als ehemaligem Leiter der Polizeiabteilung im Preußischen Innenministerium eine zentrale Rolle bei der Bekämpfung der NSDAP vor 1933 zugeschrieben wurde. Aus diesem Grund war er sogleich nach der „Machtergreifung" von Göring ins Verkehrsministerium abgeschoben worden. Seine Haltung wird man indessen als die eines – auch gegenüber der neuen Regierung – loyalen Staatsbeamten bewerten können.[267]

Ermordet wurde Klausener vom schon erwähnten Kurt Gildisch. Seinen eigenen Angaben zufolge erhielt Gildisch am 30. Juni von Heydrich den Auftrag, zusammen mit einem Gestapo-Beamten und einem SS-Kommando insgesamt 16 Personen festzunehmen und zur Exekution der Gestapo zu überstellen, Klausener aber selbst zu erschießen.

Zusammen mit dem Gestapo-Beamten begab sich Gildisch – es war mittlerweile etwa 13 Uhr – ins Verkehrsministerium, drang zu Klauseners Dienstzimmer vor, eröffnete ihm seine Festnahme und – als dieser ihm, einige persönliche Dinge ordnend, den Rücken zuwandte – erschoss ihn hinterrücks, und zwar mit seiner privaten Pistole, die er als angebliche „Selbstmordwaffe" am Tatort zurückließ.[268] Anschließend erhielt Gildisch von Heydrich den Auftrag, den SA-Gruppenführer Ernst – wie bereits geschildert – aus Bremen mit dem Flugzeug nach Berlin zu bringen, wo dieser ebenfalls in Lichterfelde erschossen wurde.[269]

Eugen von Kessel, Inhaber eines privaten Nachrichtenbüros, wurde von einem Bekannten, Heinz Hauenstein, ein ehemaliger Freikorpskämpfer und jetziger Funktionär der NSBO, mit zwei Schüssen im Hinterkopf in seiner Wohnung tot aufgefunden. Hauenstein gab an, dass Kessel von Papen den Auftrag erhalten hatte, Informationen zu Übergriffen der SS zu sammeln und zu melden.[270]

Unter nicht näher bekannten Umständen wurde außerdem Othmar Toifl ermordet, der am 1. Juli mit einer tödlichen Schussverletzung in der Grunewalder Herthastraße aufgefunden wurde. Toifl war vom Chef der Ordnungspolizei Kurt Daluege protegiert worden, der ihn vor 1933, als er Berliner SS-Chef war, als „Nachrichtenmann" beschäftigt hatte. Toifl hatte sich zuvor als Spitzel im kommunistischen Milieu verdingt. Zuletzt war er allerdings Kommandant der SS-Wachmannschaft im berüchtigten Berliner KZ Columbia-Haus gewesen. Man kann nur darüber spekulieren, ob er als Mitwisser der schweren im Columbia-Haus begangenen Verbrechen beseitigt wurde.[271]

GREGOR STRASSER, ehemaliger mächtiger Reichsorganisationsleiter der NSDAP, der im Gegensatz zu Hitler Vertreter eines prononciert „antikapitalistischen" Kurses war, hatte sich wegen schwerwiegender Differenzen mit Hitler in ideologischen und politisch-taktischen Fragen Ende 1932 von allen Ämtern zurückgezogen und arbeitete seitdem, politisch abstinent, für die Pharmaindustrie. Am 30. Juni wurde er am häuslichen Mittagstisch von Gestapo-Beamten festgenommen und in das Hausgefängnis der Gestapo gebracht. Tschirschky beschreibt in seinen Erinnerungen, dass er dort miterlebte, wie Strasser in einer Einzelzelle von einem SS-Hauptsturmführer hinterrücks erschossen worden sei. Als er dieses Erlebnis Hitler später unter vier Augen berichtete, hatte er den Eindruck, dass dieser Mord gegen den Willen des „Führers" begangen worden war.[272]

Paul Schulz, ehemaliger Stabsleiter und enger persönlicher Vertrauter von Gregor Strasser, nach dessen Rücktritt für eine Baufirma tätig, entging nur äußerst knapp dem gleichen Schicksal. Schulz hat über diese kritischen Tage einen ausführlichen Bericht verfasst, der von besonderem Gewicht ist, weil er der einzige Überlebende der Mordserie ist, deren Opfer hinterrücks auf offenem Gelände erschossen wurden.

Danach wurde er am Abend des 30. Juni in seiner Wohnung von fünf Gestapo-Beamten in Zivilkleidung festgenommen, die ihn ins Prinz-Albrecht-Palais brachten. Dort wurde er kurz von einem Obersturmbannführer in Augenschein genommen und sodann einem SS-Mann und zwei Zivilisten übergeben, die zu einer Autofahrt mit ihm aufbrachen. Eine halbe Stunde hinter Potsdam hielt der Wagen in einem Waldgebiet, Schulz musste aussteigen und die drei machten Anstalten, ihn mit ihren gezogenen Pistolen zu erschießen. Schulz unternahm einen Fluchtversuch, einer der Täter schoss ihm in den Rücken, worauf man ihn für tot hielt. Nach einigen Minuten jedoch raffte sich der Schwerverletzte auf, und er schaffte es, in dem Waldgelände seine Verfolger abzuhängen. Während der Nacht konnte er sich einem Großaufgebot seiner Verfolger durch ständigen Ortswechsel entziehen und erreichte am Morgen die Berliner Wohnung eines mit ihm bekannten Admirals, wo er Zuflucht und erste Hilfe erhielt.

Dem Admiral gelang es, in den nächsten Tagen zu Hitler vorzudringen, der erklärte, Schulz stehe unter seinem persönlichen Schutz und ihn von seinem Leibarzt Karl Brandt in ein Krankenhaus einweisen ließ.

Entweder war also der versuchte Mord an Schulz gegen Hitlers Willen erfolgt oder der Diktator wollte sichergestellt wissen, dass nach dem offiziellen Ende der Aktion nicht doch noch ein weiterer Mord geschah. Im Krankenhaus – und später in seiner Wohnung – wurde Schulz jedenfalls weiter von der Gestapo bewacht, und er hatte ernsthafte Zweifel, dass dies zu seinem „Schutz" geschah, sondern fürchtete weiter um sein Leben. Mitte des Monats ließ Hitler ihm mitteilen, er habe innerhalb von zwei Wochen das Land zu verlassen – was Schulz auch tat.[273]

Weitere Morde in München

Im Raum München wurden bereits am 30. Juni – neben den sechs SA-Führern in Stadelheim – fünf Häftlinge erschossen.[274] Es handelte sich dabei um den Zementarbeiter Adam Hereth, vermutlich ein Kommunist, um Walter Häbich, der als Redakteur die kommunistische Neue Zeitung im Untergrund weitergeführt hatte, bis er im Oktober 1933 verhaftet wurde, um den Kommunisten und Juden Erich Gans sowie um den SA-Führer Paul Röhrbein, der bereits im Juli 1933 inhaftiert[275] worden war. Warum dieser alte Kumpan Röhms verfolgt und schließlich ermordet wurde, bleibt unklar; nach Aussage eines Mithäftlings, des konservativen Journalisten Erwein von Aretin, soll er sich in der Haft damit gebrüstet haben, als Anführer eines SA-Trupps im Februar 1933 den Reichstag in Brand gesteckt zu haben.[276] Ob tatsächlich ein Zusammenhang mit der Brandstiftung bestand und er deswegen ermordet wurde, ist – wie auch in einer Reihe anderer Fälle von Opfern des 30. Juni – allerdings völlig ungeklärt.[277]

Ferner wurde am 30. Juni der jüdische Rechtsanwalt Julius Adler aus Würzburg erschossen. Adler hatte sich die Todfeindschaft der Würzburger NS-Betriebszellenorganisation zugezogen, da er energisch einen jüdischen Unternehmer bei dessen Kampf gegen die NSBO verteidigte, die mit allen nur denkbaren Mitteln versuchte, seine Firma zu übernehmen. Nach einer Hausdurchsuchung seiner Wohnung am 11. Juni 1934 wurde ein Wirtschaftsvergehen konstruiert und Adler in Schutzhaft genommen, ebenfalls wurden strafwürdige sexuelle Verfehlungen erfunden.[278]

Es scheint, dass diese fünf Morde auf Veranlassung der Leitung des KZ Dachau aus eigenem Antrieb verübt wurden, um sich so im Windschatten der „Säuberungsaktion" gegen SA und politische Gegner einer Reihe von besonders missliebigen Gefangenen zu entledigen.

Neben dieser Gruppe und den sechs SA-Führern wurden im Raum München weitere 18 Menschen ermordet. Die Leitung dieser Aktion lag beim Münchner SD. Er bestand zu jenem Zeitpunkt aus weniger als einem Dutzend Personen.[279] Der Dienststellenleiter Werner Best wurde während der „Aktion" in München von Carl Oberg, dem wichtigsten Mitarbeiter Heydrichs im SD, unterstützt bzw. kontrolliert.

Die Abläufe im SD-Oberabschnitt, der wegen der besseren Nachrichtenmittel vorübergehend in die Gestapo-Zentrale im Wittelsbacher Palais eingezogen war, stellen sich wie folgt dar: Am Morgen, so die Erinnerung des Dienststellenleiters Werner Best, seien aus Berlin erste Fernschreiben eingelaufen, in denen von Heydrich persönlich oder in dessen Auftrag die Festnahmen einzelner Personen angeordnet wurden. Es habe sich um SA-Führer (aber nicht in den höchsten Rängen) sowie um weitere Personen gehandelt, etwa um den ehemaligen Generalstaatskommissar Gustav von Kahr, um den Oberst Hans von Seisser (der 1923 in Kahrs Auftrag als Chef der Landespolizei Hitlers Putsch unterdrückt hatte[280]) sowie um den stellvertretenden Stahlhelm-Führer Theodor Duesterberg, der in Nazi-Kreisen als Verkörperung der „Reaktion" galt.[281] Die Festnahmen wurden von kleinen Kommandos aus SD-Angehörigen sowie aus Beamten der Bayerischen Politischen Polizei vorgenommen; die Festgenommenen wurden befehlsgemäß in das Konzentrationslager Dachau überstellt.[282]

Bests Stellvertreter Walter Kureck meinte hingegen, das erste Fernschreiben sei erst gegen Mittag eingelaufen, und er konnte sich an die Namen Kahr und Seisser sowie Alexander Glaser und Bernhard Stempfle erinnern.[283] Der in der Fernschreibstelle tätige Kriminalsekretär Josef Strohmeier erinnerte sich, „im Büro Best ging es aus und ein. Listen wurden verglichen und überprüft; Befehle entgegengenommen".[284]

Die Festnahmen, so Best weiter, wurden nach Berlin gemeldet und dort sei entschieden worden, wer in Dachau erschossen werden sollte. Die ersten Exekutionsbefehle seien noch am 30. Juni wiederum per Fernschreiben bei ihm eingegangen. Vor dem 30. Juni seien weder in Berlin noch durch ihn solche Listen angefertigt worden, da Himmler und Heydrich die Verhältnisse in München ja sehr gut kannten.[285]

Diese Aussage dürfte jedoch eine reine Schutzbehauptung sein. Denn aus der Vernehmung von Bests Stellvertreter geht hervor, dass Best zwei Tage vor dem 30. Juni diesen beauftragte, den Aufenthaltsort einer Reihe von Münchner SA-Führern festzustellen. Ebenfalls im Vorfeld der Aktion lässt sich anhand eines Einzelfalls – des Musikkritikers Schmidt – nachweisen, dass die Bayerische Politische Polizei im Auftrag des SD-Oberabschnitts die Adresse eines potenziellen Opfers ermittelte.[286]

Dass dann, wie Best beteuerte, die eigentliche mörderische Aktion aus Berlin gesteuert, also jede einzelne Exekution von dort angeordnet wurde, erscheint indes glaubhaft.[287]

Später, so Best weiter, sei aus Berlin der Befehl gekommen, diejenigen, die erschossen werden sollten, nicht mehr nach Dachau zu verbringen, sondern an Ort und Stelle zu töten. Er habe sich dann mit Erfolg, so Best, dafür eingesetzt, dass die Exekutionen „nicht durch seine unerfahrenen SD-Leute ausgeführt wurden, sondern, dass diesen Angehörige der österreichischen Legion aus Dachau zugeteilt wurden, um die Erschießungen durchzuführen".

Und Best fuhr fort: „Sobald ein Fernschreiben aus Berlin einlief mit dem Auftrag, eine bestimmte Person zu verhaften und sofort zu erschiessen, habe ich oder Oberg einen der SD-Männer oder dem ganzen Kommando mündlich den Befehl erteilt, den Betreffenden festzunehmen und sofort zu exekutieren.“[288]

Am „frühen Nachmittag“, so erinnerte sich denn auch Alfred Rodenbücher, der Kommandeur eines in Dachau kasernierten SS-Verbandes, der sich aus nationalsozialistischen Österreich-Flüchtlingen zusammensetzte, habe er den Befehl erhalten, „Streifenkommandos“ in Stärke von je einem Führer und zwei bis drei Mann „feldmarschmäßig bewaffnet bereit zu halten“. Insgesamt handelte es sich um 15 bis 20 Kommandos.[289]

Der SD-Mitarbeiter Franz Stark, der eigentlich in der Registratur beschäftigt war, erinnerte sich, im Laufe des Vormittags seien er und seine Kollegen im Wittelsbacher Palais darüber informiert worden, dass im Zusammenhang mit der bevorstehenden Revolte Röhms „die bereits listenmäßig erfassten Personen vom SD zu verhaften sind“. Später, um die Mittagszeit, seien seinen Kollegen Kuverts ausgehändigt worden, die die Namen der zu Verhaftenden enthielten. Er selbst musste Überwachungsakten aus der Registratur heraussuchen und erinnerte sich an „den Musikkritiker Schmidt (!), den Verleger Huber, den Reichsminister Selte, Dr. Stempflinger, v. Kar (!), Ballerstedt, Zehntner, Dr. Gerlich, Dr. Glaser u.a.“.[290]

Den Verhaftungstrupps, die aus jeweils einem SD-Mann, einem Fahrer und zwei Angehörigen des österreichischen SS-Verbandes bestanden, wurden Kraftwagen zugeteilt. „Wir wurden vorher noch darüber belehrt, daß im Falle eines Widerstandes oder eines Fluchtversuches der zu Verhaftende zu erschießen sei, wobei bei der ganzen Art der Befehlserteilung unschwer zu erkennen war, dass es gerne gesehen würde, wenn der Verhaftete ‚auf der Flucht‘ erschossen worden wäre.“[291]

Dieser Aktion sollten insgesamt 18 Menschen zum Opfer fallen. Ihre Ermordung erfolgte in mehreren Schüben. Noch am Abend des 30. Juni wurden vier Personen nach Dachau verschleppt und hier ermordet, allesamt ohne jeden inneren Zusammenhang mit dem Schlag gegen die SA-Führung.[292] Der ehemalige bayerische Ministerpräsident Gustav Ritter von Kahr, den die Regierung des Freistaats in den kritischen Monaten des Herbstes 1923 als „Generalstaatskommissar" mit weitgehenden Befugnissen eingesetzt hatte, war das prominenteste Opfer der Morde in München. Hitler hatte Kahr nie verziehen, dass er, nachdem er ihm am 8. November 1923 im Bürgerbräukeller die Erklärung abgepresst hatte, sich an seinem Putsch zu beteiligen, dann doch entschloss, sich gegen die Putschisten zu wenden, und entscheidend dazu beitrug, dass das Unternehmen am nächsten Tag scheiterte.[293]

Kahr wurde gegen 20 oder 21 Uhr in der Wohnung seines Schwagers, wo er wohnte, festgenommen.[294] Als er in Dachau eintraf, warteten dort bereits vor dem Kommandanturgebäude 50 bis 60 SS-Männer der Wachmannschaft auf die ersten Gefangenen, wie ein Zeuge sich erinnerte. Sie begrüßten den ehemaligen Generalstaatskommissar mit wildem Geschrei und „Kahr, Kahr"-Rufen. Nachdem Theodor Eicke die Anordnung gegeben hatte, ihn in den Arrest zu verbringen, wurde Kahr „daraufhin von der gesamten Versammlung umringt und zum Kommandanturarrest mehr gestoßen als gegangen" und dabei auch heftig geschlagen. Kurz nachdem er in das Arrestgebäude befördert wurde, fiel dort ein Pistolenschuss.[295]

Weithin bekannt war auch Fritz Gerlich, der streitbare katholische Publizist, der mit seinem Blatt Der Gerade Weg vor 1933 zahlreiche die Nationalsozialisten kompromittierende Interna aus der „Bewegung" veröffentlicht und sie in äußerst polemischer Form angegriffen hatte. Unmittelbar nach der „Machtergreifung" in München besetzten SA-Männer die Redaktionsräume und misshandelten Gerlich schwer, anschließend wurde er in „Schutzhaft" genommen. Vom Münchner Polizeigefängnis wurde er am 30. Juni kurz vor Mitternacht nach Dachau gebracht und zusammen mit dem schon erwähnten Röhrbein erschossen.[296]

Das Opfer einer Namensverwechslung wurde der Musikkritiker der Münchner Neuesten Nachrichten (MNN), Willi Schmid. Er wurde am Abend des 30. Juni von mehreren Zivilisten und vier SS-Leuten aus seiner Wohnung geholt. Ein Zeuge, der als Angehöriger des Kommandanturstabes die Einlieferung Schmids in Dachau verfolgte, sagte aus, er habe gesehen, wie Eicke per Handzeichen an seine Männer Schmid zur Exekution verurteilte. Die Leiche wurde, wie die Witwe notierte, am 4. Juli an einen Vertrauten der Familie „unter einer Bahnunterführung bei Dachau im Sarge verschlossen zum Begräbnis übergeben". Die Politische Polizei verlangte, dass in der Todesanzeige der Bestattungstermin nicht bekannt gegeben werde. Am 6. Juli verabschiedete sich die Redaktion der MNN in einem Nachruf von Schmid, der „infolge eines Unglücksfalls jäh aus unserem Kreis geschieden ist".[297]

Best gibt zu diesen Erschießungen an, dass die Exekutionen von Kahr und Schmid nicht aus Berlin befohlen waren, es sich also um eine Eigenmächtigkeit Eickes handelte.[298]

Ein weiteres in Dachau ermordetes Opfer war Ernestine Zoref, die Lebensgefährtin des Schriftstellers Paul Edmund von Hahn, der nach der Verhaftung der bisherigen Leitung in die Direktion der MNN eingetreten und wohl aufgrund einer Intrige im Mai 1933 wegen angeblicher Spionage für die Sowjetunion verhaftet worden war. Nach seiner Entlassung im März 1934 verschwand Hahn spurlos. Zoref, eine gebürtige Wienerin, wurde daraufhin für mehrere Wochen in Dachau interniert, wohl um Näheres über den Aufenthalt von Hahn in Erfahrung zu bringen, dann aber am 12. Mai entlassen. Am 30. Juni abends wurde sie erneut festgenommen, nach Dachau gebracht und hier am 30. Juni erschossen.[299]

Schließlich wurden fünf Opfer, wie von Best geschildert, nicht in Dachau exekutiert, sondern auf offener Straße bzw. in ihren Wohnungen.

Karl Zehnter war Wirt des Bratwurstglöckl, einer gegenüber des Münchner Doms gelegenen Gaststätte, in der Röhm Stammgast war. Er galt als Mitglied des „Dunstkreises“ um den SA-Stabschef. Zehnter wurde am 30. Juni gegen 19 Uhr festgenommen, zunächst nach Dachau verbracht, dann von dort mit einem Wagen abgeholt und durch Genickschüsse auf einer Landstraße bei Schwabhausen erschossen.[300]

Bernhard Stempfle, ein ehemaliger katholischer Priester, war seit Anfang der 1920er-Jahre in verschiedenen Funktionen eng in das oberbayerische rechtsextremistische Milieu eingebunden und aus dieser Zeit ein alter Bekannter Hitlers, mit dem er seinerzeit auch heftige Konflikte ausgetragen hatte.[301] Er war seit 1925 Mitarbeiter an der zeitgeschichtlichen Sammlung Rehse, die 1929 von der NSDAP als Parteiarchiv übernommen wurde.

Stempfle wurde am 30. Juni festgenommen; seine Leiche fand man später in einem Waldstück bei Dachau. Die Gründe für seine Ermordung sind unbekannt. Seine enge Verbindung mit der Geschichte der NSDAP und ihres „Führers“ deutet darauf hin, dass er „zu viel wusste“ – was auch immer dieses zu viel gewesen sein mag.[302]

Der Münchner Rechtsanwalt Alexander Glaser war von 1924 bis 1928 Fraktionsvorsitzender des „Völkischen Blocks“ im Bayerischen Landtag und seit 1932 Stabsleiter des Reichsorganisationsleiters der NSDAP, Gregor Strasser, mit dem zusammen er Ende 1932 aus den Diensten der NSDAP ausschied. Nicht nur wegen dieses Hintergrunds geriet er in das Fadenkreuz der Verfolger, sondern auch, weil er 1934 einen Prozess für den Huber Verlag, der Publikationen der SA herausgab, gegen den parteieigenen Franz-Eher-Verlag gewann. In diesem Zusammenhang war er im Frühjahr 1934 von der Gestapo festgenommen worden und nach einigen Tagen auf Intervention der SA-Führung wieder freigekommen.

Ein Schwager Glasers wurde am 30. Juni von dessen Sekretärin in die Wohnung des Rechtsanwalts gerufen, den er dort schwerstverletzt antraf. Drei SS-Leute hatten ihn gegen 18 Uhr für verhaftet erklärt und noch im Flur in den Hinterkopf geschossen. Er verstarb einige Tage später, das mag der Grund dafür gewesen sein, dass seine Leiche nicht wie die der übrigen Münchner Opfer verbrannt, sondern erdbestattet wurde.[303]

Otto Ballerstedt, ehemaliger Vorsitzender des Bayernbundes, gehörte in den frühen 1920er-Jahren als Vertreter einer Politik, die prononciert für die Eigenständigkeit des Freistaates eintrat, zu den von Hitler am schärfsten bekämpften politischen Gegnern in München. Nachdem er im September 1921 eine seiner Versammlungen gesprengt und Ballenstedt tätlich angegriffen hatte, war Hitler zu einer Gefängnisstrafe von drei Monaten verurteilt worden, von denen er vier Wochen absaß – für Hitler eine schwere Demütigung, die er dem „Landesverräter" Ballerstedt anlastete.[304] Noch Anfang 1942, während einer seiner Tischgespräche, sollte er über seinen damaligen Kontrahenten („mein größter Gegner") und den „Aberwitz" der Münchner Justiz herziehen.[305] Ballerstedt wurde am Abend des 30. Juni von SS-Männern in seinen Wohnräumen festgenommen und später im Gründinger Forst bei Dachau erschossen aufgefunden.[306]

Fritz Beck, der in München zahlreiche karitative Einrichtungen für Studenten ins Leben gerufen und sich in der internationalen Studentenbewegung engagiert hatte, jedoch von rechtsstehenden Studenten wegen seiner pazifistischen Gesinnung stark angefeindet wurde,[307] wollte sein Lebenswerk vor der „Gleichschaltung" retten und hatte sich deshalb an Röhm gewandt. Der übernahm in der Tat im Mai 1933 im Zuge des allgemeinen Ausbaus der SA den Vorsitz im Verein Studentenhaus (der Vorgänger des Münchner Studentenwerkes) sowie der Akademischen Auslandsstelle der Universität München. Beck, der damit als Protegé von Röhm galt, wurde am 30. Juni von drei SS-Männern in seiner Wohnung abgeholt.

Über den Fund seiner Leiche in der Nähe von Allach verständigte die Staatsanwaltschaft am 2. Juli seine Verwandten. Die Leiche wies fünf Schussverletzungen und Spuren von Misshandlungen auf.[308]

Von diesen Morden an Gefangenen und am Abend des 30. Juni Festgenommenen unterschied sich das weitere Vorgehen gegen die SA-Führung deutlich. Erst am 1. Juli hatte sich Hitler entschlossen, auch seinen alten Kumpan Ernst Röhm umbringen zu lassen. Zu diesem Zweck fanden sich am Nachmittag der Kommandant des KZ Dachau Eicke sowie sein Stellvertreter Michael Lippert in Begleitung von mehreren SS-Leuten beim Direktor des Gefängnisses Stadelheim Koch ein und forderten Zugang zu Röhms Zelle, um den von Hitler erteilten Auftrag auszuführen. Nach einigen Diskussionen willigte Koch ein.[309]

Eicke betrat Röhms Zelle, legte die aktuelle Ausgabe des Völkischen Beobachters mit der Schlagzeile über den aufgedeckten Putsch und der namentlichen Nennung der am Vortag erschossenen SA-Führer zusammen mit einer geladenen Pistole auf einen Tisch und eröffnete Röhm, dass er sich auf Befehl Hitlers binnen zehn Minuten zu erschießen habe.

Während Eicke und Lippert warteten, kam auf dem Flur, neugierig geworden, eine größere Gruppe von Angehörigen der Landespolizei zusammen, die zur Bewachung des Gefängnisses gegen etwaige Angriffe von außen abgestellt worden waren. Sie wurden Zeugen der nachfolgenden Ereignisse.

Nachdem die Wartezeit abgelaufen war, ließ Eicke von einem Gefängniswärter die Schusswaffe aus Röhms Zelle herausholen. Dann stießen Eicke und Lippert die Tür auf, zielten sorgfältig und schossen, im Türrahmen stehend, auf Röhm, der ihnen mit geöffnetem Hemd gegenüberstand. Zwei Schüsse trafen ihn in die Brust, und da er noch Lebenszeichen von sich gab, feuerte einer der beiden Schützen, wohl Eicke, einen weiteren Schuss auf ihn ab, der ihn sofort tötete.[310]

Eicke ließ sich nach der Ermordung Röhms eine Reihe weiterer in Stadelheim inhaftierter SA-Männer ausliefern, nach Dachau bringen und am 1. Juli erschießen. Es handelte sich um den Standartenführer Hans Schweighart, den SA-Rottenführer Paul Neumayer, den SA-Mann Erich Schiewek,[311] der am frühen Morgen des 30. Juni in Heidens Zimmer aufgefunden worden war, sowie den Fahrer Röhms, Max Vogel.

Eine zweite Exekution von drei SA-Angehörigen fand in der Nacht zum 2. Juli ebenfalls im KZ Dachau statt. Dabei handelte es sich um Julius Uhl, den Führer von Röhms „Stabswache“, also seiner persönlichen Leibgarde, um Röhms Fahrer Heinrich Johann König und um seinen engen und langjährigen Freund, den Kunstmaler Martin Schätzl,[312] der ihn von 1928 bis 1930 nach Bolivien begleitet hatte und seit Februar 1934 in der Adjutantur Röhms als SA-Scharführer Dienst tat.[313]

Tatort Schlesien

Der dritte Schwerpunkt der am 30. Juni ausgelösten Mordserie war Schlesien, wo Obergruppenführer Edmund Heines, zugleich Polizeipräsident von Breslau, zusammen mit seinem Freund und Adjutanten Hans Walter Schmidt ein besonders übles und gewalttätiges Regime ausübte, abgesichert durch seine Funktion als Stellvertreter des Gauleiters Helmuth Brückner, der zugleich Oberpräsident Schlesiens war. Schlesien galt als eine Hochburg der SA und damit in den Augen der Röhm-Gegner als Zentrum des konstruierten Putsches. Der Schlag gegen die Röhm-Truppe wurde hier mit besonderer Härte geführt.[314]

Die entscheidende Figur bei der Niederwerfung der SA war der Führer des SS-Oberabschnitts Schlesiens Udo von Woyrsch. Zu dieser Schlussfolgerung kam jedenfalls, mit einer abgewogenen und nachvollziehbaren Begründung, im Jahre 1957 das Landgericht Osnabrück. Es verurteilte Woyrsch zu zehn Jahren Gefängnis, während sein Mitangeklagter Ernst Müller, Leiter des SD in Schlesien und während der Krisentage auch noch mit der kommissarischen Leitung der dortigen Gestapo betraut, aus Mangel an Beweisen freigesprochen wurde.[315]

Woyrsch wurde am 25. Juni durch Himmler in Berlin instruiert. Er solle gegen einen bevorstehenden Putsch der SA im Einvernehmen mit der Reichswehr Sicherungsmaßnahmen treffen. Zurück in Schlesien informierte Woyrsch seine drei Abschnittsführer, die in den kommenden Tagen eine wichtige Rolle spielen sollten, den SS-Oberführer Theo Berkelmann (Breslau), den Brigadeführer Richard Hildebrandt (Görlitz) sowie den Oberführer Wilhelm Werner (Oppeln).

Auch der erst seit Kurzem im Amt befindliche schlesische SD-Chef Ernst Müller wurde nach Berlin zitiert, wo er einen Tag nach der Besprechung Heydrichs mit den Oberabschnittsführern des SD von diesem eine besondere Unterweisung erhielt. Heydrich händigte Müller einen versiegelten Umschlag aus und schickte ihn umgehend per Flugzeug nach Breslau zurück, mit dem Auftrag, sich in den nächsten Tagen unauffällig in der Wohnung eines Bekannten aufzuhalten und auf einen Anruf von Heydrich zu warten.

Dieser Anruf erfolgte bereits am 30. Juni gegen sieben Uhr morgens. Wie von Heydrich angeordnet, gab nun Müller den Umschlag in der Breslauer SS-Zentrale ab. Er enthielt ein Schreiben Görings, das Müller aus dem Gedächtnis rekonstruierte: Ein Putsch von Röhm sei im letzten Moment durch Hitlers Eingreifen verhindert worden, Woyrsch solle die vollziehende Gewalt in Schlesien übernehmen, eine Reihe von namentlich genannten SA-Führern sei „auszuschalten“. Nach Müller umfasste die Liste neun bis elf Namen, an sieben konnte er sich erinnern.[316] Außerdem seien die Mannschaften der Hilfswerklager sowie der Stabswachen zu verhaften, das Polizeipräsidium Breslau zu besetzen.

Der hierüber informierte Woyrsch, der sich außerhalb Breslaus aufhielt, eilte in die Provinzhauptstadt und nahm das Polizeipräsidium in Beschlag. Müller übernahm die dortige Nachrichtenzentrale und meldete Vollzug nach Berlin. Etwa eine halbe bis volle Stunde später, es war noch Vormittag, traf dort ein wiederum aus der Erinnerung Müllers rekonstruiertes, von Himmler oder Göring gezeichnetes Fernschreiben ein, das präzisierte: Die in dem Brief enthaltenen, namentlich genannten SA-Führer seien auf „Befehl des

Führers" zu erschießen, alle SA-Führer, die mindestens den Rang eines Standartenführers besaßen, zu verhaften.[317]

Daraufhin setzte in Breslau eine Verhaftungswelle ein, die Dienststellen der SA wurden besetzt. Von den auf der Berliner Liste zur Exekution bestimmten Führern konnten im Laufe des Tages festgenommen werden: Hans Ramshorn,[318] Polizeichef von Gleiwitz; Brigadeführer Eberhard Carl von Wechmar sowie Standartenführer Karl Belding und Sturmhauptführer Reinhold Nixdorf aus Heines Stab; die beiden Letzteren möglicherweise, weil Himmler sie verdächtigte, knapp zwei Wochen zuvor ein Attentat auf ihn verübt zu haben.[319]

Sie wurden in der Nacht zum 1. Juli, zusammen mit drei weiteren SA-Führern, in einem Wald in der Nähe Breslaus erschossen: der Brigadeführer Otto von Stucken, der Sturmbannführer Kurt Engelhardt sowie der Hauptsturmführer Karl Lipinski. Ob diese drei nun auf der Berliner Liste standen (und sich Müller nicht mehr an die Namen erinnern konnte) oder ob ihre Ermordung durch den SS-Oberabschnitt auf eigene Initiative unternommen wurde, ist nicht eindeutig zu klären.

Bei der Erschießung Wechmars könnte es sich um einen „Irrtum" der Berliner Zentrale oder um eine Eigenmächtigkeit des schlesischen SS-Oberabschnitts gehandelt haben. Nach den Angaben seines Neffen, dem späteren Spitzendiplomaten Rüdiger von Wechmar, geboren 1925, habe sich Göring später für dieses „Versehen" bei der Familie entschuldigt[320], und Goebbels machte einige Tage später eine Tagebuch-Notiz, die für die gesamten Vorgänge hochrelevant erscheint: „Auch v. Wechmar erschossen. Furchtbar! Es ist da einiges geschehen, was nicht ganz dem Willen des Führers entsprach. Schicksal! Opfer der Revolution".[321]

Auch Gauleiter und Oberpräsident Helmuth Brückner beschwerte sich in einer umfangreichen Denkschrift bei Göring und Heß über die seiner Ansicht nach nicht gerechtfertigte Erschießung Wechmars und belastete in diesem Zusammenhang – neben anderen Kritikpunkten – Woyrsch.[322]

Am nächsten Tag wurde Ludwig Werner Engels, der ständige Vertreter Heines im Polizeipräsidium und von diesem stark protegiert[323], aus Westdeutschland nach Breslau überstellt und dort festgenommen. Zusammen mit dem ebenfalls zwischenzeitlich festgenommenen Oskar Heines, Obersturmbannführer und Bruder des schlesischen SA-Chefs Edmund Heines, wurde er im Morgengrauen des 2. Juli im gleichen Waldgebiet erschossen.

Einen Sonderfall stellt die Ermordung des ehemaligen SS-Führers Emil Sembach dar. Der Amtsvorgänger des Breslauer[324] Abschnittsführers Berkelmann war im Februar 1934 wegen angeblicher Unregelmäßigkeiten in der Kassenführung seiner Dienststelle von Himmler aus der SS ausgestoßen worden. Sembach, der trotzdem sein Mandat als NSDAP-Reichstagsabgeordneter behielt, versuchte daraufhin seine Karriere in der schlesischen SA fortzusetzen. Als Woyrsch im Vorfeld des 30. Juni seine Instruktionen von Himmler erhielt, forderte der Reichsführer ihn auf, bei Beginn der „Aktion" Sembach nach Berlin zu überstellen.

Sembach wurde am 30. Juni zusammen mit seiner Ehefrau in Brieg verhaftet. Beide wurden zunächst in Oels festgehalten, dann am 1. Juli auf Anweisung von Berthold Maack, dem Stabsführer von Woyrsch, durch ein Kommando unter Führung des Hauptsturmführers Paul Exner ins Riesengebirge verschleppt und dort erschossen. Seine Leiche warfen die Täter in eine Talsperre, wo sie am nächsten Tag geborgen wurde. Das Osnabrücker Gericht fand 1957 keine ausreichenden Beweise für die Täterschaft von Woyrsch und gab zu erkennen, dass es – den nicht angeklagten – Maack für denjenigen hielt, der den Mordbefehl gegeben hatte.[325]

Waren diese Morde zentral aus Berlin von Heydrich angeordnet bzw. in einigen Fällen möglicherweise von Woyrsch (oder auch seinem Stabsleiter) befohlen worden, so ist bei der Aufklärung der Hintergründe der weiteren elf Morde in Schlesien die Rolle der drei SS-Abschnitte und die der untergeordneten Organe der Schutzstaffel mit einzubeziehen.

Josef Makosch, Führer einer SS-Standarte in Frankenstein, sagte aus, er sei am 28. Juni zusammen mit anderen Einheitsführern zum Abschnittsführer Berkelmann in Breslau befohlen worden, der sie auf einen bevorstehenden Putsch der SA vorbereitete. Zur Abwehr sollten sie dafür sorgen, ihre Verbände auf ein Stichwort hin in Bereitschaftsräumen zusammenzuziehen. Wenn der Alarm ausgelöst würde, sollten sie alle SA-Führer vom Sturmbannführer aufwärts sowie „andere namentlich bekannte SA-Männer" in Haft nehmen. Außerdem sollten die Führer der einzelnen SS-Stürme Listen von „politisch unzuverlässigen Personen in jedem Ort" aufstellen.[326]

Tatsächlich erfolgte dann am 30. Juni die Alarmierung und Makosch erhielt zusätzlich den schriftlichen Befehl durch den Breslauer Abschnitt, den Oberbürgermeister von Waldenburg, der ihm als Blümel benannt wurde, zu erschießen. Makosch erfuhr aber dann, dass dieser Bürgermeister in Hirschberg sei (also außerhalb seines Verantwortungsbereichs) und unternahm in der Sache nichts. (Tatsächlich sollte Blümel in Hirschberg durch eine andere SS-Einheit festgesetzt werden, er befand sich noch nach Wochen in Haft.)[327]

Später erhielt Makosch dann den Befehl, den SA-Obersturmführer Enders, Leiter einer SA-Motorschule in Kroischwitz (Kreis Schweidnitz), zu liquidieren, was Makosch nach einer kurzen „Vernehmung" von Enders auch veranlasste.[328]

Bei der Rekonstruktion der Ereignisse in Waldenburg sind wir auf das Urteil des Schwurgerichts Breslau angewiesen, das gegen die Beteiligten einige Monate später erging. Danach hielt Makosch jedenfalls am Abend des 30. Juni in Waldenburg eine Ansprache an die dortige SS, mit der er den Anschein erweckte, sie hätten nun freie Hand bei der Ausschaltung politischer Gegner. Der örtliche Sturmführer, Hermann Jenke, ließ daraufhin einen Trupp unter Führung des SS-Rottenführers und Fleischermeisters Fritz Deponte zusammenstellen und erteilte ihm den Auftrag, einige als politisch unzuverlässig geltende Personen „umzulegen". Jenke, Deponte und ein weiteres Mitglied des Rollkommandos, Kurt Förster, einigten sich schließlich auf vier Zielpersonen. Anschließend suchte das Rollkommando den Stadtbaurat Kuno Kamphausen in dessen Wohnung auf und entführte ihn aus der Stadt. Ein weiteres Mitglied des Kommandos tötete ihn dann mit drei Pistolenschüssen. Vorangegangene Versuche des gleichen Kommandos, dreier weiterer städtischer Beamter, darunter Oberbürgermeister Daniel, habhaft zu werden, hatten nur deswegen nicht zum Ziel geführt, weil von diesen keiner zu Hause gewesen war.[329]

Da die Tötung von Kamphausen nicht autorisiert war, wurden in diesem Fall staatsanwaltschaftliche Ermittlungen angestellt, die tatsächlich – als einziger Fall der gesamten Mordserie – zur Anklage und zu einem Gerichtsprozess führten. Acht Täter standen vor Gericht, von denen drei, Jenke, Deponte und König, zu Gefängnisstrafen verurteilt wurden. Himmler sorgte indessen durch Einschaltung Hitlers dafür, dass alle vorzeitig entlassen wurden.[330]

Das Gericht stellte heraus, dass Deponte und König persönliche Differenzen mit den von ihnen benannten vier Opfern gehabt hatten. Es ist dabei nicht auszuschließen, dass man diesen Punkt in der Urteilsbegründung besonders betonte, um bei der Aufklärung des Verbrechens und seiner Motive in der SS-Hierarchie nicht allzu weit „nach oben" ermitteln zu müssen. Dafür spricht auch der Freispruch des Standartenführers Makosch, dessen Nachkriegs-Aussage, er habe einen schriftlichen Befehl zur Erschießung des – falsch benannten – Waldenburger Bürgermeisters erhalten, in dem Verfahren von 1934 noch nicht auftauchte.[331]

AM 29. JUNI hielt der SS-Abschnittsführer in Görlitz, Hildebrandt, eine Besprechung ab, an der Standartenführer Hans Himpe (Hirschberg) und einer seiner Sturmbannführer, Richard Skarabis (Landeshut), teilnahmen, um sie auf den bevorstehenden Putsch der SA vorzubereiten. Hildebrandt fügte hinzu, in einer zweiten

Aktion, die aber besonders ausgelöst werden sollte, sei das nachzuholen, was man bei der Machtübernahme der NSDAP im Jahre 1933 versäumt habe, nämlich die damals vergessenen politischen Gegner „unschädlich zu machen“.[332]

Zu diesem Zweck übergab Hildebrandt dem Standartenführer Himpe eine Liste mit 40 bis 60 Namen von angeblichen NS-Gegnern in Hirschberg, allesamt keine SA-Führer, die in dieser Aktion festgenommen werden sollten. Über eine eventuelle Exekution wollte er gesondert entscheiden.

Diese Verhaftungen von 50 bis 60 Personen fanden tatsächlich am 1. Juli statt. Auch nach dem offiziellen Ende der Aktion befanden sich von diesen Personen noch sieben im Polizeipräsidium Hirschberg in Haft, ein Indiz dafür, dass Hildebrandts Vorgehen durch seine Vorgesetzten gedeckt wurde.[333]

Ob dies auch für seinen nächsten Schritt gilt, ist fraglich. Gegen Abend meldete sich Hildebrandt, so sagte jedenfalls Himpe zwanzig Jahre später vor dem Berliner Schwurgericht aus, telefonisch bei ihm und ordnete die Erschießung von vier Einwohnern Hirschbergs an; die übrigen sollten ins Gerichtsgefängnis gebracht oder freigelassen werden.

Es handelte sich um drei jüdische Bürger: Rechtsanwalt Walter Förster, Kaufmann Kurt Charig sowie der Arzt Alexander Zweig, ferner Zweigs nichtjüdische Frau Jeanette. Sie wurden dann von einem SS-Trupp unter Leitung des Sturmführers Börger mit einem Lastwagen Richtung Görlitz befördert. Unterwegs wurde eine Panne vorgetäuscht, die vier Festgenommenen mussten den Wagen mit anschieben und wurden sodann von hinten erschossen. Die Leichen wurden auf der Landstraße zurückgelassen.[334]

Gegenüber Skarabis benannte Hildebrandt bei der Besprechung am 29. Juni die Namen von etwa 15 Personen aus Landeshut und Umgebung, die im Rahmen dieser zweiten Aktion festzunehmen und einzusperren seien. Außerdem erteilte ihm Hildebrandt den „Sonderauftrag“, drei Personen, deren Namen er auf einem Zettel notierte, zu erschießen: Ein ehemaliger Truppführer, der 1933 einem Juden zur Flucht über die Grenze verholfen habe, sowie den links eingestellten Arbeiter Reh und den Kommunisten Köppel.

Am 30. Juni wurde der Sturm alarmiert, die Verhaftung der SA-Führer erfolgte reibungslos. Am 1. Juli erhielt Skarabis den Befehl zur Auslösung der zweiten Aktion. Skarabis veranlasste drei SS-Leute, Reh zu verhaften und zu erschießen. Ein weiterer Trupp verhaftete Köppel, der schließlich auf Anweisung Skarabis von dem SS-Mann Hartmann im Gerichtsgefängnis erschossen wurde. Im dritten Fall veranlasste Skarabis nichts.[335]

In Glogau, das ebenfalls zu dem Görlitzer Abschnitt gehörte, verhaftete die SS zunächst eine Reihe von SA-Führern, die aber nach wenigen Tagen wieder entlassen wurden. Am Nachmittag des 1. Juli drang ein SS-Kommando in das Sanatorium des jüdischen Lungenfacharztes Erich Lindemann ein, der dort mit einer Jugendgruppe des Jüdischen Frontkämpferbundes Sport trieb – obwohl ihm das bereits mehrfach untersagt worden war – und nahm ihn fest. Zwei SS-Männer führten ihn in ein benachbartes Waldstück und erschossen ihn.[336]

Auch im SS-Abschnitt Oppeln fand vor dem 30. Juni eine Besprechung statt, bei der Woyrsch sowie der Führer des Abschnitts Wilhelm Werner die ihnen unterstellten Führer in das Szenario eines bevorstehenden SA-Putsches einwiesen. Dabei erging an den Führer des Sturmbannes II der 45. Standarte, Walter Seifert, der Auftrag, ein in einer stillgelegten Fabrik befindliches Waffenlager des Grenzschutzes bei Leobschütz, der maßgeblich von der SA gestellt wurde, zu übernehmen.

Ein gemischter Trupp von Polizisten und SS-Leuten näherte sich am Abend dem Gelände, worauf die dort positionierte und überraschte SA-Wache einige Warnschüsse abgab, ohne jedoch jemanden zu verletzen. Nach einigen Verhandlungen wurde das Waffenlager sichergestellt und an die Reichswehr übergeben, und die angetroffenen SA-Männer wurden von der Polizei festgenommen.

Die Nachricht über die Schießerei drang zur SS-Führung nach Berlin durch, die Woyrsch um einen Bericht ersuchte, und, nachdem dieser die nötigen Erkundigungen hatte anstellen lassen, schriftlich die Erschießung von Angehörigen der Wache einforderte. Seifert, der zuständige SA-Führer vor Ort, zeigte sich jedoch zögerlich und verlangte seinerseits einen schriftlichen Befehl, den er am Nachmittag des 1. Juli durch einen Motorrad-Melder zugestellt bekam und von Woyrsch (oder seinem Stabsleiter) unterschrieben war. Danach seien der in der Nacht auf dem Gelände verantwortliche SA-Führer und der Wachhabende zu erschießen.

Seifert gab an, dass sich diese Anordnung auf einen Befehl Görings oder Himmlers bezog. Er habe noch versucht, die Durchführung des Befehls zu verhindern, dann aber gab er, offenbar seitens seiner Vorgesetzten unter Druck gesetzt, nach und ließ die SA-Männer Bittmann und Langer erschießen.[337]

Zieht man Bilanz, so kamen in den Mordfällen Enders, bei der Ermordung der vier Hirschberger Bürger sowie der beiden Arbeiter in Landeshut die Befehle zur Erschießung jeweils von den SS-Abschnitten. Ob sie auch durch den Oberabschnitt oder in Berlin autorisiert wurden, wissen wir nicht. Im Fall Leobschütz kam der Befehl zur Erschießung der beiden SA-Männer nachweislich vom Oberabschnitt, der sich dabei auf eine Berliner Anordnung berief.

Hildebrandt erstellte für den Abschnitt Görlitz Verhaftungslisten, Berkelmann ordnete die Erstellung solcher Listen durch die unterstellten Einheiten an. Ob sie dies auf eigene Initiative taten oder auf Befehl „von oben“, ist ebenfalls nicht zu klären.

Eindeutig als eine private Racheaktion ist die Ermordung von Kamphausen in Waldenburg zu werten, zumindest was die Auswahl des Opfers anbelangt; aufgestachelt wurden die Mörder wiederum vom Führer der zuständigen Standarte. Im Falle des jüdischen Arztes Lindemann in Glogau bleibt unklar, ob er aufgrund einer Initiative der örtlichen SS oder eines Befehls einer übergeordneten Stelle umgebracht wurde. In allen anderen Fällen gibt es aber starke Anhaltspunkte dafür, dass die Täter vor Ort in irgendeiner Weise von ihren Vorgesetzten zu den Morden angehalten wurden.

Opfer im gesamten Reichsgebiet

Nach den drei Schwerpunkt-Tatorten Berlin, München und Schlesien ist zunächst Sachsen zu nennen, wo insgesamt sechs Menschen ermordet wurden. Der Führer des SS-Oberabschnitts Sachsen/Thüringen, Friedrich Karl von Eberstein, sagte hierzu nach dem Krieg Folgendes aus: Nachdem er einige Tage zuvor durch Himmler in Berlin auf die Gefahr eines SA-Putsches hingewiesen worden war, suchte ihn am 30. Juni ein SD-Führer auf und zeigte ihm eine Liste mit 28 Personen, die laut einem „Sonderauftrag" Heydrichs teilweise zu verhaften, teilweise zu erschießen seien.

Man beschloss, einen Kurier nach Berlin zu schicken, der mit Exekutionsbefehlen Heydrichs zurückkam. Angeblich war die Zahl der potenziellen Opfer nun erheblich reduziert.[338]

Aus weiteren Zeugenaussagen geht hervor, dass die Politische Bereitschaft der SS in Dresden, ein bewaffneter Verband, eine Reihe von Personen festnahm. Am nächsten Tag kündigte Eberstein einer Gruppe von etwa einem Dutzend der Festgenommenen ihre Exekution an. Tatsächlich wurden aber die meisten Gefangenen, es soll sich um 40 bis 50 Personen gehandelt haben, in das KZ Hohenstein verbracht und nach einigen Tagen in das KZ Columbia-Haus in Berlin überführt.[339]

Ermittlungen aus den frühen 1960er-Jahren kamen zu dem Schluss, dass der Hauptverantwortliche für die Morde Eberstein war, da die Politische Bereitschaft Dresden in den kritischen Tagen ihm unterstellt gewesen sei. Zu einer Anklage kam es jedoch nicht.[340]

In Dresden erschossen wurden Ernst Ewald Martin, ehemaliger Leiter des Nachrichtendienstes des Gauleiters Martin Mutschmann, der Angehörige des SA-Feldjägerkorps, Lamberdus

Ostendorp, der Führer der SA-Brigade Dresden, Joachim Schroedter sowie der Sturmbannführer Otto Pietrzok.[341] Ein weiteres sächsisches Opfer war Max Schuldt, der Führer des SA-Sturms II/104 in Chemnitz, der sich wegen seiner Brutalität den Beinamen „Mordsturm“ zugezogen hatte.[342]

MANFRED VON KILLINGER, der Führer der Obergruppe Sachsen-Thüringen, zugleich sächsischer Ministerpräsident, wurde am 30. Juni wie eine Reihe anderer SA-Führer am Münchner Hauptbahnhof festgenommen. Nachdem Hitler ihm im Braunen Haus eröffnet hatte, dass er sein staatliches Amt aufgeben müsse, ließ er ihn frei. Killinger begab sich nach Dresden zurück, wurde dort jedoch erneut von Eberstein festgenommen und für einige Tage im KZ Hohenstein eingesperrt. Möglicherweise bildete die ausgeprägte Feindschaft zwischen Killinger und dem Reichsstatthalter und Gauleiter Mutschmann den Hintergrund für den heftigen Schlag gegen die SA in Sachsen. Denkbar ist auch, dass Himmler mit Killinger Widerstände gegen die Gleichschaltung der sächsischen Gestapo aus dem Weg räumen wollte.[343]

Treibende Kraft hinter der Ermordung des erst 18-jährigen HJ-Angehörigen Karl Lämmermann aus Plauen war der ebenfalls dort ansässige Rechtsanwalt und SD-Mitarbeiter Hans Glauning, der behauptete, den Befehl zur Erschießung durch seine vorgesetzte Dienststelle, den SD-Oberabschnitt in Chemnitz, erhalten zu haben. Mit Hilfe eines SS-Kommandos holte er Lämmermann aus der Polizeiwache im Plauener Rathaus, wo dieser Schutz gesucht hatte und durch die Polizei in Gewahrsam genommen worden war, fuhr mit ihm in ein nahe gelegenes Waldstück und ließ ihn dort erschießen.

Hintergrund der Tat war wohl das sehr angespannte Verhältnis zwischen Lämmermann, der aus der Bündischen Jugend kam, und seinem Oberbannführer Hannes Melchior. Dieser lastete Lämmermann homosexuelle Neigungen sowie den Versuch an,

oben SA-Chef Röhm am Schreibtisch seines Dienstzimmers und sein Adjutant Hans Joachim Graf von Spreti-Weilbach, Dezember 1933.

links Adolf Hitler als Trauzeuge neben der Braut von Josef Terboven bei dessen Hochzeit in Essen, 28. 6. 1934.

rechts Reichswehrminister Werner von Blomberg garantierte den Rückhalt der Wehrmacht und verteidigte Hitlers Vorgehen im Nachhinein vor dem Offizierskorps.

oben Die Pension Hanselbauer in Bad Wiessee am Tegernsee. Am Morgen des 30. 6. 1934 erklärte Adolf Hitler persönlich SA-Stabschef Röhm und weitere Mitglieder der SA-Führung für festgenommen.

links In Berlin ermordet: Gregor Strasser, Rivale Hitlers und ideologischer Gegner innerhalb der NSDAP.

Der ehemalige Reichswehrminister und Kanzler Kurt von Schleicher mit Ehefrau Elisabeth nach dem Verlassen des Wahllokals, Wahlen zum Reichstag am 31. 7. 1932.

Ermordet: Der ultrakonservative Edgar Jung, Mitarbeiter von Vizekanzler von Papen und Verfasser der Marburger Rede.

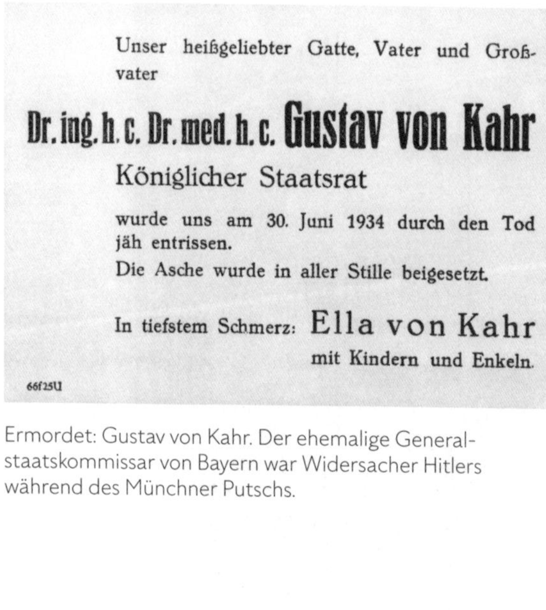

Unser heißgeliebter Gatte, Vater und Großvater

Dr. ing. h. c. Dr. med. h. c. Gustav von Kahr

Königlicher Staatsrat

wurde uns am 30. Juni 1934 durch den Tod jäh entrissen.
Die Asche wurde in aller Stille beigesetzt.

In tiefstem Schmerz: Ella von Kahr
mit Kindern und Enkeln.

66f25U

Ermordet: Gustav von Kahr. Der ehemalige Generalstaatskommissar von Bayern war Widersacher Hitlers während des Münchner Putschs.

Die ehemalige Hauptkadettenanstalt Berlin-Lichterfelde, seit 1933 Standort der SS-Leibstandarte.

links Ermordet: Erich Klausener, Vorsitzender der katholischen Aktion in Berlin, Abteilungsleiter im Reichsverkehrsministerium.

rechts Ermordet: General Ferdinand von Bredow, enger Vertrauter von Kurt von Schleicher.

Eine weitere Seite der Gefangenenliste aus der Strafanstalt München-Stadelheim. Alle mit einem „X" gekennzeichneten Personen wurden ermordet.

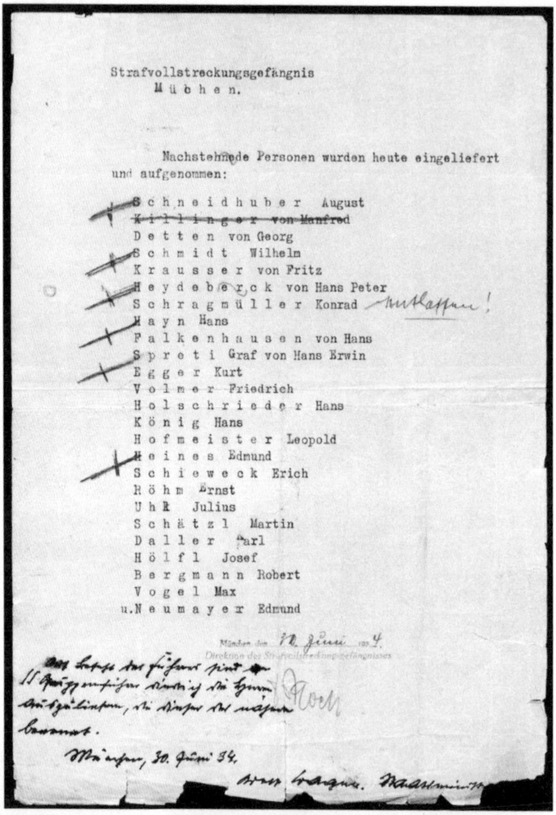

Strafvollstreckungsgefängnis
Mübhen.

Nachstehende Personen wurden heute eingeliefert und aufgenommen:

Schneidhuber August
~~Killinger von Manfred~~
Detten von Georg
Schmidt Wilhelm
Krausser von Fritz
Heydebreck von Hans Peter
Schragmüller Konrad Entlassen!
Hayn Hans
Falkenhausen von Hans
Spreti Graf von Hans Erwin
Egger Kurt
Volmer Friedrich
Holschrieder Hans
König Hans
Hofmeister Leopold
Heines Edmund
Schieweck Erich
Röhm Ernst
Uhl Julius
Schätzl Martin
Daller Karl
Hölfl Josef
Bergmann Robert
Vogel Max
u. Neumayer Edmund

München den 30. Juni 1934.
Direktion des Strafvollstreckungsgefängnisses

München, 30. Juni 34.

Udo von Woyrsch, Führer des SS-Oberabschnitts Schlesien, hauptverantwortlich für die Morde in dieser Provinz.

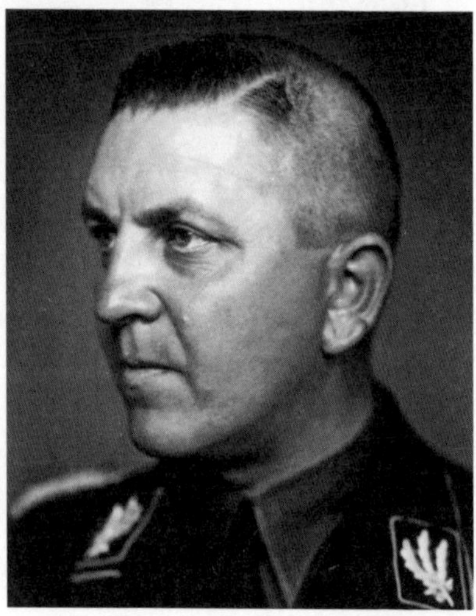

Theodor Eicke, Kommandeur des KZs Dachau. Er gab im Gefängnis Stadelheim gemeinsam mit seinem Stellvertreter die tödlichen Schüsse auf Ernst Röhm ab.

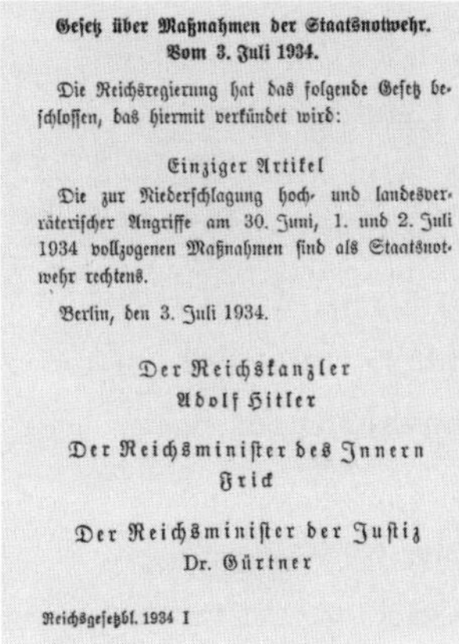

Gesetz über Maßnahmen der Staatsnotwehr.
Vom 3. Juli 1934.

Die Reichsregierung hat das folgende Gesetz beschlossen, das hiermit verkündet wird:

Einziger Artikel

Die zur Niederschlagung hoch- und landesverräterischer Angriffe am 30. Juni, 1. und 2. Juli 1934 vollzogenen Maßnahmen sind als Staatsnotwehr rechtens.

Berlin, den 3. Juli 1934.

Der Reichskanzler
Adolf Hitler

Der Reichsminister des Innern
Frick

Der Reichsminister der Justiz
Dr. Gürtner

Reichsgesetzbl. 1934 I

oben Das „Gesetz über Maßnahmen der Staatsnotwehr" vom 3. Juli 1934 sollte den nationalsozialistischen Massenmord nachträglich rechtfertigen.

rechts In Bad Wiessee festgenommen und ermordet: Edmund Heines, SA-Führer und Polizeipräsident von Breslau.

Joseph „Sepp" Dietrich, Führer der SS-Leibstandarte, ließ durch seine Truppe die Erschießung von sechs SA-Führern im Gefängnis Stadelheim durchführen.

Werner Best, Chef des Sicherheitsdiensts (SD) Oberabschnitt Süd, organisierte maßgeblich die Mord-Aktion in München.

bündisches Gedankengut in die HJ zu tragen, Lämmermann wiederum machte Melchior Korruptionsvorwürfe. Melchior soll angeblich von Gauleiter Mutschmann protegiert worden sein.[344]

Darüber hinaus fielen in verschiedenen Orten im Reich Personen der Aktion zum Opfer, bei denen ebenfalls einiges darauf hindeutet, dass zumindest zum Teil „alte Rechnungen" auf eigene Faust beglichen wurden.

Freiherr Anton von Hohberg und Buchwald, Reiterführer der SS in Ostpreußen, hatte sich die Feindschaft des Führers des Königsberger SS-Oberabschnitts, Erich von dem Bach-Zelewski, zugezogen. Als deutschnational gesinnter Ex-Kavallerist und Mitglied des Stahlhelms unterhielt Hohberg exzellente Beziehungen zu höheren Reichswehroffizieren in Königsberg und sah sich als deren Verbindungsmann zur SS; ansonsten bewegten ihn vor allem reitsportliche Interessen.

Bach-Zelewski nahm nun Hohberg übel, dass er eine gegen die Reichswehr gerichtete Bemerkung eines höheren SS-Führers an das Wehrministerium gemeldet hatte, das hierauf massiv bei Himmler interveniert hatte. Außerdem sollte Hohberg angeblich kompromittierendes Material über Bach-Zelewski besitzen. Der enthob ihn im Mai von seinem Posten als Reiterführer.

Am 30. Juni, so Bach-Zelewski nach dem Krieg, habe er per Fernschreiben Verhaftungs- und Erschießungslisten erhalten, diese jedoch, da in Ostpreußen alles ruhig blieb, bis auf zwei Verhaftungen nicht ausgeführt. In der Nacht vom 1. auf den 2. Juli habe er per Kurier ein besonderes Schreiben Heydrichs erhalten. Danach habe Hitler entschieden, Hohberg zu verhaften und ihn, sollte bei ihm belastendes Material gefunden werden, zu erschießen. Bach-Zelewski entschloss sich aber, Hohberg in jedem Fall zu exekutieren. Dies besorgte der Nachfolger Hohbergs im Amt sowie einer seiner Fahrer. Sie stöberten ihn in einem Restaurant in Königsberg auf, fuhren mit ihm zu seinem Gut und töteten Hohberg gemeinschaftlich hinterrücks mit Pistolenschüssen.[345]

Bach-Zelewski trägt die Verantwortung für einen weiteren Mord. Am 30. Juni erteilte er dem SS-Angehörigen Karl Fanslau den angeblich aus Berlin übermittelten Befehl, im Tilsiter Gefängnis den dort inhaftierten SA-Angehörigen Franz Bläsner „auf der Flucht" zu erschießen, weil er einen SS-Mann bei einer Auseinandersetzung angeschossen oder erschossen habe. Fanslau holte den Betreffenden mit einem Auto vom Gefängnis ab und tötete ihn bei einer Pause hinterrücks mit zwei Kopfschüssen.[346]

Hermann Mattheiß, im Mai 1934 als Chef der Württembergischen Politischen Polizei entlassen worden, weil er sich dem neuen Polizei-Kommandeur im Lande, Heinrich Himmler, nicht unterordnen, sondern die Polizeiarbeit weiterhin auf die SA abstützen wollte: Er wurde in der SS-Kaserne in Ellwangen erschossen.[347] Walter Schulz, Stabsführer des in München erschossenen pommerschen SA-Führers Peter von Heydebreck, wurde noch am 2. Juli ermordet, laut Sterbeurkunde in Stettin.[348] Dort fanden auch umfangreiche Verhaftungen statt.[349] Der Gauleiter von Pommern, Wilhelm von Karpenstein, dessen Regime in Pommern auch innerhalb der NSDAP sehr umstritten war, wurde drei Wochen nach dem 30. Juni abgesetzt und zwei Jahre lang in Gestapo-Haft gehalten.[350]

Obersturmbannführer Kurt Mosert, Führer der SA-Standarte 72 in Torgau, wurde in der Nacht vom 30. Juni auf den 1. Juli zu einer Besprechung in einer Torgauer Kaserne bestellt und dort von einem SS-Führer für festgenommen erklärt. Am 2. Juli wurde er in das KZ Lichtenburg eingeliefert und dort am folgenden Tag, angeblich auf der Flucht, erschossen. Hintergrund war die Tatsache, dass es zwischen Angehörigen von Moserts Standarte und den SS-Wachen des KZ Lichtenburg, das im Gebiet der Standarte lag, immer wieder zu persönlichen Auseinandersetzungen und Zusammenstößen gekommen war.[351] Im Zuge dieser Streitigkeiten hatte Mosert den Befehl ausgegeben, im Falle weiterer Belästigungen seiner Leute durch SS-Wachmannschaften aus der Lichtenburg von der Schusswaffe Gebrauch zu machen. Als er anlässlich einer Besprechung (an der auch Himmler teilnahm) von einem höheren SS-Führer zur Rede gestellt wurde, hatte er diese Order ausdrücklich wiederholt. Der Mord an Mosert sorgte im Raum Torgau für erhebliche Aufregung. Noch in ihrem September-Lagebericht vermerkte die Stapo Halle, „im Kreis Torgau besteht noch immer eine anscheinend besonders starke Spannung zwischen SA und SS wegen der Erschießung des SA-Standartenführer Mosert".[352] Der zuständige Regierungspräsident in Merseburg zeigte sich in seinem Bericht an den Innenminister äußerst irritiert über den Fall Mosert, den er mit den Worten „glühender Nationalsozialist und sehr verdienstvoller Kämpfer der Bewegung" charakterisierte. Er ging bemerkenswerterweise noch einen Schritt weiter und forderte auch eine Untersuchung des Todes des pommerschen SA-Führers Heydebreck, der am 30. Juni in München erschossen worden war.[353]

Weitere Opfer waren der SA-Standartenführer Max Karl Schulze aus Magdeburg, ermordet aus unbekannten Gründen[354], sowie der jüdische Kaufmann Moritz Oppenheimer aus dem hessischen Langsdorf, dessen Familie in der Nacht vom 30. Juni auf den 1. Juli von einer Horde von SS-Leuten überfallen und auf brutalste Weise misshandelt wurde. Oppenheimer starb am 2. Juli an den Folgen eines Bauchschusses.[355]

Mit Adalbert Probst wurde ein weiterer katholischer Laie aus der ersten Reihe Opfer des Massenmordes. Probst, ein Katholik von betont „nationaler" Gesinnung und aktiv in der konfessionellen Jugendarbeit, wurde im März 1933 Referent für „Geländesport" in dem katholischen Sportverband „Deutsche Jugendkraft", im Dezember avancierte er zum „Reichsführer" der Organisation.[356]

Im Verbandsorgan charakterisierte er in durchaus markigen Worten seine Arbeit als „Erziehung zur Wehrhaftigkeit", sie diene der „Schaffung eines wehrhaften Mannestums".[357] Mit dieser

Ausrichtung lieferte die Deutsche Jugendkraft der HJ direkte Konkurrenz und stand der Politik des Regimes im Weg, die katholische Jugendarbeit auf Seelsorge und religiöse Erziehung zu beschränken (wenn nicht überhaupt ganz zu eliminieren).

Als Organisator dieser unerwünschten Aktivitäten hatte sich Probst an sich schon stark exponiert; hinzu kam, dass er auch von den Bischöfen in die Verhandlungen mit der staatlichen Seite um die Ausführungsbestimmungen zu Artikel 31 des Reichskonkordats einbezogen wurde und an den Verhandlungen in Berlin Ende Juni teilnahm.[358]

Probst wurde am 1. Juli in Braunlage im Harz festgenommen, wo er den Generalpräses der Katholischen Jungmännervereine, Ludwig Wolker, bei einem Kuraufenthalt besuchte.[359] Er wurde an einem unbekannten Ort erschossen.[360]

Bereits die Tatsache, dass er nicht an seinem Heimatort Düsseldorf festgesetzt wurde, sondern durch eine andere SD- oder Gestapodienststelle, weist darauf hin, dass über seinen „Fall" die Berliner Zentrale entschieden haben dürfte.

Dass der Mann an der Spitze dieses katholischen Verbandes durch das Regime ermordet wurde, hatte noch einen anderen Hintergrund. Mitte Juni hatte ein Mitglied der Deutschen Jugendkraft in Gollmütz (Provinz Grenzmark) in einem Streit einen Gutsinspektor, Mitglied der NSDAP, mit einem Fleischermesser erstochen. Die Presse stellte die Tat groß heraus; der VB etwa sah als Ursache eine „planmäßige Verhetzung ehemaliger Zentrumsangehöriger gegen die nationalsozialistische Bewegung".

Im Ort wurden neun weitere Mitglieder der Deutschen Jugendkraft verhaftet und die Organisation in der gesamten Grenzmark verboten. Für das Opfer ordnete Hitler ein Staatsbegräbnis an. Was vermutlich das Resultat einer persönlichen Meinungsverschiedenheit gewesen war, wurde nun in der NS-Presse kurzerhand zu einem Anschlag auf den Nationalsozialismus stilisiert.[361]

Die Mordserie: Planung, Improvisation, Eigeninitiative

Überblickt man nun den sich über mehr als zwei Tage und einer ganzen Anzahl von Schauplätzen erstreckenden Massenmord an insgesamt 90 Menschen, so erscheint er auf den ersten Blick als das Ergebnis einer kaum entwirrbaren Kombination zweier scheinbar ganz unterschiedlicher Vorgehensweisen: Auf der einen Seite zentrale Planung und Steuerung anhand von Todeslisten, wobei die präzisen Tatanteile von Göring, Himmler und Heydrich schwer gegen die unbestritten zentrale Rolle Hitlers abgrenzbar erscheinen; auf der anderen Seite aber auch situativ bedingte mörderische Improvisation sowie Eigeninitiativen sowohl auf der mittleren wie der lokalen Ebene.

Eine wichtige Quelle über die Entscheidungen am 30. Juni und 1. Juli, die der älteren Forschung noch nicht zur Verfügung stand, stellt der einschlägige, erst 2005 im Rahmen der Neuedition veröffentlichte Band der Goebbels-Tagebücher dar. Danach hielt Goebbels über den Abend des 30. Juni – er befand sich noch in München – Folgendes fest: „Aus Berlin: Straßer tot, Schleicher tot, Bose tot, Clausener tot. München 7 S.A.Führer erschossen. Darunter Ernst, der in Berlin fällt. Strafgericht."

In der Tat war der Berliner SA-Chef Karl Ernst der einzige SA-Führer, der in Berlin bereits am 30. Juni erschossen wurde. Der Goebbels-Eintrag deutet also darauf hin, dass Hitler über sein Schicksal im Zusammenhang mit den sechs Münchner Opfern entschieden hatte.

Noch am Abend flog Goebbels in Hitlers Begleitung nach Berlin zurück: „Riesenempfang. Alles in Begeisterung. Göring berichtet. In Berlin programmgemäß. Keine Panne als die, daß auch Frau Schleicher mitfiel. Schade, aber nicht zu ändern." Wenn, darauf deutet der Eintrag hin, die Berliner Erschießungen bis auf den Fall Elisabeth Schleicher „programmgemäß" erfolgt waren, dann hatte Hitler die ihm am Nachmittag nach München gemeldeten Morde entweder direkt angeordnet oder – was weniger wahrscheinlich erscheint[362] – Göring ermächtigt, in diesen Fällen selbst zu entscheiden.

In seinem nächsten Tagebuch-Eintrag, vom 4. Juli, rekapitulierte Goebbels die Ereignisse seit dem 1. des Monats: „Sonntag: mittags gleich zum Führer … Göring gibt Bericht: Executionen fast fertig. Einige noch nötig. Das fällt schwer, ist aber nötig. Ernst, Straßer, Sander, Detten +. Noch ein letztes Handeln, dann ist alles ausgestanden. Es fällt schwer, ist aber nicht zu umgehen. 10 Jahre muß jetzt Ruhe sein. Den ganzen Nachmittag beim Führer. … Mit größtem Ernst werden die Todesurteile gefällt. Alles in allem etwa 60."

Im gleichen Eintrag berichtet Goebbels über ein weiteres Treffen mit Hitler am 2. Juli: „Aktion abgeschlossen. Liste von 60 Hingerichteten. Furchtbare Minuten." Danach bezieht sich die Zahl von 60 „Todesurteilen" auf die gesamte Aktion und schließt auch die meisten derjenigen ein, die am Nachmittag des 1. Juli schon tot waren. Das „Todesurteil" bestand demnach bei einer ganzen Reihe von Fällen in einer nachträglichen Autorisierung der Morde durch Hitler.

DER EINTRAG VERDEUTLICHT, dass die Mehrzahl der Morde in zwei voneinander zu unterscheidenden Teiloperationen verlief.

Die erste betraf die SA-Führer. Hitler legte offenbar großen Wert darauf, diesen Teil der Morde selbst zu steuern. Nachdem er die Entscheidung zur Erschießung der sechs SA-Führer in München und auch die von Ernst getroffen hatte, wurde eine Reihe weiterer SA-Führer nach Berlin geflogen und hier zusammen mit den in der Hauptstadt festgenommenen SA-Führern in der Kaserne der Leibstandarte festgehalten. Die Entscheidung über ihr weiteres Schicksal hatte sich Hitler – wie auch die über das Leben von Röhm – offenbar selbst vorbehalten. Die Entscheidungen traf er dann, wie bei Goebbels zu lesen, am Nachmittag des 1. Juli. Die Männer wurden daraufhin in Lichterfelde erschossen, und zwar in einem Verfahren, das einer standrechtlichen militärischen Exekution nachempfunden war.

Während diese Vorgehensweise dafür spricht, dass Hitler als „Oberster SA-Führer" die Kontrolle über diese Erschießungen in der Hand behalten wollte, dann wäre die – vorzeitige – blutige Beseitigung von sieben SA-Führern in der Nacht vom 30. Juni auf den 1. Juli in Schlesien eine ziemlich gravierende Verletzung seiner Autorität. Dafür spricht jedenfalls ein weiterer Eintrag im Tagebuch Goebbels, der dort am 6. Juli über den Vortag berichtete, er habe vom Tod des in Schlesien erschossenen Wechmar erfahren: „Furchtbar! Es ist da einiges geschehen, was nicht ganz dem Willen des Führers entsprach. Schicksal! Opfer der Revolution!"

Die zweite Teiloperation war hingegen zu dem Zeitpunkt, als Hitler sich mit den 60 Todesurteilen befasste, also am Nachmittag des 1. Juli, schon weitgehend abgeschlossen. Sie betraf politische Gegner, aus irgendwelchen Gründen missliebige Personen und solche, gegen die man in der NS-Führung noch „alte Rechnungen" offen hatte. Ihre Namen waren nach München per Fernschreiber weitergegeben worden, während Heydrich in Berlin seine Rollkommandos eingesetzt hatte. Diese Personen wurden oft hinterrücks in ihren Wohnungen oder auf freiem Gelände ermordet, eine Reihe in Dachau unter johlender Teilnahme der Wachmannschaften erschossen. Die Art des Mordens unterschied sich also deutlich von dem in Lichterfelde angewandten „militärischen" Verfahren.

In der Kabinettssitzung vom 3. Juli sollte Hitler „die volle Verantwortung für die Erschießung von 43 Verrätern" übernehmen, auch wenn „nicht alle standrechtlichen Erschießungen von ihm selbst befohlen worden seien". Er bezog sich also offensichtlich auf die SA-Führer.[363]

Tatsächlich wurden insgesamt 50 SA-Angehörige erschossen, aber nicht alle werden auf der Liste gestanden haben,[364] sodass etwa 15 bis 20 „andere" Mordopfer in dieser Aufstellung enthalten sind. Es dürfte sich dabei um acht in München aus ihren Wohnungen verschleppte oder an Ort und Stelle ermordete Personen handeln[365] sowie um die sieben Opfer aus Berlin, die nicht der SA oder SS angehörten,[366] gegen die Hitler nun nachträglich „Todesurteile" fällte. Hinzu kommt der im Harz festgenommene Probst, wie Klausener eine wichtige Figur im katholischen Lager.

Ich gehe davon aus – der Beweis anhand von Dokumenten lässt sich nicht führen –, dass es sich in der Mehrzahl der Fälle nicht um eine nachträgliche Autorisierung von Morden handelte, die auf Initiative von Göring, Himmler oder Heydrich angeordnet wurden, sondern dass diese Morde von Anfang an von Hitler gewollt wurden: Dafür spricht zum einen die Prominenz und politische Bedeutung einer Reihe dieser Opfer, die eine Entscheidung von höchster Stelle wahrscheinlich erscheinen lassen, zum anderen die enge Verbindung von bestimmten Personen mit Hitlers politischer Karriere, so in den Fällen Ballerstedt, Stempfle und Kahr, Glaser und Strasser.

EINE GANZE REIHE VON MORDEN fallen aber aus diesem Schema von zwei parallelen mörderischen Operationen heraus. Wenn man von insgesamt 90 Toten ausgeht, dann bleiben etwa 30 Opfer, über die Hitler kein „Todesurteil" fällte.

Zu diesen etwa 30 Personen sind zunächst, wie bereits ausgeführt, einige SA-Angehörige zu rechnen, von denen man annehmen kann, dass sie aus verschiedenen Gründen nicht auf der Liste der von Hitler autorisierten 60 Todesurteile standen.

Vor allem ist aber an eine Reihe von Personen zu denken, die die SS vermutlich aus eigener Initiative und aus internen Motiven beseitigen wollte. Dabei ist der Befehl zum Mord bei einigen Opfern Himmler bzw. Heydrich zuzurechnen: Das gilt für die drei wegen der Verbrechen im Stettiner KZ schwer belasteten SS-Angehörigen sowie möglicherweise für Toifl wegen seiner Rolle im KZ Columbia-Haus, dann für den Mord an Mattheiß, der sich als Chef der Württembergischen Politischen Polizei gegen Himmler gestellt hatte, sowie für die Ermordung des aus der SS ausgestoßenen Reichstagsabgeordneten Sembach, dessen Bemühungen um Rehabilitierung möglicherweise Himmlers Reputation hätten beschädigen können.

Auf der anderen Seite dürften die Morde an den vier Dachauer Häftlingen, die nicht zur SA gehörten, Eicke zuzuschreiben sein. Bei weiteren Fällen scheint die mittlere Ebene der SS-Hierarchie eine wichtige Rolle gespielt zu haben, so im Fall des HJ-Angehörigen Lämmermann sowie in Schlesien bei den vier Hirschberger Bürgern und den beiden links eingestellten Arbeitern in Landeshut.[367]

Persönliche Rachemotive liegen im Fall Kamphausen vor, während die Fälle Lindemann und Oppenheimer das Ergebnis antisemitischer „Selbstermächtigung" von SS-Cliquen auf örtlicher Ebene gewesen zu sein scheinen. Frau Schleicher schließlich wurde entweder versehentlich getötet oder um sie als Zeugin zu beseitigen.

Weiteren Aufschluss über Hitlers Haltung zu den Morden gibt die „offizielle" Liste der Opfer des 30. Juni. Sie wurde von der Gestapo aufgestellt und enthielt zunächst 77 Namen, also diejenigen Morde, die nach dem Gesetz vom 3. Juli nachträglich aus Gründen der „Staatsnotwehr" von jeder Strafverfolgung ausgenommen wurden. Die Zahl 77 sollte auch von Hitler in seiner Rechtfertigungsrede vom 13. Juli vor dem Reichstag genannt werden.

Nachträglich wurden mit dem Vermerk „auf besonderen Befehl des Führers" auf dieser Liste sechs Namen eingetragen: Es handelte sich um die beiden Arbeiter aus Landeshut sowie die vier Opfer aus Hirschberg. Nicht durch Hitler autorisiert waren demnach die Morde an den vier Dachauer Gefangenen Adler, Gans, Häbich und Hereth sowie an Kamphausen, Mosert, Oppenheimer und Schmid. Im Falle Schmid erfolgte eine offizielle „Entschuldigung", im Fall Kamphausen sogar eine zeitnahe Verurteilung.[368] Als die im preußischen Justizministerium errichtete Zentralstaatsanwaltschaft auch im Fall des durch die Wachmannschaften des

KZ Lichtenburg ermordeten SA-Führers Mosert aus Torgau zu ermitteln begann, intervenierte Heydrich im Oktober persönlich im Ministerium: Die Erschießung Moserts sei vom Geheimen Staatspolizeiamt „angeordnet und planmäßig durchgeführt worden“, lediglich wegen eines „Büroversehens“ stehe sein Name nicht auf der Liste.[369] Aus diesem Dilemma fand der Justizminister einen Ausweg, indem er Hitler die Niederschlagung des Verfahrens vorschlug, was dieser am 23. Februar 1935 mittels einer eigenhändigen Verfügung auch tat.[370]

Aus der in der Überlieferung des Justizministeriums erhaltenen Akte Mosert lässt sich auch exemplarisch der weitere Umgang mit den Angehörigen der Opfer entnehmen. Das Geheime Staatspolizeiamt teilte nämlich dem Landgericht Torgau Ende 1934 mit, dass „nach einer Anordnung des Führers und Reichskanzlers die Hinterbliebenen bei vorliegender Bedürftigkeit und Würdigkeit eine einmalige oder laufende Unterstützung erhalten sollen“. Die Adjutantur des Reichsführers-SS sei bereits dabei, die einzelnen Fälle zu bearbeiten.[371] Die Eltern von Mosert erhielten tatsächlich eine Rente,[372] so wie auch andere Angehörige von Opfern entschädigt wurden.[373] Offenkundig ging es dabei vor allem darum, Unterstützungsgesuche, die die Familien der Opfer an diverse Behörden richteten und sich daraus ergebende Weiterungen, insbesondere Erörterungen über die Todesumstände, zu verhindern.

WEITERE HINWEISE zu Intention und Ablauf der gesamten Aktion geben die zahlreichen Festnahmen, die in den älteren Darstellungen in der Regel nicht systematisch ausgewertet wurden. Ein in den Gestapo-Akten erhaltenes „Verzeichnis der im Zuge der Säuberungsaktion festgenommenen Personen“,[374] das nach dem 14. August 1934 aufgestellt wurde, enthält insgesamt 1.124 Namen. Davon waren zu diesem Zeitpunkt noch 77 Personen in Haft[375] – alle 1.124 waren ausschließlich nur festgenommen und nicht ermordet worden.

Die Liste zeigt, dass Festnahmen auch noch in den Tagen nach der offiziellen Beendigung der Aktion vorgenommen wurden. Insgesamt erfolgten die meisten Festnahmen auf Anordnung der Berliner Gestapo, gefolgt von denjenigen, die durch verschiedene Polizei- und Gestapodienststellen in Schlesien vorgenommen wurden (was noch einmal den dezentralen, um nicht zu sagen, chaotischen Charakter der Aktion in diesem Landesteil verdeutlicht). Darüber hinaus wurden in Stettin circa 60, in München 30, und zwar durch die Bayerische Politische Polizei[376], sowie in Dresden 15 Personen festgesetzt. Außerdem wurden Festnahmen einzelner Personen durch Polizei- und Gestapodienststellen im gesamten Reich vorgenommen.

Aus der Liste geht aber auch hervor, dass einzelne Verhaftungen durch NS-Funktionäre angeordnet wurden, insbesondere durch Göring, Heydrich, Lutze oder etwa den thüringischen Reichsstatthalter Fritz Sauckel.[377] Als Haftstätten werden nicht nur das Berliner KZ Columbia-Haus, die Gestapo-Zentrale im Prinz-Albrecht-Palais, die Justizvollzugsanstalt München-Stadelheim oder das Polizeigefängnis in München genannt, sondern zahlreiche Orte im gesamten Reichsgebiet.

Auf der Liste finden sich auch eine ganze Reihe von Prominenten, die zum Teil bereits wieder entlassen worden waren, so etwa der ehemalige zweite Bundesführer des Stahlhelm, Theodor Duesterberg, der bayerische Monarchist Enoch von Guttenberg sowie der rechtsextremistische Politiker Waldemar Pabst, der während der vergangenen 15 Jahre eine wichtige Rolle in der deutschen und österreichischen Wehrverbandsszene gespielt hatte. Andere bekannte Persönlichkeiten hingegen wurden zum Teil mit dem Vermerk „Keinesfalls zur Entlassung geeignet" noch festgehalten: Dazu gehörte etwa der konservative Politiker Werner von Alvensleben, dem Hitler in seiner Reichstagsrede vom 13. Juli eine Schlüsselrolle bei dem angeblichen Komplott zuwies. Röhm, so Hitler, sei es doch gelungen, durch die Vermittlung „eines durch und durch korrupten

Hochstaplers, eines Herrn von A.," die angebliche Verbindung zum ehemaligen Reichskanzler herzustellen. Auch der politische „Staranwalt" der NSDAP in der Weimarer Republik und ehemalige Leiter der SA-Rechtsabteilung Walter Luetgebrune, der am 3. Juli samt seiner Ehefrau festgenommen wurde, zählte zu den noch Inhaftierten.[378]

Hitler verlässt nach seiner Rede vor dem Reichstag am 13. Juli 1934, in der er die Morde aus Gründen der „Staatsnotwehr" verteidigte, das Gebäude der Kroll-Oper, in der das Parlament nach dem Brand des Reichstags untergebracht war.

3.

Der 30. Juni und die Folgen

Die ersten offiziellen Erklärungen über die Ereignisse des 30. Juni ließen viele Fragen offen. Hitler ließ zunächst durch die Reichspressestelle der NSDAP eine Verfügung verbreiten, wonach er Röhm abgesetzt, aus Partei und SA ausgestoßen und Viktor Lutze zu seinem Nachfolger als Stabschef der SA ernannt habe.

Noch am 30. Juni folgte auf dem gleichen Weg eine Erklärung, wonach „einzelne Elemente", die einer „bestimmt eingestellten Clique zuzuschreiben" seien, versucht hätten, zwischen SA einerseits sowie der Partei und dem Staat andererseits Konflikte zu schüren.

Röhm sei „diesen Erscheinungen" nicht nur nicht entgegengetreten, sondern habe sie „unzweifelhaft" gefördert, wobei seine „bekannte, unglückliche Veranlagung" eine – nicht näher erläuterte – Rolle gespielt habe. Durch Mittelspersonen habe er Beziehungen zu General Schleicher aufgenommen und hinter Hitlers Rücken „Verhandlungen" mit einer „auswärtigen Macht" (womit offenbar Frankreich gemeint war) aufgenommen. Damit aber sei „ein Einschreiten nicht mehr zu umgehen" gewesen.

„Planmäßig provozierte Zwischenfälle" hätten Hitler dann veranlasst, in der Nacht nach München zu fliegen und, um „jeden Versuch eines Widerstandes im Keime zu ersticken", in Bad Wiessee persönlich die „Verhaftung" von Röhm samt seinem Anhang vorzunehmen. Dort hätten sich aber „moralisch so traurige Bilder" geboten (unter anderem war von „Lustknaben" die Rede), dass „jede Spur von Mitleid schwinden" musste und Hitler den „Befehl zur rücksichtslosen Ausrottung dieser Pestbeule" gegeben habe. Göring habe er den Befehl erteilt, „in Berlin eine ähnliche

Aktion durchzuführen und insbesondere die reaktionären Verbündeten dieses politischen Komplotts auszuheben“.

Einer weiteren Meldung der Reichspressestelle der NSDAP vom gleichen Tag war zu entnehmen, es seien insgesamt sieben – namentlich genannte SA-Führer – erschossen worden. Außerdem habe Hitler den Stabschef Röhm abgesetzt, aus der Bewegung ausgestoßen und Obergruppenführer Lutze zu seinem Nachfolger ernannt. Weiter veröffentlichte der VB eine Meldung, ebenfalls vom 3. Juni, wonach sich der angebliche Mitverschwörer Schleicher seiner Verhaftung widersetzt habe und bei dem anschließenden Schusswechsel – ebenso wie seine „dazwischentretende Frau“ – ums Leben gekommen sei.

Ferner wurde noch am 30. Juni ein „Tagesbefehl“ Hitlers an Lutze veröffentlicht, in dem er dem neuen SA-Stabschef zwölf Punkte ins Stammbuch schrieb.

Während er von den SA-Männern „blinden Gehorsam und unbedingte Disziplin“ verlangte, sollten die SA-Führer sich insbesondere durch vorbildliches Auftreten sowie „Einfachheit“ in der Amtsführung auszeichnen. Sie sollten schärfstens gegen homosexuelle Tendenzen in der SA vorgehen, ihre Leute geistig und körperlich „zu geschultesten Nationalsozialisten“ erziehen und dafür sorgen, dass bei Beförderungen die alten bewährten Kämpfer und nicht die „Spätlinge des Jahres 1933“ zum Zuge kämen.

Außerdem veröffentlichte die Nationalsozialistische Korrespondenz einen Bericht eines anonym bleibenden „Augenzeugen“, der noch einmal beschrieb, welch „schamloses Bild“, welch „widerliche Szene“ sich ihm in Bad Wiessee geboten hätte. Und er hob hervor, dass die Beseitigung dieser untragbaren Zustände „dem entschlossenen, tapferen und unerschrockenen Handeln des Führers zu verdanken“ sei.

Göring wiederum erklärte am Nachmittag des 30. Juni vor der Presse in Berlin, Röhm habe sich in seinem Stab mit Männern gleicher Veranlagung umgeben und Pläne geschmiedet, „den Staat zu stürzen“ und an seiner Stelle einen „Staat dieser kranken Individuen“ aufzurichten. Perfiderweise habe die SA-Führung „das Phantom einer zweiten Revolution gegen die Reaktion“ erfunden, während sie gleichzeitig – über den „Hauptmittelsmann“ Schleicher – „selbst mit ihr eng verbunden war“. Er habe daher, so Göring weiter, seine „Aufgabe erweitert“, indem er auch „gegen diese Unzufriedenen einen Schlag führte“.[379]

Wer diese „Unzufriedenen“ in den Kreisen der „Reaktion“ aber waren und was mit ihnen geschehen war, blieb vollkommen offen. Im Übrigen steht die Erklärung Görings im direkten Widerspruch zu der am gleichen Tag veröffentlichten Erklärung der Reichspressestelle der NSDAP, wonach Hitler Göring den Befehl gegeben habe, in Berlin insbesondere gegen die „reaktionären Verbündeten“ der angeblichen Putschisten vorzugehen.

Am 1. Juli gab man in einer kurzen Erklärung bekannt, Röhm sei „Gelegenheit gegeben worden, die Konsequenzen aus seinem verräterischen Handeln zu ziehen“. Lakonisch hieß es dann weiter: „Er tat das nicht und wurde daraufhin erschossen.“

Am Abend dieses Tages meldete sich auch Goebbels über den Rundfunk zu Wort. Er präsentierte sich als Intimus des Führers, der während der gesamten dramatischen Ereignisse nicht von seiner Seite gewichen war, und zwar in Form einer Insider-Reportage, die ganz auf das entschlossene Handeln des Diktators abgestellt war („kein Zucken in dem angespannten Gesicht verrät auch nur die leiseste innere Bewegung“).

Auch Goebbels erwähnte „die widerlichen und fast Brechreiz verursachenden Szenen“, die sich in Bad Wiessee geboten hätten. Ihm aber ging es vor allem darum, die zentrale Rolle Hitlers bei den Ereignissen herauszustellen, habe Hitler doch bewiesen, „daß er wirklich ein Mann ist und daß er, wenn es das Interesse der Nation erfordert, ohne Rücksichtnahme auf Rang und Würde … Entschlüsse fassen kann und auch wirklich durchführt“.[380]

Nach diesen ersten Stellungnahmen brachen die Verlautbarungen über die Ereignisse zunächst einmal ab. Sie sollten die Linie vorgegeben, die für die offizielle Darstellung der Ereignisse verbindlich werden sollte. Vage Behauptungen über eine Konspiration und Umsturzpläne, ohne dass irgendwelche konkreten Anhaltspunkte für eine unmittelbar bevorstehende Revolte vorgelegt wurden. Stattdessen wurde der Fokus auf den moralischen Skandal der Homosexualität Röhms und seines Anhangs und ihr luxuriöses Lotterleben verlagert, während Hitlers mutiges und entschlossenes Handeln gegen eine imaginäre Staatsbedrohung hervorgehoben wurde.

Der 30. Juni – oder die „Röhm-Revolte", wie man die Ereignisse alsbald nannte – beherrschte auch in den folgenden Tagen die Schlagzeilen: „Treuebekenntnisse für den Führer aus dem ganzen Reich" sowie Dank-Telegramme Hindenburgs an Hitler und Göring am 3. Juli, am kommenden Tag der Dank des Kabinetts, das die Morde am Vortag pauschal per Gesetz zur „Staatsnotwehr" und „rechtens" erklärt hatte, sowie weitere Treuekundgebungen.[381] Danach sollte Hitler für mehr als eine Woche nicht mehr öffentlich auftreten und zunächst auch keine weiteren substanziellen Erklärungen zu den Ereignissen abgeben.[382]

Sein Schweigen und die Tatsache, dass über die in den ersten Tagen verbreiteten Meldungen und Berichte hinaus überhaupt keine weitere Aufklärung von offizieller Stelle über die mysteriöse „Revolte" stattfand, führte zunächst zu einem Informationsvakuum. Es wurden weder Dokumente vorgelegt noch Zeugen aufgeboten, und vor allem fehlten glaubhafte Angaben über die tatsächliche Zahl und die Identität der Opfer.

Dieses Informationsvakuum wurde aber nun rasch durch ausländische Zeitungen und Rundfunkstationen sowie durch eine Flut von Gerüchten gefüllt. Ein Blick in die seinerzeit auch in Deutschland gelesene und als seriös angesehene Neue Zürcher Zeitung (NZZ) vermittelt davon einen Eindruck.

Am 2. Juli meldete die NZZ, die im Übrigen die offizielle Version einer „Revolte“ nicht infrage stellte, dass außer den genannten acht SA-Führern zwölf weitere erschossen worden seien. Am nächsten Tag benannte sie namentlich – nach inoffiziellen Informationen – Gregor Strasser als Opfer, ferner Bose und meldete, dass Klauseners Tod bereits am 1. Juli von den Kanzeln einiger katholischer Kirchen in Berlin mitgeteilt worden sei. Gegen seinen amtlich festgestellten angeblichen Selbstmord – ein Unding für einen frommen Katholiken – habe das offizielle Organ des Vatikans, der L'Osservatore Romano, in scharfer Form Stellung bezogen.

Am 4. Juli nannte die Schweizer Zeitung als weitere Opfer: Jung, Bredow, die SA-Führer Georg von Detten, Fritz von Kraußer und Daniel Gehrt sowie den gesamten Stab von Ernst, außerdem – unter Berufung auf United Press – auch Gustav von Kahr. Als Todesopfer genannt wurden ebenfalls der Schleicher-Vertraute Werner von Alvensleben, die Papen-Mitarbeiter Walther Schotte und Fritz Günther von Tschirschky sowie Major a.D. Waldemar Pabst, auch eine wichtige Figur der rechtskonservativen Szene. Alle vier waren verhaftet worden, kamen jedoch nach wenigen Wochen wieder frei.

Am 6. Juli nannte die NZZ „Senter“ (gemeint war Karl Zehnter) und Alexander Glaser als weitere Opfer und gab außerdem eine Meldung der Times wieder, wonach weitere sechs Männer erschossen worden seien: Namentlich genannt wurde zutreffenderweise Beck, während die übrigen zwar in das Schema des Racheaktes gegen alte Gegner Hitlers passten, aber mit einer Ausnahme unbehelligt blieben: Richard Scheringer, der 1931 wegen der Bildung einer nationalsozialistischen Zelle in der Reichswehr verurteilte Offizier, der sich in der Haft der KPD zugewandt hatte, der ehemalige bayerische Innenminister Stützel, der NS-Kritiker und Pfarrer Emil Muhler sowie die Kahr-Verbündeten des Jahre 1923, Lossow und Seisser; nur Letzterer kam kurz in Haft.

Die NZZ gab am gleichen Tag noch eine Meldung von United Press wieder, in der die Verhaftung von Gerlich angezeigt und seine Erschießung – richtigerweise – für wahrscheinlich erklärt wurde.

Dieser Welle von zum Teil zutreffenden, teilweise immerhin plausibel klingenden Informationen, die sich im Reich rasch verbreiteten, hatte das Regime wenig entgegenzusetzen. Vor allem wurde rasch klar, dass sich der Schlag nicht nur gegen die SA-Führung und ihre angeblichen Verbündeten im konservativen Lager gerichtet hatte, sondern mit Klausener, Probst und Gerlich drei bekannte Katholiken beseitigt und daneben einige „alte Rechnungen" beglichen worden waren. Die ursprüngliche Behauptung von der „Röhm-Revolte" hätte also dringend näher erläutert bzw. durch ein glaubwürdigeres Narrativ erweitert oder ersetzt werden müssen. Stattdessen steuerte das Regime sehenden Auges in ein kommunikatives Desaster.

Von einer Gauleitertagung am 4. und 5. Juli, auf der Hitler nicht erschienen war, gab der VB eine Erklärung von Rudolf Heß wieder, der bis auf den Satz „Durch den verdienten Tod von einem Dutzend Meuterern sei ein furchtbares Blutbad vermieden worden" keine weiteren konkreten Informationen zu entnehmen waren.[383]

Einige Tage später, am 9. Juli, äußerte sich Heß wiederum zu den Ereignissen, indem er auf dem Gauparteitag in Königsberg die Geschichte vom heldenhaften Eingreifen Hitlers in allerletzter Minute in Bad Wiessee und München, so wie sie in den ersten Tagen verlautet worden war, noch einmal in Form einer Erzählung ausbreitete.[384] Am 11. Juli verbreitete das Deutsche Nachrichtenbüro ein Interview, das Hitler am 6. Juli dem ehemaligen US-Diplomaten Professor Pearson gegeben hatte und das bereits im New York Herald erschienen war. Er verteidigte sein Vorgehen mit dem Argument, er habe einen Bürgerkrieg verhindern müssen, nannte aber keine weiteren Einzelheiten.[385]

In dieser äußerst unklaren Situation entstanden nun Anfang Juli die ersten Stimmungsberichte über die Ereignisse. Den amtlichen

Berichterstattern blieb kaum etwas anderes übrig, als sich an die Erzählung zu halten, die von der Propaganda vorgegeben war. Meist Juristen, waren sie sich natürlich im Klaren darüber, dass es für die Erschießungen zum Zeitpunkt der Tat keine Rechtsgrundlage gab. Daher waren sie bemüht, die Behauptung von der „Staatsnotwehr" zu unterstreichen, dabei Hitlers Handeln besonders herauszustellen, und es damit zu rechtfertigen, dass er in dieser Ausnahmesituation als Vollstrecker des „Volkswillens" gehandelt hätte. Die nachträgliche Anerkennung der Tat durch das deutsche Volk verlieh ihr die notwendige Legitimität.

Charakteristisch für die erste Berichterstattung über den 30. Juni und seine unmittelbare Vorgeschichte ist der Bericht der Stapo Hannover, abgefasst am 4. Juli: „An die Spitze dieses Lageberichts möchte ich die Meldung stellen, daß die von dem Führer vorgenommene Aktion in der gesamten Bevölkerung mit der allergrößten Begeisterung aufgenommen worden ist. Vor allem hat das rasche, mutige, energische und persönliche Eingreifen des Führers die größte Bewunderung im Volke ausgelöst. Es kann ruhig gesagt werden, daß auf der Bevölkerung in der letzten Zeit ein Druck lag und daß diese Aktion ein befreiendes Aufatmen gebracht hat. Die Begeisterung für den Führer und der Glaube an ihn ist – soweit dies überhaupt noch möglich war – weiter gewachsen ... Mit besonderer Befriedigung sind die 12 Punkte des Führers zur Kenntnis genommen worden, und man hört überall den Wunsch und hat den festen Glauben, daß im Sinne dieser 12 Punkte, da, wo es nötig sein sollte, weiter durchgegriffen wird."[386]

Diesem Muster folgen zahlreiche andere Berichterstatter. Sie heben eingangs die weitgehende Zustimmung der Bevölkerung zu Hitlers Vorgehen hervor; betonen sodann – ganz auf der Linie der ersten Zeitungsberichte und unter Verwendung der gleichen Adjektive – die Bewunderung, die Hitlers persönlicher Einsatz, sein energisches und mutiges Vorgehen ausgelöst hätten, und berichten dann über die positive Aufnahme der zwölf Punkte, die Hitler dem neuen SA-Führer Lutze mit auf den Weg gab. Dies alles habe das Vertrauen in ihn enorm gestärkt.[387]

Am 13. Juli beendete Hitler nun sein Schweigen und rechtfertigte das gewaltsame Niederschlagen der angeblichen Revolte in einer Rede vor dem Reichstag. Er begann mit der Ankündigung, er werde in „rückhaltlos offener Weise" über „Entstehung und Überwindung" einer Krise berichten, „die nur zu leicht von wahrhaft vernichtenden Folgen für eine unabsehbare Zukunft hätte werden können".

Die tieferen Ursachen dieser Krise führte er auf die unheilvolle Tätigkeit von vier noch existierenden Gruppierungen von Gegnern zurück: Kommunisten („diese jüdisch-internationalen Menschheitsbeglücker"); eine zweite Gruppe bestände aus „jenen politischen Führern, die durch den 30. Januar ihre Zukunft als erledigt empfinden, ohne sich mit der Unwiderruflichkeit dieser Tatsache abfinden zu können", die dritte ergäbe sich „aus jenen Revolutionären, die im Jahre 1918 in ihrem früheren Verhältnis zum Staat erschüttert und entwurzelt worden sind und damit überhaupt jede innere Beziehung zu einer geregelten menschlichen Gesellschaftsordnung verloren haben"; und viertens nannte er „jene Menschen, die einer verhältnismäßig kleinen Gesellschaftsschicht angehörten, im Nichtstun Zeit und Anlaß finden zur mündlichen Berichterstattung über all das, was geeignet ist, eine ebenso interessante wie wichtige Abwechslung in ihr im übrigen vollständig belangloses Leben zu bringen", ein „Drohnenvölkchen", „nur ein Staat im Staate, ohne jeden lebendigen Kontakt mit dem Leben".

Nach dieser etwas umständlich und kryptisch formulierten Gegnerbeschreibung schilderte Hitler sodann den seit Monaten deutlich zu beobachtenden Prozess der Verselbstständigung und Abkapselung der SA, ihre zunehmende Entfremdung von der übrigen NS-Bewegung, Entwicklungen, die durch Röhm und seinen Anhang in der SA-Führung bewusst vorangetrieben worden seien. Maßgeblich sei diese Tendenz darauf zurückzuführen, dass sich „allmählich aus einer bestimmten gemeinsamen Veranlagung heraus in der SA eine Sekte zu bilden begann, die den Kern einer Verschwörung nicht nur gegen die normalen Auffassungen eines gesunden Volkes, sondern auch gegen die staatliche Sicherheit abgab".

Nach diesem sehr deutlichen Hinweis auf die Homosexualität Röhms und einer Reihe von SA-Führern entwickelte er vor seinen Zuhörern einen phantasievoll konstruierten Plan für eine Revolte.

Zu dem Kern der Verschwörer sei der Ex-Kanzler General Schleicher gestoßen, der Röhm darin bestärkt hätte, sich als künftiger Wehrminister auch sämtliche nationale Verbände zu unterstellen und der selbst den Posten des Vizekanzlers angestrebt hätte. Als sein „Kurier" zu wohlinformierten Kreisen im Ausland habe General Bredow fungiert, außerdem sei noch Gregor Strasser „zugezogen" worden; die beiden Letztgenannten wurden damit erstmalig offiziell als Opfer der Aktion bestätigt.

Gezielt habe man in der SA das Gerücht verbreitet, die Reichswehr plane die Auflösung der Parteitruppe, dem müsse man zuvorkommen, indem man in einer zweiten Revolution die gesamte Staatsgewalt übernehme. Die „entscheidenden Schläge" sollten durch die Angehörigen „eingeschworener Terrorgruppen" geführt werden, die man in den „Stabswachen" zusammengezogen hätte. Er selbst sollte unter einem Vorwand festgenommen werden, seine spätere „Beseitigung" sei aber bereits fest eingeplant gewesen, und zwar durch „Standartenführer Uhl" – eine weitere „Enthüllung" Hitlers, denn Uhls Name war in den bisherigen offiziellen Erklärungen noch nicht genannt worden. Darüber hinaus hätten die Verschwörer, so Hitler weiter, eine „mehrtägige Auseinandersetzung blutigster Art" mit ihren Widersachern geplant.

Durch ein angeblich beabsichtigtes Herausschieben des ursprünglich zum 1. Juli angesetzten SA-Urlaubs alarmiert, habe er sich entschlossen, Röhm auf der Führertagung am 30. Juni in Bad Wiessee abzusetzen und die „hauptschuldigen SA-Führer" zu verhaften. Die Nachrichtenlage hätte sich dann aber so zugespitzt, dass er sich angesichts des angeblich bereits für den Nachmittag des 30. Juni festgelegten Beginns des Putsches kurzfristig entschlossen habe, die Aktion zu beschleunigen.

Ausdrücklich übernahm er die persönliche Verantwortung für die Exekutionsbefehle: „Meutereien bricht man nach ewig gleichen eisernen Gesetzen. Wenn mir jemand den Vorwurf entgegenhält, weshalb wir nicht die ordentlichen Gerichte zur Aburteilung herangezogen hätten, dann kann ich ihm nur sagen: In dieser Stunde war ich verantwortlich für das Schicksal der deutschen Nation und damit des deutschen Volkes oberster Gerichtsherr!"

Sodann nannte er die Zahl von insgesamt 77 Opfern der Aktion und zählte im Einzelnen auf: „19 höhere SA.-Führer, 31 SA.-Führer und SA.-Angehörige wurden erschossen, ebenso drei SS.-Führer als Mitbeteiligte am Komplott, 13 SA.-Führer und Zivilpersonen, die bei der Verhaftung Widerstand versuchten, mußten dabei ihr Leben lassen. Drei weitere endeten durch Selbstmord."

Fünf Parteigenossen, die aber nicht Mitglieder der SA waren, seien außerdem wegen ihrer angeblichen Beteiligung erschossen worden, ferner drei Angehörige der SS, die sich „eine schändliche Mißhandlung gegenüber Schutzhäftlingen zuschulden kommen ließen".

Die Rede schloss mit einer Vertrauenserklärung zur NS-Bewegung, insbesondere zur SS, und mit der Feststellung, nun sei auch das „Vertrauen zu meiner SA mir wieder zurückgegeben".

Die Stimmungsberichte über den Monat Juli, abgefasst meist Anfang August, standen überwiegend noch ganz unter dem Eindruck der „Röhm-Revolte" und ihrer Folgen. Sie schrieben in der Regel die Linie der ersten Berichtserie fort, indem sie einleitend das persönliche Handeln Hitlers bei der unmittelbaren Abwendung der Gefahr, die große Zustimmung der Bevölkerung und die Bedeutung der „12 Punkte" hervorhoben. Hinzu kam nun die Würdigung der Rede, die allgemein mit großer Zustimmung aufgenommen und beruhigend und klärend gewirkt hätte.[388]

Eine größere Anzahl der Berichte ließ es dabei bewenden, andere, die ebenso knapp optimistisch gehalten waren, fügten jedoch die Erwartung hinzu, dass die von Hitler angekündigte „Säuberung“ die gesamte Bewegung umfassen solle bzw. äußerten ihre Besorgnis, dass dies noch nicht geschehen war und vermutlich auch nie geschehen werde.

Die Berichterstattung transportierte demnach die in der Bevölkerung offenbar weit vorhandene – und von den Verfassern im eigenen Interesse vermutlich verstärkte – Auffassung, dass die Beseitigung der SA-Führung nur der erste Schritt auf dem Weg einer allgemeinen Bereinigung der so viel beklagten Bonzenherrschaft der NS-Bewegung sei – und aus diesem Grund, aus dieser Erwartungshaltung heraus auch akzeptiert wurde.[389]

Doch zahlreiche Berichte enthielten darüber hinaus – liest man neben den einleitenden Statements auch das „Kleingedruckte“ – sehr viel mehr Kritik an dem Umgang des Regimes mit der „Röhm-Revolte“ (die als solche im Übrigen nie in Frage gestellt wurde).

Eine Ausnahme in der Berichterstattung stellte sicher der Juli-Bericht des Oberpräsidenten der Provinz Schlesien dar. Helmuth Brückner, zugleich Gauleiter der Partei, benutzte seinen Stimmungsbericht, um sich beim Innenminister vehement über die „Ausschreitungen der SS“ zu beschweren; in acht Fällen ermittle die Staatsanwaltschaft wegen Mordes. Darüber hinaus seien „mehrere hundert Personen“ verhaftet worden, darunter auch zahlreiche Beamten, die „mit dem SA-Putsch in keiner Weise in Fühlung“ standen, wobei bedauerlicherweise „in vielen Fällen die brutalsten Mißhandlungen“ stattgefunden hätten.

Die Bevölkerung stünde „noch völlig unter dem Eindruck des durch die SS. ausgeübten Terrors“. Es sei der „unmögliche Zustand eingetreten, daß in Schlesien kein deutscher Staatsbürger mehr sicher ist, daß er in der Nacht aus seiner Wohnung geholt, schwer mißhandelt und womöglich erschossen wird“. Infolgedessen sei „die

Staatsautorität in Schlesien schwer erschüttert". Die Bevölkerung könne nicht verstehen, „daß nun bereits fünf Wochen verstrichen sind, ohne daß gegen die Schuldigen eingeschritten ist".

Es hätten sich, so die „nicht unberechtigte Kritik", Zustände in der schlesischen SS gezeigt, „gegen die die alkoholischen Ausschreitungen der SA. völlig zurücktreten". Die Enttäuschung, dass entgegen den Erklärungen Hitlers nicht „mit aller Schärfe eingeschritten" wird, sei „überaus groß", und „ungünstige Rückwirkung auf die Volksabstimmung des 19. August" seien daher zu befürchten.

Der Brückner unterstehende Regierungspräsident in Breslau berichtete zudem über eine besonders schlechte Stimmung in Waldenburg. Der Oberbürgermeister, so der Präsident, „hat es mir gegenüber als einen unerträglichen Zustand bezeichnet, daß Beamte, denen politisch nichts vorzuwerfen sei und die weiter nichts täten als ihre Pflicht, für ihr Leben besorgt sein müssen, wenn sie in Ausübung ihres Amtes Mißstände aufdecken". In der Stadt, so hieß es in seinem nächsten Bericht, sehe man mit großem Interesse dem Ausgang des Verfahrens „gegen die Mörder des Stadtbaurats Kamphausen" entgegen.[390] Wenige Monate später wurde Brückner in seinen Funktionen abgelöst – „wegen verschiedener Äußerungen und seiner homosexuellen Neigungen".[391]

Kritisch äußerte sich auch der Regierungspräsident in Königsberg. In Ostpreußen, „werde die Erschießung des früheren SS-Reiterführers Rehberg in der Bevölkerung, besonders in ehemals deutschnationalen Kreisen und wohl auch bei der Reichswehr, für nicht gerechtfertigt gehalten" und habe „lebhafte Bedenken und Unruhe ausgelöst", dies umso mehr, „als eine amtliche Verlautbarung über diesen Vorfall nicht ergangen sei".[392]

Aber auch ein genaueres Studium der übrigen Berichte zeigt, dass sie – nach der üblichen Einleitung über das „reinigende Gewitter" und die große Zustimmung im Volke – häufig auch sehr viel kritisches Material enthielten, auch wenn sie in der Verurteilung der Ereignisse nicht so offen waren wie Brückner.

Zunächst habe, so die Stapo Bielefeld einleitend ganz auf der offiziellen Linie, „die Bewunderung für den Führer" vorgeherrscht, dann aber auch „die Hoffnung, daß nun endlich auf Grund der überall angeschlagenen Forderungen des Führers an den neuen Stabschef eine allenthalben als notwendig empfundene Generalreinigung der Bewegung und ihrer Organisationen von ungeeigneten Elementen erfolgen" würde. ... Selbst Kreise, welche dem nationalsozialistischen Gedankengut bis dahin ziemlich fern standen, wurden durch die allgemeine Begeisterung mitgerissen."

Leider habe aber diese „günstige Stimmung nicht lange vorgehalten": „Zunächst hatte das baldige und überraschende Abstoppen der Berichterstattung über die Vorgänge des 30. Juni und seine tieferen Zusammenhänge eine hemmungslose Gerüchtemacherei zur Folge."

Es entstand ein „Nachrichtenhunger", angesichts dessen die Zurückhaltung der amtlichen inländischen Berichterstattung schnell kontraproduktiv wirkte. „Es sickerte zuviel durch, und dic Behauptung des Reichsministers Goebbels in seiner Rede über die ausländische Presse, es sei dem deutschen Volk rückhaltlos die Wahrheit gesagt worden, stieß auf wenig Verständnis. Es bedeutet eine Unterschätzung der Urteilsfähigkeit des deutschen Volkes, insbesondere aber des Arbeiters, wenn eine solche Behauptung in einem Zeitpunkt aufgestellt wird, wo das Eingreifen des Führers und das amtliche Zugeständnis von Verfehlungen und Mißgriffen im Grunde den Feldzug gegen die Miesmacher in seiner Wirkung aufhebt."

Die Bielefelder Stapo kam somit zu der Schlussfolgerung, die Dinge lägen zurzeit „ohne Zweifel so, daß den deutschen Zeitungen nicht mehr geglaubt wird, und daß darüber hinaus das Vertrauen zur Regierung teilweise erschüttert erscheint".[393]

Die Stapo Köln konstatierte, die „ursprüngliche Zustimmung des Bürgertums gegenüber den staatlichen Maßnahmen wurde jedoch verhältnismäßig rasch durch eine starke abträgliche

Kritik abgelöst, die auf die ausländischen Meldungen über weitere Erschießungen und über vorgekommene Eigenmächtigkeiten, auf die Gerüchte über die Person des Vizekanzlers von Papen und seine Mitarbeiter zurückzuführen ist".

In den „Kreisen der sogenannten Intelligenz" frage man, mit Blick auf die Erschießungen von Klausener, Probst, Bose und Jung, „ob denn eine offene Kritik im nationalsozialistischen Staat mit dem Tode bestraft werde".[394] Weitere Berichte machten die Defizite in der Informationspolitik des Regimes für Gerüchtebildung und Vertrauensverlust (die Stapo Stuttgart sprach von einer „Nachrichtenpsychose") verantwortlich.[395]

Die Stimmung, so der Potsdamer Regierungspräsident, sei im Laufe des Juli „erheblich abgesunken, steigende innere Spannungen sind unverkennbar". Es beginne sich „eine zunehmende Kritik am gesamten inneren politischen Regierungssystem bemerkbar zu machen, insbesondere von Seiten des sogenannten ‚Bürgertums', aber auch seitens der Arbeiterschaft".

Charakteristisch sei eine „zunehmende Vermehrung von Gerüchten", wie etwa, „daß „Hitler bald am Ende sei" oder „daß er sich mit den Deutschnationalen verbinden müsse, wenn er sich weiter halten wolle".[396]

Manche glaubten, so auch der Regierungspräsident in Ansbach, „sich in unfruchtbarer Kritik über ihnen nicht genehme Verhältnisse, die SA im allgemeinen und über führende Persönlichkeiten ergehen zu dürfen". Angesichts der „dadurch hervorgerufenen Erregung" sah man sich veranlasst, im größeren Umfang Schutzhaft zu verhängen.[397]

Dass „bisher sehr angesehene Persönlichkeiten in einer den Bestand des Staates gefährdenden Weise sich gegen die Absichten des Führers gestellt hatten", löste, so der Breslauer Präsident, einen gewissen „Argwohn in der Bevölkerung" aus, „ob sich derartige Erscheinungen nicht auch an anderen Stellen des neuen Staatswesens zeigen würden".[398]

Noch drastischer fiel der Bericht der Stapo Koblenz aus, dass „große Teile der bäuerlichen Bevölkerung, insbesondere die des Hunsrücks … an manchen Orten ganz offen ihre Abneigung gegen den heutigen Staat zum Ausdruck gebracht haben und es am liebsten gesehen hätten, wenn die Regierung gestürzt worden wäre“.[399]

Die negative Reaktion im Land war so stark, dass der Leiter der Stapo-Stelle Potsdam ein Tabu der Berichterstattung brach: „Pflichtgemäß“ müsse er darauf hinweisen, „daß erstmalig seit dem 30.6. Kritik am Führer auch bei Wohlgesinnten festzustellen ist“.[400]

Die weiteren Stellungnahmen des Regimes zu den Hintergründen und zum Verlauf des 30. Juni stellen – bei näherer Betrachtung – ein kommunikatives Desaster dar. Zwar wird in der Berichterstattung ganz überwiegend behauptet, die anfängliche Verwirrung über das Ausmaß und die Zielrichtung der „Aktion“ sei durch Hitlers Rede vom 13. Juli schlagartig beseitigt worden, doch eine Reihe von Berichten vermitteln ein völlig anderes Bild. So schrieb die Stapo Hannover, viele meinten doch, „daß es richtiger gewesen wäre, dem Volk die Tatsachen mit den Namen der Erschossenen bekanntzugeben, selbst wenn in einigen Fällen Mißgriffe vorgekommen sein sollten … Eine restlose Aufklärung der Bevölkerung würde auch vor allem den ausländischen Sendern entgegentreten, deren Anhörung man nicht verhindern kann.“[401]

Bei einem „großen Teil der Volksgenossen“, so die Stapo Koblenz, „hat auch die Rundfunkrede des Führers eine gewisse Enttäuschung zurückgelassen, weil von vielen erwartet worden war, daß der Führer, um den in der Öffentlichkeit umlaufenden Gerüchten und Vermutungen ein Ende zu machen, in seiner Rede sämtliche Namen der Erschossenen öffentlich bekanntgeben werde.“

Auch hier wird darauf verwiesen, dass „ein großer Teil der Bevölkerung sich auf dem Wege über das Ausland Gewißheit über die Personen der Erschossenen zu verschaffen suchte.“[402]

Deutlich wird in der Berichterstattung auch, dass das völlig umstandslose Verfahren – also die Ausschaltung der Justiz – auf

Kritik stieß. „Bei gewissen Kreisen (Reaktionären) konnte dem Vernehmen nach allerdings die Beobachtung gemacht werden", so die Stapo Breslau, „daß ihnen eine derartig schnelle Justiz etwas Neuartiges und Unverständliches ist und sie unbelehrbar darüber zu sein scheinen, daß ein solches Verfahren nur die einzig gebotene Maßnahme war."[403]

Auch in einer Reihe anderer Berichte finden sich solche negativen Reaktionen, die aber stets nur abseitsstehenden Minderheiten zugeschrieben werden, etwa „liberalistisch und demokratisch angehauchten oder über Formalitäten nicht hinauskommenden Leuten", ehemaligen Zentrumsangehörigen und „Miesmachern" oder sonstigen „Außenseitern".[404]

„Reaktionäre", insbesondere der Stahlhelm, hätten durch die Ereignisse „Oberwasser bekommen", Gerüchte über eine bevorstehende Regierungsumbildung zugunsten dieser Kräfte tauchten auf.[405] Hitlers Bemerkung in seiner Rede, die Verschwörer hätten Millionenbeträge zur Vorbereitung ihres Unternehmens angehäuft, verstärkte außerdem in der Bevölkerung das ohnehin vorhandene Misstrauen über die Verwendung der bei den zahlreichen Sammlungen eingebrachten Spenden.[406]

Dies alles wurde aber übertroffen von der Empörungswelle, die die Ermordung bekannter Katholiken insbesondere im Rheinland und in Westfalen auslöste.

Die Stapo Bielefeld berichtete, die „katholische Geistlichkeit hat sich im allgemeinen in der Beurteilung der Ereignisse des 30. Juni vollkommen zurückgehalten", was jedoch nicht ausschließe, „daß gerade die Vorgänge, soweit sie den Vizekanzler von Papen, den Ministerialdirektor Clausener (!) und den Leiter der Deutschen Jugendkraft Probst betreffen, mit stärkster Anteilnahme verfolgt werden. Da diese Vorgänge in der Rede des Führers nicht erwähnt worden sind, werden – allerdings meist versteckt – in kath. Kreisen Zweifel an einer Mitschuld von Clausener und Probst laut. Man spricht sogar davon, daß die Erschießung der beiden Personen in

Wirklichkeit eine Beseitigung politischer Gegner darstelle. Die Behauptung, daß die Leiche Clauseners verbrannt sei, löst in der kath. Bevölkerung lebhaftes Befremden aus, da eine Verbrennung kath. Glaubenssätzen widerspricht und andererseits im Falle Clausener einem Schuldeingeständnis insofern gleichkomme, als dadurch für alle Zeiten eine genaue Untersuchung unmöglich gemacht werde."

Die Auswirkungen seien zwar schwer zu beurteilen, doch dürften „gerade die Fälle Clausener und Probst dem Vertrauen der kath. Bevölkerung auf Recht und Gerechtigkeit einen nicht zu unterschätzenden Stoß versetzt haben".[407]

Die Stapo Aachen berichtete: „Besonders nachteilig hätten sich die „Erschiessungen Klauseners, dessen Familie aus Aachen stammt, und des DJK-Führers Probst" ausgewirkt, darüber hinaus aber auch zahlreiche Gerüchte über andere ungeklärte Todesfälle. Durch ausländischen Rundfunk und Zeitungen seien „die Namen der angeblich im Zusammenhang mit der Röhm-Aktion Erschossenen nach und nach fast vollzählig bekannt geworden". In der Bevölkerung werde nun argumentiert, dass „viele von ihnen trotz völliger Unschuld" entweder „persönlicher Feindschaft" zum Opfer gefallen seien, oder weil ihre Namen auf einer von Röhm aufgestellten Liste standen.

Man teile die Erschossenen auch in die drei Gruppen ein: „Revolutionäre SA-Angehörige (Röhm, Heines, pp.); Verantwortliche des 9. November 1923 (Kahr, von Lossow, pp.); Leute, die wegen ihrer Beteiligung an bestimmten Vorgängen oder wegen ihrer Kenntnis um solche der derzeitigen Staatsführung gefährlich erschienen seien (v. Bohse, Edgar Jung, Dr. Voss, Klausener, Probst, pp.)."

In der Bevölkerung entwickelte sich also, das zeigt diese Zuordnung, ein waches Bewusstsein darüber, dass die tatsächlichen Hintergründe der „Aktion" weit umfassender und durchaus auch anderer Natur waren als von Hitler in seiner offiziellen Begründung angegeben.[408]

Die Stapo in Düsseldorf meldete, die „vielfach veranstalteten Trauergottesdienste wiesen starke Beteiligung auf. Das Urteil

30. Juni 1934: Heil Hitler! Illustration von John Heartfield in der Arbeiter-Illustrierte Zeitung, Prag, erschienen am 19. 7. 1934.

The New York Times.

"All the News That's Fit to Print."

LATE CITY EDITION

Section 1

VOL. LXXXIII....No. 27,917.

NEW YORK, SUNDAY, JULY 1, 1934.

TEN CENTS

HITLER CRUSHES REVOLT BY NAZI RADICALS; VON SCHLEICHER IS SLAIN, ROEHM A SUICIDE; LOYAL FORCES HOLD BERLIN IN AN IRON GRIP

EXCHANGE, LABOR BOARDS NAMED; FARM BILL SIGNED

KENNEDY IN 'CHANGE POST

The Others Are Mathews, Landis, Healy, Pecora for Varying Terms.

WIRE BOARD IS CHOSEN

Members Are Sykes, Brown, Case, Stuart, Payne, Gary and Walker.

RAIL PENSIONS APPROVED

Clark Howell Heads Air Study—Moffett Made Administrator of the Housing Act.

President Clears His Desk

FORD WILL ACCEPT NRA AND ITS CODE, JOHNSON IS TOLD

General Announces He Awaits Signed Certificate From Auto Maker.

SAYS HE ASKED CHANGES

Recovery Head Asserts His Suggestions Have Been Approved in Detroit.

Major Sports Results

JOHN JACOB ASTOR WEDS ELLEN FRENCH

Notables Fill Newport Church for Ceremony Climaxing Weeks of Social Activity.

ONLOOKERS PACK STREETS

POLICE FILL THE STREETS

Goering's Forces Keep Curious Throngs on Constant Move.

MACHINE GUNS MOUNTED

Public Buildings on Unter den Linden and Wilhelmstrasse Are Heavily Guarded.

NEWS IS AT A PREMIUM

Rumors Are Rampant as Only a One-Sheet Paper Provides Authentic Information.

THREE OF THE LEADERS WHO DIED IN THE REICH MUTINY.

HITLER COMMANDS NAZI ABSTINENCES

Forbids the Troopers to Spend Money on Banquets and Bans Moral 'Debauches.'

WANTS 'MEN, NOT APES'

Hitler Alone Had Power To Order Shooting of 7

NAZI CHIEFS TELL OF ENDING REVOLT

Hitler and Lutze Appeal to the Storm Troops to Be Faithful to Their Movement.

RAID DESCRIBED BY PARTY

STORM TROOP CHIEFS DIE

Killed or Take Own Lives as Chancellor and Goering Strike.

REACTIONARIES ALSO HIT

Wife Shot With Schleicher as He Resists Police—Head of Catholic Action Slain.

HITLER FLIES TO MUNICH

Tears Off Rebels' Insignia and Arrests and Ousts Roehm —Papen Held but Freed.

By FREDERICK T. BIRCHALL.

oben In ihrer ersten großen Meldung zu den Mordtaten vom 1. 7. ist die Lage auch für die New York Times noch unübersichtlich.

links Im Fenster eines pommerschen Zeitungsverlages hängen Extrablätter mit der Meldung „Putschversuch Röhms aufgedeckt".

1934

le magazine d'aujourd'hui

STAVISKY

CE QUI SE PASSE EN ALLEMAGNE

PAR PASCAL COPEAU

Das Kleine Blatt

Hitlers „Säuberungsaktion" beherrscht die Titelseiten auch in Frankreich und Österreich.

Abschluss der Reichstagssitzung vom 13. Juli, in der Hitler die Morde rechtfertigte. Am Präsidententisch Hermann Göring, links von ihm auf der Regierungsbank Hitler.

oben Alfred Rodenbücher, Kommandeur der in Dachau stationierten „österreichischen Flüchtlings-SS", deren Angehörige am 30. Juni in München zahlreiche Personen festnahmen.

links Hitler während seiner Rede vor dem Reichstag. Links der Staatssekretär in der Reichskanzlei, Hans Heinrich Lammers, dahinter Reichstagspräsident Göring.

oben 3. Juli 1934: Hitler nach seiner Ankunft am Flugplatz Marienburg, auf dem Weg zu Reichspräsident Hindenburg, um von der angeblichen Revolte zu berichten.

rechts Aufruf der Reichsregierung zur Teilnahme an der Volksabstimmung über das vom Reichstag bereits verabschiedete Gesetz über das Staatsoberhaupt des Deutschen Reichs. Mit dem „Ja" vom 19. August 1934 war der Umbau zum „Führerstaat" formal abgeschlossen.

an Probst, mehr noch als das an Klausener, hat die katholische Jugend … in ihrer bisherigen Haltung gegenüber dem Staat nicht unwesentlich gestärkt."[409]

„Große Erregung", so die Stapo Frankfurt am Main, herrsche auch in der dortigen katholischen Bevölkerung und werde „durch Abhalten von Seelenmessen noch geschürt".[410]

Die amtlichen Erklärungen des Selbstmordes von Klausener und des Fluchtversuches von Probst werden als „unwahrscheinlich erörtert", kommentierte die Stapo Münster. Der politische Katholizismus versuche, sie „als Märtyrer hinzustellen": „Es erfolgen Seelenmessen und Solidaritätserklärungen im großen Umfange. Das katholische Kirchenblatt für das Bistum Berlin mit Bildern von Klausener und einem Nachruf von Bischof Bares wurde hier unaufgefordert ausgeliefert und in meinem Bereich beschlagnahmt. Die Prozessionen und Wallfahrten haben nie gesehenen Zulauf."[411]

„Es würde dem Treiben dieser Elemente ein Riesenschlag versetzt werden können", kommentierte die Gauleitung in Münster, „wenn in geschickter und offener Form über die Ursache des Todes Klauseners gesprochen werden könnte, namentlich, wenn dessen verräterisches Treiben zum Schaden des Vaterlandes bewiesen ist".[412]

Und damit hatte sie den Kern des Problems exakt umrissen.

Putsch in Österreich

Wenige Wochen nach dem Massenmord unternahm Hitler einen Versuch, die angespannte Stimmungslage und Kritik im Reich durch einen spektakulären außenpolitischen Erfolg in den Hintergrund treten zu lassen: Bereits Mitte Juni hatte er bei seinem ersten Treffen mit dem italienischen Faschisten-Führer Benito Mussolini in Venedig den Eindruck gewonnen, dieser würde einen nationalsozialistischen Umsturzversuch in Österreich hinnehmen.[413]

Hitler autorisierte nun den ehemaligen Chef der SA, von Pfeffer, der zu dieser Zeit eigentlich als Hitlers Partei-Beauftragter für Kirchenfragen tätig war, mit der Gesamtleitung zur Vorbereitung eines Putsches im Nachbarland. Organisiert werden sollte er durch den „Landesinspekteur" für die österreichische NSDAP, Theo Habicht, sowie dem Führer der österreichischen SA, Hermann Reschny, der nach dem Verbot der NSDAP in Österreich im Raum München eine „österreichische Legion" gebildet hatte.

Am 25. Juli stürmten dann tatsächlich Angehörige einer (im Untergrund existierenden) Wiener SS-Standarte das Gebäude des österreichischen Rundfunks und das Bundeskanzleramt, wo sie Kanzler Engelbert Dollfuß schwer verletzten und an Ort und Stelle verbluten ließen. Doch der Putsch wurde noch am selben Tag in Wien[414] niedergeschlagen, und in den folgenden Wochen wurde die Aufstandsbewegung, die nach dem Wiener Startsignal auf zahlreiche Orte ausgegriffen hatte, vollständig unterdrückt.[415]

Lange Zeit hat man angenommen, das Misslingen des Putsches sei eine Spätfolge des 30. Juni gewesen. Das gegenseitige Misstrauen in beiden Organisationen sei nun so groß gewesen, dass man zu einem effektiven koordinierten Vorgehen nicht in der Lage gewesen sei. Die SA unter Reschny, so die Spekulationen, sei wenige Wochen nach den mörderischen Ereignissen in Deutschland nicht willens gewesen, die SS ausreichend zu unterstützen oder habe sie – als einen Akt der Vergeltung möglicherweise – offen ins Messer laufen lassen. Hitler wiederum habe sich weitgehend passiv verhalten und die Dinge laufen lassen, sodass sich SA und SS durch ihr konfliktreiches Konkurrenzverhalten gegenseitig in den Putsch hineingetrieben hätten.[416]

Doch tatsächlich arbeiteten Reschny und Habicht im Vorfeld des Putsches durchaus zusammen und nachweislich war Hitler – wie ein Eintrag in den Goebbels-Tagebüchern dokumentiert – auch in diesem Fall Herr des Verfahrens. Drei Tage vor dem Putsch nahm Goebbels, so geht aus seinem Tagebuch hervor, an einer Besprechung teil, die Hitler in Bayreuth (wo er sich anlässlich der Festspiele aufhielt) einberufen hatte. Anwesend waren außerdem das

Trio Habicht, Reschny und Pfeffer sowie Generalmajor Walter von Reichenau, der Chef des Ministeramtes im Wehrministerium.[417] Auf der Tagesordnung stand die Vorbereitung des Putsches.[418]

Hitler leugnete schon einen Tag nach dem Scheitern des Wiener Putsches jede deutsche Beteiligung.[419] Habicht, der angeblich selbstständig gehandelt hatte, musste zurücktreten, die Landesleitung Österreich der NSDAP wurde aufgelöst. Hitler entschloss sich außerdem, den nach der Ermordung seiner Mitarbeiter als Vizekanzler unmöglich gewordenen Papen zum neuen Botschafter in Wien zu ernennen. Die Berufung eines konservativen Katholiken wurde allgemein als Geste des Ausgleichs gegen Wien gewertet.[420]

Die Ereignisse in Österreich, insbesondere auch die sehr negative Reaktion Italiens, dessen rasche und massive Unterstützung der österreichischen Regierung den Putsch maßgeblich hatte scheitern lassen, lösten in der Bevölkerung Besorgnis und Befürchtungen aus; Kriegsängste wurden wachgerufen.[421]

Diese katastrophalen Meldungen überdeckten zwar zunächst die Aufregung über den 30. Juni, doch die durch den Massenmord aufgeworfenen offenen Fragen und Auseinandersetzungen waren damit keineswegs vom Tisch. Die Stapo Aachen meinte in ihrem Juli-Bericht sogar, in der Bewegung sei unter Umständen „Kampf auf Leben und Tod möglich". Beide Ereignisse hatten mittelfristig einen kumulativen negativen Effekt auf die Stimmung im Land.[422]

Hitlers Weg zur absoluten Macht

Als sich Ende Juli der Gesundheitszustand des schwerkranken Reichspräsidenten weiter verschlechterte, griff Hitler augenblicklich nach der Chance zur entscheidenden Ausweitung seiner Machtstellung.[423] Nachdem er sich am 1. August bei einem Besuch in Neudeck davon überzeugt hatte, dass Hindenburg wohl am nächsten Tag nicht mehr am Leben sein werde, veranlasste er sein Kabinett noch am gleichen Abend, durch ein Gesetz mit dem

Tode Hindenburgs dessen Amt ohne weiteres Verfahren mit dem des Reichskanzlers zu vereinen; im Übrigen ein Verstoß gegen das Ermächtigungsgesetz vom März 1933, das die Rechte des Reichspräsidenten ausdrücklich aus dem neu eingeführten Verfahren zur Gesetzgebung per Kabinettsbeschluss ausgenommen hatte.[424]

Mit der gesetzlichen Neuregelung fiel Hitler insbesondere auch der Oberbefehl über die Streitkräfte zu. Auf der Kabinettssitzung vom 1. August kündigte Wehrminister Blomberg offenbar aus eigener Initiative außerdem an, er wolle die Angehörigen der Reichswehr nach Hindenburgs Tod auf die Person Hitlers vereidigen, obwohl die Verfassung eine Eidesleistung auf den Präsidenten als Inhaber des Oberbefehls über die Streitkräfte vorsah. Nachdem am nächsten Morgen die Meldung vom Tod Hindenburgs bekannt wurde, schworen nur wenige Stunden später in den Garnisonen des Reiches die Soldaten „dem Führer des Deutschen Reiches und Volkes, Adolf Hitler, dem Oberbefehlshaber der Wehrmacht, unbedingten Gehorsam".

Mit dieser Eidesformel hatten sich die Angehörigen der Streitkräfte auf einen Oberbefehlshaber verpflichtet, der dieses Amt nicht mehr im Rahmen der Verfassung ausübte, sondern in seiner Eigenschaft als – über der Verfassung stehender – „Führer des Deutschen Reiches und Volkes".

Diese besondere Verpflichtung auf die Person des Alleinherrschers sollte die Stellung der Armee als das unbestritten wichtigste Machtinstrument des „Führers" unterstreichen – ein Monopol, das erst durch die blutige Ausschaltung der SA-Führung mit Unterstützung der Reichswehr errichtet worden war.[425]

Noch am Todestag Hindenburgs beschloss das Kabinett, die bereits nach dem neuen Gesetz vollzogene Nachfolgeregelung durch eine Volksabstimmung bestätigen zu lassen.[426]

Am 19. August stimmten von den 45,5 Millionen Wahlberechtigten 43,6 Millionen ab, davon 38,4 Millionen mit Ja (89,9 Prozent) und 4,3 Millionen mit Nein, also knapp 10,1 Prozent. Nimmt man die fast zwei Millionen Menschen hinzu, die sich der Abstimmung entzogen hatten, sowie die 873.000 ungültigen Stimmen, so betrug die Anzahl derjenigen, die nicht mit „Ja“ hatten stimmen wollen, über 15 Prozent, ein deutlich schlechteres Ergebnis als bei der Abstimmung vom November 1933, bei der 95,1 Prozent der Wähler bzw. 89,9 Prozent der Stimmberechtigten für den Austritt aus dem Völkerbund votiert hatten.[427]

In der offiziellen Berichterstattung finden sich zahlreiche Hinweise auf „Wahlschwindeleien“, Verletzung des Wahlgeheimnisses und „Unregelmäßigkeiten“. Außerdem wurde auf die Wähler Druck ausgeübt, an der Abstimmung teilzunehmen und „richtig“ zu votieren. Viele Wähler waren ohnehin davon überzeugt, man könne Nein-Stimmen identifizieren.[428]

So hob der Oberpräsident der Rheinprovinz in seiner Wahlanalyse denn auch ausdrücklich hervor, dass das „Wahlergebnis auch durch mehr oder weniger grossen Druck vor, während und ggf. auch nach der Wahlhandlung beeinflusst worden“ sei, dabei sei „es vielerorts nicht einmal ausschlaggebend, ob der Druck wirklich vorlag oder nur von der Bevölkerung angenommen wurde“.[429]

In dieser Atmosphäre massiver psychologischer Einschüchterung mussten also Bürger, die sich – so oder so – einem positiven Votum entzogen, ein beträchtliches Maß an Courage aufbringen.

In einigen Berichten wurde auch direkt angesprochen, dass das Ergebnis der Wahlen darüber hinaus durch Zahlen-Manipulationen zustande gekommen war und dass, wie der Regierungspräsident in Minden offen zugab, „die wirkliche Stimmung in weiten Kreisen der Bevölkerung doch schlechter sein dürfte, als das Abstimmungsergebnis im allgemeinen … erkennen läßt“.[430]

Ganz in diesem Sinne räumte eine Reihe von Berichten aus überwiegend katholischen Gebieten offen ein, dass die Wahlen keineswegs die Geschlossenheit der vielbeschworenen „Volksgemeinschaft“ erwiesen hätten. So sah etwa die Stapo Dortmund durch die Wahl „den gefährlichen Riß, der das deutsche Volk durchzieht, noch schärfer herausgestellt", denn sie habe „klar gezeigt, daß der konfessionelle, dogmenmäßige Fanatismus die Achilles-Ferse des nationalsozialistischen Staatsgefüges ist".

Die Stapo Aachen kam zu dem Schluss, die „angestrebte Stabilität des politischen Staatsaufbaues ist noch nicht erreicht", und aus Münster hieß es, es stünde „noch ein sehr großer Teil der Bevölkerung dem Nationalsozialismus abwartend gegenüber".

„Im Hinblick aber auf die großen Ziele des Führers, das gesamte Volk für sich zu gewinnen und auch die Abseitsstehenden zu treuen Anhängern des Dritten Reiches zu machen", so der Regierungspräsident in Minden, sei „noch ein schwerer Weg zurückzulegen".[431]

Das – berücksichtigt man die geschilderten Umstände, unter denen das Plebiszit durchgeführt wurde – ausgesprochen schlechte Ergebnis wurde auf eine allgemeine Stimmungsverschlechterung mit vielfältigen Ursachen zurückgeführt.[432]

Sieht man einmal von dem Lamento über die unbelehrbaren „ewigen Nörgler" und „Miesmacher" ab,[433] so lässt sich aus etwa 50 Berichten eine zeitgenössische Analyse des mäßigen Wahlerfolges erschließen, die sich in fünf Hauptpunkten zusammenfassen lässt und tatsächlich ein recht plastisches „Stimmungsbild" ergibt:

1. ALLGEMEIN GING MAN DAVON AUS, dass die schlechte Stimmung unter den Bauern sich negativ auf die Abstimmung ausgewirkt habe. Ursächlich waren die bekannte Unzufriedenheit mit dem Erbhofgesetz sowie mit der Preisgestaltung für Agrarprodukte und der Marktregelung.[434] Der Reichsnährstand, so der Regierungspräsident in Merseburg, werde vielfach als „Staat im Staate" angesehen, „der ohne praktische erfolgreiche Fühlung mit den anderen Berufsständen nur seine eigenen Ziele verfolge".[435]

Die Stapo Köln brachte die Kritik vom Land besonders scharf auf den Punkt: „In bäuerlichen Kreisen ist man der Ansicht, dass die nat. soz. Regierung dem Bauernstand in keiner Weise geholfen habe. Die Bauern seien noch nie so geknechtet worden wie gegenwärtig."[436]

2. EIN ZWEITER OPPOSITIONSHERD wurde im Bürgertum und im gewerblichen Mittelstand ausgemacht.[437] Demnach hätten Angehörige der „Reaktion", ehemalige Deutschnationale und Stahlhelmer, negativ auf die Abstimmung eingewirkt.[438]

„Für sie waren", so der Oberpräsident von Ostpreußen, „die Vorgänge am 30. Juni 1934 ein gefundenes Fressen, um sie in ihrer unabänderlichen negativen Haltung zu bestärken".[439]

Hinzu kamen wirtschaftliche Sorgen im Bürgertum. „Der oppositionelle Teil des Bürgertums befürchtet", so die Stapo Köln, „dass nunmehr, nachdem alle Macht in der Hand des Führers vereinigt sei, die sozialistischen Einflüsse in politischer und wirtschaftlicher Hinsicht sich ungehemmt zum Nachteile des Bürgertums auswirken würden".[440]

3. UNZUFRIEDENHEIT herrschte auch in der Arbeiterschaft. Die Mehrzahl der Berichte erwähnt stagnierende Löhne bei gleichzeitig steigenden Preisen als wichtigste Quelle dieser Stimmungslage. Aber nur in einigen Regionen, so die Berichterstattung, habe dies negative Auswirkungen auf die Abstimmung gehabt.[441]

4. DARÜBER HINAUS habe sich insbesondere aber auch die Unzufriedenheit mit dem Verhalten einzelner örtlicher Funktionäre negativ auf das Votum ausgewirkt und erkläre die zum Teil großen lokalen Unterschiede im Abstimmungsergebnis in ähnlich strukturierten Gemeinden.[442]

Dabei ging es im Einzelnen um „Übergriffe" und „unverantwortliches Verhalten" (Stapo Aachen), um die „mangelnden persönlichen und sachlichen Qualitäten zahlreicher Unterführer der Bewegung", eben ihr „Bonzentum" (Stapo Bielefeld), um „Unredlichkeiten" von Parteifunktionären (RP Lüneburg) und vieles mehr.

Die Ähnlichkeit der sich wiederholenden Beschwerden zeigt, dass es sich hier nicht um lokale Missstände handelte, sondern um ein strukturelles Defizit der NS-Herrschaft. Das immer wieder so deutlich hervorgehobene absolute Vertrauen der Bevölkerung zur politischen Führung, das auf der obersten Ebene stets als „unerschütterlich" herausgestellt wurde, war auf lokaler Ebene offensichtlich überhaupt nicht vorhanden.[443]

Mehrfach wurde bemängelt, dass die noch am 30. Juni von Hitler angekündigten Säuberungen in der gesamten NS-Bewegung überhaupt nicht oder nur höchst unzureichend durchgeführt wurden.[444] Darüber hinaus beklagte man eine gewisse „Versammlungsmüdigkeit"[445] und starke Verärgerung über die immer noch häufigen Sammlungen, obwohl ein Gesetz – am 3. Juli zur Beruhigung der Volksstimmung erlassen – diese eigentlich für vier Monate ausgesetzt hatte.[446]

5. AUCH DIE KONFLIKTE zwischen Regime und katholischer Kirche bzw. der „Kirchenstreit" innerhalb des Protestantismus wurden als weiterer Grund für das relativ schlechte Abstimmungsergebnis gesehen.

Zur Situation in der evangelischen Kirche berichtete etwa die Stapo Bielefeld, selbst „ältere und zuverlässige Anhänger der Bewegung werden in ihrer Treue zum nationalsozialistischen Staat schwankend", da das Vorgehen des Reichsbischofs im Kirchenstreit ihrer Ansicht nach „von der Reichsregierung gedeckt" werde.

Wenn auch ein Teil der Bekenntnispfarrer offen dazu aufgefordert hätte, mit „Ja" zu stimmen, so sei „doch nicht zu übersehen, daß der größere Teil auch in politischer Beziehung der Reichsregierung und dem Nationalsozialismus ablehnend gegenüberstehe", was in den Abstimmungsergebnissen zum Ausdruck gekommen sei.[447]

Schwerwiegender war der Konflikt mit der katholischen Kirche; er spiegelt sich nahezu flächendeckend in der Berichterstattung aus fast allen katholisch dominierten Regionen wider – mit der wichtigen Ausnahme des (rechtsrheinischen) Bayern, wo die Regierungspräsidenten in ihren vergleichsweise kurzen Berichten nichts über die Beeinträchtigung der Abstimmung durch den Klerus zu berichten hatten.

Ganz anders das Bild in den übrigen katholischen Regionen. „Man rechnet damit, dass eines Tages der offene Kampf gegen die Religion seitens der Partei und damit des Staates aufgenommen werde", berichtete alarmiert die Stapo Aachen oder dass, wie der Regierungspräsident in Trier meinte, „die Reichsregierung trotz der Erklärung des Führers, daß der Staat auf dem Boden des Christentums stehe, im Grunde genommen religionsfeindlich eingestellt sei".[448]

Der „größere Teil der katholischen Geistlichen", berichtete die Gestapo Köln, „steht aber nach wie vor der Bewegung schroff ablehnend gegenüber";[449] sie schienen sich, nach Auffassung des ostpreußischen Oberpräsidenten, „immer schärfer auf eine Gegnerschaft gegen den nationalsozialistischen Staat einzustellen", wobei aber „nach aussen hin diese Einstellung bei dem grossen taktischen Geschick der katholischen Geistlichen nur in Ausnahmefällen zum Vorschein kommt".[450]

Weiterhin spielten die Fälle Klausener und Probst, wie der Regierungspräsident von Münster schrieb, „eine unheilvolle Rolle". Man sei „in weitesten Kreisen, auch führender Intelligenz, der Ansicht, daß Klausener und Probst hinterhältig, und zwar nicht zuletzt als maßgebliche Katholikenführer, erschossen worden seien."[451]

In kirchlichen Kreisen höre man, so die dortige Gauleitung, immer wieder, „daß ein Ja erst dann in Frage kommen könne, wenn von den verantwortlichen Stellen der Fall Klausener in den Einzelheiten bekanntgegeben worden ist".

In ländlichen Bezirken des Kreises Recklinghausen, wo Klausener früher als Landrat tätig war, haben bis zu 35 Prozent mit Nein gestimmt.[452] Gerade die offizielle Vertuschung der beiden Fälle habe erhebliche Empörung zur Folge.[453]

In Berlin, am Tatort der Ermordung Klauseners, wurde die Erinnerung an den Ermordeten in subtiler Weise wachgehalten, wie die dortige Stapo berichtete. „An katholischen Zeitungsständen, z.B. im Vorraum der St. Hewigs-Kathedrale, werden Postkarten verkauft, die Clausener und katholische Geistliche … mit der zum deutschen Gruß erhobenen Hand zeigen.“[454]

Berliner Ausgabe
Einzelpreis 10 Pf.

Extra-Ausgabe
Berlin, Sonnabend, 30. Juni 1934

VÖLKISCHER BEOBACHTER

Kampfblatt der national-sozialistischen Bewegung Großdeutschlands

Eigenbericht des „V.B." über die Reinigungsaktion

So räumte der Führer auf!

Schonungslose Aufdeckung und Ahndung von Verfehlungen charakterloser Elemente
Scharfe Befehle und Anordnungen für die S.A.-Führer und Politischen Leiter

Das persönliche Eingreifen Adolf Hitlers

Wie der Führer die Verhaftungen vornahm

Ruhe und Ordnung im gesamten Reichsgebiet

Die Ausstoßung Röhms

Viktor Lutze zum Stabschef ernannt

Hitlers Befehl an die S.A.

Der Führer verlangt schärfstes Durchgreifen der Dienststellen

Der neue Stabschef: Obergruppenführer Viktor Lutze

„So räumte der Führer auf!" Extra-Ausgabe des Völkischen Beobachters vom 30. 6. 1934.

4.

Fazit: Ein historisches Schlüsselereignis

DIE MORDAKTION VOM 30. JUNI 1934 war ein Zentralereignis in der Geschichte des Dritten Reiches, das die Qualität der Diktatur fundamental änderte. Sie eröffnete Hitler den Durchbruch zur Alleinherrschaft, die er wenige Wochen später auch formal mit der Übernahme der Befugnisse des Reichspräsidenten und der anschließenden „Volksabstimmung" besiegelte. Er verfügte nun mit der Wahrnehmung der Ämter von Parteichef, Kanzler, Präsident und Oberbefehlshaber nicht nur über eine außerordentliche reale Machtfülle, sondern er hatte durch die Vereinigung dieser Ämter in seiner Stellung als „Führer" eine omnipotente, durch kein Verfassungsorgan oder zustimmungspflichtiges Gremium mehr beschränkte Machtposition erreicht.

Vor allem aber hatte er mit dem terroristischen Massenmord und seiner anschließenden Legalisierung durch ein rückwirkend angewendetes Gesetz einen entscheidenden Präzedenzfall geschaffen. Er konnte sich nun jederzeit aus Gründen der „Staatsnotwehr" über jedwedes geltende Recht hinwegsetzen und vermeintliche oder tatsächliche Gegner ohne Weiteres liquidieren lassen. Von nun an verfügte er also über das Machtinstrument offener und unbeschränkter terroristischer Gewalt, seine Herrschaft war damit im Kern ein auf Terror gestütztes Regime.

Diese neue Qualität der Diktatur offen herauszustellen und zu begründen, unternahm nur etwas mehr als zwei Wochen nach den Morden der an der Berliner Universität lehrende Professor Carl Schmitt, der seit Januar 1933 rasch zu einem der führenden Staatsrechtler des neuen Regimes aufgestiegen war. In der von ihm herausgegebenen Deutschen Juristen-Zeitung vom 1. August 1934 stellte Schmitt unter der schon bemerkenswerten Überschrift, „Der Führer schützt das Recht“ klar, dass Hitler nicht aufgrund irgendeines Ausnahmerechts gehandelt, sondern in der Situation verantwortungsvoll und folgerichtig kraft seines Amtes vorgegangen sei: „Der wahre Führer ist immer auch Richter. Aus dem Führertum fließt das Richtertum.“

Demzufolge war „die Tat des Führers echte Gerichtsbarkeit“, sie war „höchste Justiz“. Und: „In der höchsten Not bewährt sich das höchste Recht und erscheint der höchste Grad richterlich rächender Verwirklichung dieses Rechts“. Nach dieser an Radikalität nicht zu übertreffenden Ansicht, das stellte Schmitt in dem Artikel auch klar, erschien das Gesetz, das die Morde nachträglich legalisierte, als höchst überflüssiger Gestus eines durch das absolute Führerprinzip eigentlich überwundenen Begriffs von Rechtsstaatlichkeit.

Realpolitische Voraussetzung dieser neuen Form der Diktatur war zum einen die brutale Beseitigung von politischen Kräften, die Hitlers absoluter Machtentfaltung entgegenstanden oder sie einzuschränken drohten: Die Ausschaltung der SA-Führung unter Stabschef Röhm, die offen entgegen Hitlers erklärtem Willen die Fortsetzung der „nationalsozialistischen Revolution“ eingefordert hatte. Und auf der anderen Seite die Zerschlagung der sich formierenden konservativen Oppositionsgruppe hinter Papen, die Mitte Juni daranging, gerade die angeblich erreichten revolutionären „Errungenschaften“ infrage zu stellen und zu diesem Zweck auf eine letzte Mobilisierung des Reichspräsidenten setzte.

Weiters darf man nicht übersehen, dass der 30. Juni auch ein Schlag gegen die katholische Kirche war, für die sich im Vorfeld der Aktion die Chance zu eröffnen schien, ihre Verbands- und vor allem Jugendarbeit in relativer Autonomie unter staatlichem Schutz fortsetzen zu können.

Mit der Ermordung dreier prominenter katholischer Laien und der Unterbrechung der diesbezüglichen Verhandlungen mit den

Bischöfen durch die Juni-Aktion hatte das Regime in unmissverständlicher Weise signalisiert, dass es zu keinerlei Kompromissen in der strittigen Frage bereit war.

Da die öffentliche Darstellung der Aktion durch das Regime ganz auf den „Verrat" Röhms und seines Anhangs abgestellt und mit Hilfe homophober Schauergeschichten zusätzlich skandalisiert wurde, die Namen der übrigen Opfer – sieht man von dem als Kollateralschaden dargestellten Tod des Ehepaar Schleichers ab – aber erst nach und nach via Auslandspresse und Gerüchten durchsickerten, gelang es dem Regime in den ersten Juli-Tagen, die öffentliche Meinungsbildung mit seiner Version der Ereignisse zu beherrschen. Als sich dann im Laufe des Monats vor allem aus bürgerlichen und katholischen Kreisen allmählich auch Kritik regte, waren die entscheidenden politischen Weichenstellungen hin zu einer innenpolitischen Kräfteverschiebung längst erfolgt.

Die Führung der Reichswehr sah sich nun, nach der Ausschaltung der lästigen Ansprüche der SA, als „einziger Waffenträger der Nation" bestätigt und reihte sich bereitwillig und loyal in die neue Machtkonstellation ein. Es gab wohl im Offizierskorps „Bedenken, Bestürzung und Mißbilligung" wegen der Morde, doch die Wehrmachtführung tat alles, um die Aktion zu rechtfertigen und zu decken.[455]

Bereits in der Kabinettssitzung vom 3. Juli 1934 hatte Reichswehrminister Blomberg Hitler überschwänglich „für sein entschlossenes und mutiges Handeln, durch das er das deutsche Volk vor dem Bürgerkrieg bewahrt habe" gedankt und sich damit das offizielle Narrativ zu eigen gemacht.[456] Die Morde an ihren Kameraden, den Ex-Generälen Schleicher und Bredow, überging man, schließlich hatten sich die Militärs durch ihre moralische und logistische Unterstützung der Aktion zum Komplizen der Mordaktion gemacht.

Als „neues Kraftzentrum" innerhalb des Regimes und als die eigentliche Siegerin aus der „Röhm-Aktion" ging aber Himmlers

SS hervor.[457] Am 15. Juli trat die bereits im Juni durch Heß getroffene Regelung in Kraft, wonach der SD künftig der einzige Nachrichtendienst der Partei sein sollte.

AM 20. JULI ordnete Hitler an, die Schutzstaffel sei im „Hinblick auf die großen Verdienste der SS., besonders im Zusammenhang mit den Ereignissen des 30. Juni 1934 … zu einer selbständigen Organisation im Rahmen der NSDAP" zu erheben. War Himmler als Reichsführer SS bisher dem SA-Stabschef unterstellt gewesen, so wurde er nun unmittelbar Hitler in seiner Eigenschaft als „Oberster SA-Führer" zugeordnet.

Der Einsatz der Leibstandarte und der bewaffneten politischen Bereitschaften der SS im Zusammenhang mit dem 30. Juni wurde honoriert, indem aus diesen Verbänden die SS-Verfügungstruppe in (anvisierter) Divisionsstärke gebildet wurde.

KZ-Kommandeur Eicke wurde am 4. Juli offiziell zum Inspekteur der Konzentrationslager und Führer der SS-Wachverbände ernannt, reorganisierte das KZ-System und baute aus den KZ-Wachmannschaften eine weitere militärisch ausgebildete Truppe, die SS-Totenkopfverbände, auf.

Der Monopolanspruch der Reichswehr als „einziger Waffenträger der Nation" war damit bereits durchbrochen. Ferner gelang es Himmler, seine Stellung als Inspekteur der preußischen Gestapo und als Kommandeur der politischen Polizei in den übrigen deutschen Ländern so zu festigen und auszubauen, dass er schließlich Chef einer reichsweiten, zentral geführten und außerhalb des übrigen Polizei- und Verwaltungsapparates agierenden Geheimpolizei wurde. Auf diese Weise fügte Himmler SS, SD, Gestapo und Konzentrationslager zu jenem umfassenden Terrorinstrument zusammen, das Hitler für die Ausübung seiner unumschränkten diktatorischen Herrschaft benötigte.

Immer wieder ist zu Recht darauf hingewiesen worden, dass die Hinnahme der terroristischen Morde und des Übergangs zur

Alleindiktatur Hitlers fatale Konsequenzen nach sich zog. Da der brutale Bruch mit rechtlichen, politischen, moralischen und zivilisatorischen Normen folgenlos blieb, sah sich das Regime ermutigt, diese Grenzen immer weiter zu verschieben. Der Massenmord vom 30. Juni war somit aus der Rückschau betrachtet der erste Schritt zu weit größeren Verbrechen.

DOCH WIE hätte sich diese zweite „Machtergreifung" Hitlers verhindern lassen?

Für eine Mobilisierung offenen Protests, gar Gegenwehr, fehlten ganz einfach die strukturellen Voraussetzungen. Der wichtigste Gegenspieler der Nationalsozialisten, die Arbeiterbewegung, war zerschlagen, die bürgerlichen Parteien hatten sich aufgelöst, Presse und Rundfunk waren gleichgeschaltet und der Stahlhelm sowie die übrigen Wehrverbände waren im Begriff, von der SA vereinnahmt zu werden. Nicht zuletzt deswegen war die SA so sehr mit ihren internen Problemen beschäftigt, dass auch sie auf eine machtpolitische, ja bewaffnete Auseinandersetzung mit dem Regime in keiner Weise vorbereitet war. Die großen Aufmärsche und Paraden, die Röhm in den letzten Monaten veranstaltet hatte, stellten sich als bloße „militärische" Spielerei ohne reale Gefahr für die Herrschaft Hitlers heraus.

Nach dem 30. Juni sollte sich die SA zwar murrend, aber ohne Gegenwehr, entwaffnen lassen und hinnehmen, dass die unter Röhm aufgeblähte Organisation abgebaut und die personelle Stärke von einstmals etwa 4,5 Millionen Angehörigen nach und nach erheblich reduziert wurde. Im Oktober 1935 zählte man noch 1,6 Millionen SA-Männer, aber damit war der Prozess der „Säuberung" noch nicht abgeschlossen. Erhalten blieb jedoch das erhebliche Gewaltpotenzial der SA, das jederzeit durch das Regime abgerufen werden konnte und sich insbesondere in „Aktionen" gegen Juden manifestierte.[458]

Auch die konservativen Eliten waren Mitte 1934 weder bereit noch in der Lage, sich der Errichtung der terroristischen Diktatur entgegenzustellen. Die Bemühungen der Gruppe um Edgar Jung, Papen zum Sprecher einer konservativen Gegenbewegung zur Eindämmung der Macht Hitlers und der NSDAP zu machen, scheiterten bereits im Ansatz.

Die Reichswehr verfolgte, wie wir gesehen haben, andere Pläne, und eine breit angelegte Vernetzung von Führungsgruppen aus Wirtschaft, Verwaltung, Medien und so weiter zu einer geschlossenen Opposition, die der sogenannte Papen-Kreis anstrebte, war in keiner Weise gegeben.

Die Führung der katholischen Kirche war nicht bereit, auch nach den Morden an drei ihrer prominenten Laien mit dem Regime zu brechen, sondern setzte fortan darauf, durch eine Intensivierung der innerkirchlichen Arbeit den Zusammenhalt des gläubigen Volkes zu stärken und eine gewisse Abwehr gegen Zumutungen des Regimes aufzubieten. Die sich im Protestantismus formierende Bekennende Kirche wiederum war primär eine innerkirchliche Oppositionsbewegung und nicht auf eine Auseinandersetzung mit dem Regime ausgerichtet.

MIT DEM MASSENMORD VOM 30. JUNI 1934 verhinderte Hitler vor allem, dass die um sich greifende Unzufriedenheit der Bevölkerung mit der wirtschaftlichen Lage, der aggressiven Kirchenpolitik des Regimes und der Willkürherrschaft der Parteibonzokratie in offene Proteste umschlug und sich aus der komplizierten innenpolitischen Gemengelage eine Oppositionsbewegung heranbildete, die sich zur Sprecherin dieser Unzufriedenheit hätte aufschwingen können.

Tatsächlich zeigen die relativ schlechten Ergebnisse der Volksstimmung vom August (die man immer mit Blick auf die repressiven Verhältnisse in und außerhalb der Wahllokale interpretieren muss) sowie die Stimmungsberichte aus den folgenden Monaten, dass keines der Probleme, die die Menschen in der ersten Jahreshälfte 1934 so sehr beschäftigt hatten, in irgendeiner Weise befriedigend gelöst werden konnte.

Die Rohstoff- und Devisenkrise verschärfte sich. Arbeiter und kleine Angestellte hatten bei steigenden Preisen kaum ein zum Lebensunterhalt ausreichendes Einkommen. Der selbstständige Mittelstand klagte dementsprechend über schlechte Umsätze. Die Bauern waren unzufrieden mit der Marktreglung und Preisbildung. Die Unfähigkeit und Willkür der örtlichen Parteifunktionäre blieb ein öffentliches Ärgernis. Der Druck auf die katholische Kirche verschärfte sich und in der protestantischen Kirche kam es als Konsequenz des von Hitler vertretenen Einigungswerks zur offenen Spaltung.

Doch das Regime verfügte nun über ausreichende Machtmittel, um offenen und organisierten Widerspruch bereits im Ansatz zu ersticken.

5 .

Anhang

Anmerkungen

1 Unter „Gesamtdarstellungen“ werden hier auch kürzere Texte verstanden, die ein umfassendes Bild zu entwerfen versuchen. Zu nennen sind: Die frühen Arbeiten von Hermann Mau (Die „Zweite Revolution“ – Der 30. Juni 1934, in: Vierteljahrshefte für Zeitgeschichte 1 (1953), S. 119–137) sowie von Helmut Krausnick (Der 30. Juni 1934, Bedeutung, Hintergründe, Verlauf, in: Aus Politik und Zeitgeschichte, 30. Juni 1954, S. 317–324); sodann Charles Bloch, Die SA und die Krise des NS-Regimes 1934. Suhrkamp, Frankfurt am Main 1970.
Hervorzuheben sind ferner insbesondere: Wolfgang Sauer, Die Mobilmachung der Gewalt, Köln/Opladen 1974 (zuerst 1962), S. 194ff.; Heinz Höhne, Mordsache Röhm: Hitlers Durchbruch zur Alleinherrschaft, 1933–1934, Reinbek bei Hamburg 1984. Der Autor hat sich am Thema schon einmal versucht und kommt nicht unbedingt zu den gleichen Schlüssen wie mehr als 30 Jahre zuvor: Peter Longerich, Die braunen Bataillone. Geschichte der SA, Beck, München 1989, verbesserte u. ergänzte Neuauflage u.d.T. Geschichte der SA (München 2003), jeweils S. 206–219.
Die neueste und umfangreichste Darstellung zur SA (Daniel Siemens, Sturmabteilung, München 2019) bietet zur Geschichte des 30. Juni erstmalig eine umfangreiche Auswertung der Originale des Lutze-Tagebuchs und verfolgt im Übrigen andere thematische Schwerpunkte der SA-Geschichte. Zur juristischen Aufarbeitung: Otto Gritschneder, „Der Führer hat Sie zum Tode verurteilt …“, Hitlers „Röhm-Putsch“-Morde vor Gericht, München 1993.

2 Meist monatlich, gelegentlich auch alle zwei Monate, in Bayern zweimal pro Monat.

3 Es handelt sich um eine vom Autor angelegte Sammlung für ein größeres Projekt über die „Volksstimmung“ in Deutschland zwischen 1933 und 1945.

4 Zum folgenden Überblick vgl. Longerich, Geschichte der SA; verwiesen sei außerdem auf die neuere Darstellung von Siemens, Sturmabteilung.

5 Siehe hierzu die biographische Skizze bei Longerich, Geschichte der SA, S. 15ff. sowie Hancock, Röhm.

6 Röhm, Geschichte eines Hochverräters, 5.A., 1934; Vorwort zur ersten Auflage 1928, S. 9.

7 Zu Röhms Homosexualität und der öffentlichen Debatte: Hancock, Röhm, S. 90, S. 95f. sowie S. 113ff.; Zinn, Soziale Konstruktion, S. 44ff.

8 Zum Terror der SA während der „Machtergreifung“: Longerich, Geschichte der SA, S. 165ff.; Siemens, Sturmabteilung, S. 184ff.; Richard Bessel, Anfänge sowie die einschlägigen Beiträge in dem Sammelband: Bürgerkriegsarmee.

9 BAB, NS 26/328, 23.5.1933.

10 Ernst Röhm, S. A. und deutsche Revolution, NS-Monatshefte, Juni 1933, S. 251–254, Zitate S. 251 und 252.

11 UF IX, Nr. 2102, Frick Rundschreiben v. 11.7.1933: Äußerungen über eine Fortsetzung der Revolution usw. stellten „eine glatte Sabotage der nationalen Revolution dar"; VB, 18.7.1933, Reichsminister Goebbels über „Volk an der Arbeit": „Revolutionen sind nicht Selbstzweck. Selbstzweck ist die Erhaltung unseres Volkes und des Fortbestandes unserer Rasse." UF IX, Nr. 2104, Kundgebung Görings v. 22.7.1933: „Von dem Augenblick an, in dem nach den Worten des Führers und Kanzlers des nationalsozialistischen Staates die Revolution beendet ist und der nationalsozialistische Aufbau begonnen hat, werden deshalb alle mit den Strafgesetzen nicht im Einklang stehenden Handlungen, gleichviel von wem sie begangen sind, unnachsichtlich auf das strengste verfolgt, da der nationalsozialistische Staat private Eingriffe in staatliche Hoheitssphären, insbesondere in die Gerichtsbarkeit des Staates, nicht dulden kann!"

12 Für Bayern: Ortwin Domröse, NS-Staat, S. 185ff. sowie Klenner, Verhältnis, S. 95ff.; für Preußen: Schuster, SA, S. 260ff.

13 Siehe die Berichte der Regierungspräsidenten: Niederb./Oberpf., März 1933 II, April 1933 I, Juni 1933 II; Oberf./Mittelf., März 1933 I; Schwaben, April I; Unterf., März II.

14 BayHSTA, StK 5256, Rundschreiben Fricks v. 10.7.1933; BAB, R 43 II/1202, desgl., 6.10.1933.

15 BayHStA, StK 5256, Bekanntmachung des Staatsministers d. Inneren, 1.9.1933 sowie Der Oberste SA-Führer (Röhm) betr. Sonderbevollmächtigte und Sonderbeauftragte, 15.1.1934. BAB, NS 23/547, OSAF (Röhm), Verfügung betr. Sonderbevollmächtigte und Sonderbeauftragte des OSAF in Preußen, 23.10.1933; Runderlaß des Preußischen Ministerpräsidenten betr. Sonderbevollmächtigte und Sonderbeauftragte des Obersten SA-Führers bei preußischen Behörden, 30.10.1933, in: Ministerialblatt für die preußische innere Verwaltung 1933, Sp. 1303f.

16 Schuster, SA, S. 264f.; Domröse, NS-Staat, S. 208ff. In Württemberg wurden die Sonderkommissare bereits im Mai 1933 wieder aufgehoben, ähnliche Bemühungen gab es zu diesem Zeitpunkt bereits in Sachsen: Klenner, Verhältnis, S. 100; Wagner, Mutschmann, S. 100ff.

17 MinBlatt 1933, Sp. 923, Runderlass des Preußischen Innenministers v. 2.8.1933; BAB, R 58/264, Runderlass des Preußischen Innenministers, 14.10.1933.

18 BAB, NS 23/509.

19 Gruchmann, Justiz, S. 345ff.

20 SAHH, SA, B 112, Befehl v. 26.10.1933.

21 Ebd., 3.11.1933.

22 Gruchmann, Justiz, S. 412ff. Das Gesetz zur Sicherung der Einheit von Partei und Staat vom 1.12.1933 sah zwar eine besondere Partei- und SA-Gerichtsbarkeit vor (RGBl 1933 I S. 1016, § 3), ließ jedoch deren Position gegenüber den ordentlichen Gerichten offen. Im VB v. 24.11.1933 kündigte der Leiter der SA-Pressestelle unter dem Titel „Der SA-Mann im neuen Recht" die Entwicklung eines umfassenden SA-Rechts an (vgl. Sauer, Mobilmachung, S. 318).

23 Longerich, Geschichte der SA, S. 159; Sauer, Mobilmachung, S. 271.

24 Longerich, Geschichte der SA, S. 184.

25 Sauer, Mobilmachung, S. 263ff.; Vogelsang, Chef Ausbildungswesen.

26 Krausnick, Der 30. Juni 1934, S. 319.

27 VB, 2.12.1933, Stabschef Röhm über seine Aufgaben als Reichsminister.

28 Gesetz zur Sicherung der Einheit von Partei und Staat v. 1.12.1933, RGBl. 1933 I S. 1016.

29 Sauer, Mobilmachung, S. 321; BAB, NS 23/548, Anordnung über die Einrichtung einer Presseabteilung in der Obersten SA-Führung, 4.1.1934.

30 Veröffentlicht unter dem Titel „Warum S. A.?", in: Nationalsozialistische Monatshefte 5 (1934), Januar-Heft, S. 10–20.

31 Siemens, Sturmabteilung, S. 210ff.; Sauer, Mobilmachung, S. 320f.; Impekoven, Humboldt-Stiftung, S. 237; Deutsche Corps-Zeitung, Dez. 1933, S. 211, über eine Ansprache, die Röhm in seiner Eigenschaft als Präsident der Austauschstelle vor ausländischen Studenten hielt.

32 Fischer, Stormtroopers, S. 110ff.; Siemens, Sturmabteilung, S. 219ff.

33 Sauer, Mobilmachung, S. 259f.; Fischer, Stormtroopers, S. 113.

34 Longerich, Geschichte der SA, S. 188ff.; Jamin, Rolle, S. 340ff., Kater, Ansätze, S. 824ff.

35 Longerich, Geschichte der SA, S. 192. Siehe hierzu etwa den Bericht der Stapo Aachen, Feb. 1934 (S. 127): „In den Kreisen älterer Nationalsozialisten, insbesondere auch in der SA, herrscht teilweise große Missstimmung darüber, dass jüngere Parteimitglieder bevorzugt in Stellungen untergebracht worden sind, während ältere Parteigenossen aus der Kampfzeit noch heute auf angemessene Beschäftigung warten."

36 BAB, NS 23/548, Rundschreiben v. 1.1.1934.

37 Stapo Hannover, April 1934 (S. 138). Auch der Regierungspräsident in Augsburg führte die dort grassierenden „Reibungen" zwischen SA- und SS-Angehörigen sowie dem Stahlhelm vor allem darauf zurück, dass die ehemaligen Stahlhelmführer in der SA gleichwertige Stellungen einnehmen wollten: RP Schwaben, Juni 1934 I, auch Juni 1934 II sowie bereits Mai 1934 I. Hierzu auch Kater, Ansätze, S. 807ff. und Fischer, Stormtroopers, S. 188ff.

38 SAHH, SA, B 37.

39 BA, NS 23/550, Rundschreiben, Kampf gegen die SA. Auszüge aus eingelaufenen Berichten und Presseveröffentlichungen, 14.6.1934.

40 Humann: „Alte Kämpfer". Zu Klagen über mangelnde Arbeitsbereitschaft: Longerich, Geschichte der SA, S. 189f. und Kater, Ansätze, S. 825.

41 BAB, NS 23/550, Rundschreiben der SA Führung, Der SA-Mann und sein Arbeitsamt, 20.6.1934.

42 Lehrstürme: BAB, NS 23/517, OSAF (Röhm), Verfügungen vom 20.11.1933, 30.11.1933 und 16.12.1933; Fischer, Stormtroopers, S. 130f. Hilfswerklager: BA R 2/18,528, Schreiben des Präsidenten der Reichsanstalt für Arbeitsvermittlung an den Reicharbeitsminister, 2.3.1934 sowie 10.3.1934; Schnellbrief des Reichsarbeitsministers v. 3.5.1934. Vgl. Longerich, Geschichte der SA, S. 199.

43 So erklärten sich beispielsweise der Reichsverband Deutsche Lederhändler sowie der Reichsverband des deutschen Schuhmacherhandwerks im Novem-

ber 1933 zu einer „Sohlenspende“ zugunsten von SA- und SS-Angehörigen bereit. Zu weiteren Sachspenden s. die Beispiele aus Hamburg bei Longerich, Geschichte der SA, S. 200.

44 NS 23/549, OSAF (Röhm), Anordnung betr. Vorstrafen 16.4.1934.

45 Referiert bei Kater, Ansätze, S. 827.

46 BAB, NS 23/548, Rundschreiben v. 1.1.1934.

47 Der SA-Mann, 1.4.1933, Ernst Röhm. Der Stabschef der Braunen Armee; 23.4.1933, Dem Kämpfer Ernst Röhm (aus Anlass seiner Ernennung zum Staatssekretär in Bayern); 24.6.1933, Thiaumont, Ein Ehrentag des Kgl. Bayerischen 10. Infanterie-Regiments „König“ und unseres Stabschefs Röhm; 29.7.1933, S.A. nötiger denn je! Stabschef Röhm bei den Führern der S.-A.-Gruppe Südwest; 14.10.1933, 83.760 schlesische S.A.-Männer angetreten; 25.11.1933, Der Treuhänder der deutschen Revolution – Stabschef Ernst Röhm. Worte, dem Stabschef zum Gruße zu seinem 46. Geburtstag; 2.12.1933, Alle kamen, um dem geliebten Stabschef zu seinem 46. Geburtstag Glück zu wünschen; 31.3.1934, Mit Stabschef Röhm zur S.A. an Rhein und Ruhr; 7.4.1934, Die treu waren bis zum Tode... Mit Stabschef Röhm zur S.A. an Rhein und Ruhr; 19.5.1934, Stabschef Röhm bei den Sturmsoldaten der Bayerischen Ostmark; 16.6.1934, Der Stabschef in Ostpommern und in der Grenzmark (mit einer Fotoseite); Longerich, Geschichte der SA, S. 201.

48 Röhm, Die S. A. im neuen Staat, in: Der SA-Mann, 16.12.1933.

49 Stabschef Ernst Röhm: Der S. A.-Mann ist die Fleischwerdung einer heroischen Geisteshaltung, in: Der SA-Mann, 20.1.1934.

50 Die braunen Bataillone der deutschen Revolution, in: NS-Monatshefte 5 (1934), Januar, S. 5–9.

51 S. A. und Partei, ebd., S. 3f.; auch abgedruckt in SA-Mann, 27.1.1934.

52 UF X, Nr. 2366, Rede Hitlers vor den Gauleitern, 2.2.1934.

53 Deist, Aufrüstung, S. 475ff.; Rautenberg, Rüstungspolitik, S. 302ff.; Geyer, Aufrüstung, S. 329ff. und 351ff.; Sauer, Mobilmachung, S. 331ff.

54 So kam es im Herbst 1933 bereits zu Konflikten wegen des Einbaus der Parteitruppe in den Grenzschutz sowie der Geheimhaltung der militärischen Ausbildung von SA-Männern (Sauer, Mobilmachung, S. 331ff. sowie S. 323). Siehe IfZ, ED-1, Liebmann-Aufzeichnungen über Kommandeursbesprechungen am 15. und 18.1.1934: „Überheblichkeit seitens der mittleren Führung der SA, einzelne Entgleisungen und grobe Verstöße haben hier und dort zu einer unerfreulichen Spannung, auch zwischen Heer und SA, geführt.“

55 Rekonstruiert bei Sauer, Mobilmachung, S. 335ff. Der Inhalt der Denkschrift Röhms ist nur durch die Angaben, die Blomberg auf der Befehlshaber-Besprechung am 2./3.Feb. 1934 machte, bekannt: IfZ, ED-1, Aufzeichnungen des Generals Liebmann.

56 Sauer, Mobilmachung, S. 337, nennt als Überbringer Lutze, was aber nicht ausreichend gesichert ist: IfZ, ZS Weichs, 7.3.1952, Bemerkungen zum Foertsch-Buch. Der ehemalige Divisionskommandeur Maximilian von Weichs gibt hier an, Lutze habe ihm dies im Sommer 1934 erzählt. Der seinerzeitige Major Hermann Foertsch erinnerte sich in einer Nachkriegsveröffentlichung, die Äußerungen

seien Hitler „von SA-Führern" übermittelt worden, während sich Lutze Mitte Juni der Reichswehrführung als Gegner Röhms angedient habe (Foertsch, Schuld, S. 48). Lutze schreibt in seinem Tagebuch, dass er erst am 22. Juni von Hitler wegen des bevorstehenden Konflikts mit der SA-Führung ins Vertrauen gezogen worden sei (Siemens, Lutze, Eintrag vom 30.6.1934, S. 390ff.).

57 IMT Bd, 36, Dok. 951 D.

58 Angaben nach: IfZ, ZS 66, Notiz v. Gotthard Heinrici, Abteilungsleiter im Wehrministerium, während oder nach einer Besprechung des Chefs der Heeresleitung am 25. Juli 1934, enthält auch den Vermerk „Nachsuche geht weiter"; vgl. auch Fallois, Kalkül, S. 124.

59 IfZ, ED-1, Liebmann-Aufzeichnungen über die Besprechung am 7.5.1934.

60 Sauer, Mobilmachung, S. 323f. Auf die Kontakte Röhms mit dem französischen Botschafter spielte Hitler offensichtlich in seiner Rede zur Rechtfertigung der Morde vor dem Reichstag am 13. Juli an, ohne den Namen François-Poncets jedoch zu nennen. Zu diesen Kontakten siehe ADAP Serie C, Bd. 3 Nr. 129, Botschafter Köster an das AA, 27.7.1934: Danach habe man ihn im französischen Außenministerium mit einem Bericht François-Poncets vertraut gemacht, der angab, mit Röhm am 21. Feb. sowie im Rahmen von Einladungen über allgemeine Themen gesprochen, ein weiteres, von Röhm vorgeschlagenes Treffen aber abgelehnt zu haben. Auch zu den großen Einladungen Röhms sei er nicht erschienen. Zur Vorgeschichte der Treffen s. a. ADAC C. Bd. 2, Nr. 100 sowie Nr. 220, Notiz Bülows v. 26.1.1934.

61 So ermahnte der Leiter des Sonderreferats Deutschland des AA, Bülow-Schwante, Anfang März Röhm und den Chef seines Ministeramtes „größte Vorsicht" bei Unterhaltungen mit Diplomaten zu üben und wies im Übrigen deutlich auf die Zuständigkeiten des AA hin: ADAP C Bd. 2, Nr. 305, Aufzeichnung v. 8.3.1934.

62 Longerich, Geschichte der SA, S. 185, mit weiteren Belegen und Einzelheiten.

63 Der SA-Mann, 21.4.1934, „Daß Ihr die gleichen bleibt, das tut not". Stabschef Röhm vor der Hamburger S. A.

64 Der SA-Mann, 26.5.1934, Der Stabschef besichtigt Frankens S. A.

65 Der SA-Mann, 19.5.1934, Stabschef Röhm bei den Sturmsoldaten der Bayerischen Ostmark.

66 Der SA-Mann, 14.4.1934, Die Sachsen marschieren – „Die S. A. – das ist Revolution".

67 Nämlich im Schlusssatz: „Die SA – das ist die nationalsozialistische Revolution", in: Röhm, Die nationalsozialistische Revolution und die S. A. Berlin (1934); auch gedruckt in: Der SA-Mann, 28.4.1934: „Die S. A. ist die Ideenträgerin der deutschen Revolution" (Schlagzeile).

68 Sächs. Min. d. Innern, April 1934.

69 Sächs. Min. d. Innern, April 1934; Stapo Hannover, Mai 1934 (S. 155).

70 Stapo Hannover, März 1934 (S. 126f.); Stapo Kassel Mai 1934 über „Reibungen" zwischen SA und Polizei; bemerkenswert sei, „das besonders bei den alten Kämpfern noch immer vorhandene starke Mißtrauen gegen die Polizei" (S. 103f.).

71 Bericht des Insp. der Gestapo für die Reichskanzlei über Gewalttätigkeiten von SA-Angehörigen in der zweiten Februarwoche, 17.2.1934, R 43II/1202 (IfZ, Fa 199/28); Stapo Aachen, Feb. 1934 (S. 127) über gewalttätige „Sonderaktionen" der SA; Stapo Berlin, Mai 1934; Stapo Hannover, Mai 1934 (S. 155f.).

72 Siehe die Beiträge in dem Sammelband „Was brauchen wir einen Befehl".

73 RP Aurich, Jan. 1934 (über Emden); Stapo Aachen Feb. 1934 (S. 126); Stapo Düsseldorf, März 1934 (S. 151).

74 Stapo Hannover Mai 1934 (S. 156).

75 Tooze, Ökonomie, S. 95.

76 Einzelheiten s. unten, S. 39f.

77 Tooze, Ökonomie, S. 98ff.; Buchheim, NS-Regime, S. 405.

78 Ebi Export, S. 96ff.

79 RP Niederb./Oberpf., April 1934 I; RP Schwaben, Mai 1934 I u. Juni 1934 II; Stapo Kassel Mai (S. 113).

80 Stapo Potsdam, März 1934 (S. 109): „Die Inflationsgerüchte … haben festere Gestalt angenommen und wirken sich wirtschaftlich schon erheblich aus. Man geht immer mehr von der bisherigen abwartenden Haltung zu einer kritischen Haltung über." Stapo Erfurt, April 1934 (S. 77): „Ein weiterer Punkt innerhalb der Diskussion ist der stete Hinweis auf eine bevorstehende Inflation. Hierüber wird nicht nur in linksradikalen Kreisen, sondern bis weit hinein in die bürgerlichen Kreise gesprochen." Der Regensburger RP sah zwar im „großen und ganzen … das Vertrauen zum neuen Staat auf festem Boden", jedoch: „Nur die Furcht vor einer neuen Geldentwertung will nicht schwinden." (RP Niederb./Oberpf., Mai 1934 I; ders., Juni 1934 I über beträchtliche Abhebungen bei Sparkassen und Anlage in Sachwerten. Siehe auch RP Schwaben, April 1934 I (BA Krumbach).

81 Sächs. Min. des Innern, Bericht für März 1934 sowie Lagebericht 1. Vierteljahr 1934; Stapo Kassel, Mai 1934 (S. 113). Zur allgemeinen Stimmungsentwicklung zwischen Sommer 1933 und Frühjahr 1934 s. Morsch, Arbeit, S. 98ff.

82 Stapo Kassel, Mai 1934 (S. 113), ähnlich Juni 1934 (S. 124).

83 Stapo Potsdam, März 1934 (S. 93).

84 Stapo Potsdam, März 1934 (S. 109).

85 RP Unterf., Dez. 1934 I.

86 OP Rheinprov., März 1934.

87 RP Niederb./Oberpf., Mai 1934 I; Stapo Hannover, April 1934, S. 143: „In Wirtschaftskreisen wächst die Unzufriedenheit"; Stapo Aachen, Feb. 1934 (S. 135).

88 Stapo Aachen, Feb. 1934 (S. 131).

89 Holtwick, Berufsstand, S. 179ff.; Saldern, Mittelstand, S. 34ff.

90 Mecklenburgische Politische Polizei, Mai 1934 I; RP Unterf., Dez 1933 I, nach einem Bericht des Bezirksamts Ebern; RP Oberf./Mittelf., Jan. 1934 II.

91 Stapo Hannover, Jan. (S. 107) sowie Feb. 1934. (S. 118).

92 Stapo Lübeck, April 1934.

93 Stapo Hannover Jan. (S. 104) sowie Juni 1934 (S. 172).

94 RP Pfalz, Mai 1934 II.

95 Stapo Erfurt, April 1934 (S. 85).

96 Stapo Potsdam, Feb. 1934 (S. 87).

97 Stapo Hannover, April 1934 (S. 138): ähnlich Stapo Kassel, Mai 1934 (S. 104); Berghahn, Stahlhelm, S. 269ff.

98 RP Schwaben, Dez. 1933 II; s.a. RP Niederb./Oberpf., Sep. 1933 II. In Oldenburg wurden Anfang 1934 zwei neu gegründete „Stahlhelmfrauenschaften" wegen Spannungen mit den örtlichen NS-Frauenorganisationen aufgelöst: Stapo Oldenburg, Feb. 1934 I u. II 1934 (S. 93 u. S. 98).

99 Bericht der Stapo Potsdam, 18.12.1933 (IfZ Fa 199/28); Stapo Potsdam, März 1934 (S. 108); Stapo Hannover, Jan. 1934 (S. 103); Stapo Berlin, April 1934.; Stapo Halle, Jan. 1934 (S. 51); Stapo Magdeburg, Feb. 1934 (S. 52ff.).

100 Corni/Gies, Brot, S. 75ff. Ferner die Regionalstudien: Münkel, Nationalsozialistische Agrarpolitik, S. 100ff.; Münkel, Bauern, S. 61ff.; Herlemann, Bauer, S. 77ff. Diese Arbeiten zeigen die wesentlichen, im Folgenden ausgebreiteten Kritikpunkte an der Politik des Reichsnährstandes für den Kreis Stade, den Kreis Celle bzw. für das heutige Niedersachsen auf.

101 Münkel, Nationalsozialistische Agrarpolitik, S. 95ff.

102 Münkel, Nationalsozialistische Agrarpolitik, S. 111.

103 RP Schwaben, Dez. 1933 II; RP Pfalz, April 1934 II; RP Oberb., Nov. 1933 II (BA Altötting, Ebersberg, Schrobenhausen und Traunstein) sowie Jan. II (BA Starnberg); RP Schwaben, Nov. 1933 I u. II; RP Niederb./Oberpfalz, März 1934 I; RP Pfalz, Dez. 1933 I; RP Unterf., Juni 1934 II; Stapo Hannover, März 1934 (S. 127); Sächs. Min. d. Innern, März 1934.

104 Stapo Hannover, Mai 1934 (S. 158).

105 Stapo Kassel Mai (S. 115).

106 RGBl 1933 I S. 685ff. Münkel, Nationalsozialistische Agrarpolitik, S. 112ff. sowie S. 270ff.; Münkel, Bauern, S. 111ff., bes. S. 172ff.; Herlemann, Bauer, S. 93ff. sowie S. 106ff.

107 RP Hannover Mai (S. 159); ähnlich bereits Jan. 1934 (S. 107) und Feb. 1934 (S. 119).

108 RP Unterf., März 1934 II: BA Würzburg. Allgemeine Kritik am Erbhofgesetz ist für den Zeitraum Herbst 1933 bis Frühjahr 1934 in der Berichterstattung aller bayerischen Regierungspräsidenten nachweisbar. Ferner: OP Rheinprov. Jan. 1934: „Im Privatgespräch starke Unzufriedenheit mit dem Reichserbhofgesetz", ebenso März 1934; Stapo Düsseldorf, März 1934 (S. 157).

109 Klagen über die Marktregelungen unter den betroffenen Bauern, zum Teil aber auch von Seiten der Verbraucher, finden sich in der Berichterstattung aller bayerischen Regierungspräsidenten im Zeitraum Dezember 1933 bis Mai 1934, kamen aber auch aus den unterschiedlichsten Regionen des übrigen Reiches: Stapo Hannover, Jan.1934 (S. 106); Stapo Aachen, Feb. 1934 (S. 133f.); Stapo Potsdam, Feb. 1934 (S. 94); Stapo Harburg-Wilhelmsb., März 1934; Stapo Düsseldorf, März 1934 (S. 158); OP Rheinprov., März und Mai 1934; Mecklenburgische Politische Polizei, April 1934; Stapo Hannover, April 1934 (S. 145f.) und Mai 1934 (S. 158f.); Stapo Kassel, Juni 1934 (S. 124). – Münkel, Nationalsozialistische Agrarpolitik, S. 106ff. u. S. 326ff.; Herlemann, Bauer, S. 145ff.; Münkel, Bauern, S. 65ff. u. S. 78ff.

110 Stapo Potsdam, Feb. 1934 (S. 94); Stapo Kassel, April 1934 (S. 98) und Mai 1934 (S. 115); OP Rheinprovinz, März 1934, „bürokratische Überspitzung"; RP Unterf., Jan. 1934 II. – Hierzu Corni/Gies, Brot, S. 251ff.; Münkel, Nationalsozialistische Agrarpolitik, S. 106ff. u. 326ff.; Herlemann, Bauer, S. 145ff.; Münkel, Bauern, S. 65ff. u. S. 78ff.

111 Corni/Gies, Brot, S. 280ff.; Münkel, Nationalsozialistische Agrarpolitik, S. 337ff.; Herlemann, Bauer, S. 145ff.; Münkel, Bauern, S. 84ff.

112 RP NB/OP März II; RP Schwaben, Feb. 1934 II. Im Zeitraum März bis Juni lassen sich diese Klagen bei allen bayerischen Regierungspräsidenten nachweisen. Auch Sächs. Min. d. Innern, Wochenbericht 17. und 18. Kalenderwoche 1934.

113 Zur Arbeitslosenstatistik: Stat. Jahrbuch 1935, S. 307 sowie 1936, S. 317.

114 Humann, „Arbeitsschlacht", S. 242ff. (Notstandsarbeiter); S. 361ff. (Arbeitsdienst), S. 486ff. (Landhilfe).

115 Im Mai 1933 wurden die etwa 1 Mio. Hausgehilfinnen von der Pflicht zur Arbeitslosenversicherung „befreit", sodass etwa 230.000 weibliche Hausangestellte nicht mehr als arbeitslos galten: Gesetz über die Befreiung der Hausgehilfinnen von der Pflicht zur Arbeitslosenversicherung v. 12.5.1933, RGBl 1933 I S. 265; Humann, „Arbeitsschlacht", S. 118ff. sowie S. 136. Buchheim macht außerdem darauf aufmerksam, dass viele verheiratete Frauen, die durch die Kampagne gegen „Doppelverdiener" unter Druck gesetzt wurden, ihren Arbeitsplatz aufzugeben, sich vermutlich nicht mehr arbeitslos meldeten, da sie ohnehin als „nicht bedürftig" keinen Anspruch auf Arbeitslosengeld hatten (NS-Regime, S. 394).

116 Morsch, Arbeit, S. 178ff.; Schneider, Hakenkreuz, S. 705ff.

117 Morsch, Arbeit, S. 102ff.; Herbert, Arbeiterschaft, S. 321.

118 Stapo Potsdam, Jan.1934 (Bericht über Stand komm. Bewegung, S. 79); ähnlich positive Einschätzungen finden sich in RP Unterfr., März 1934 I; RP Schwaben, Jan. 1934 I u. II (BA Kempen); OP Rheinpr., Feb. 1934; Meckl. Politische Polizei, April 1934 oder in Stapo Hannover, Feb. 1934 (S. 117): „Alle Arbeiter sind überzeugt, daß die Führer das Beste für sie wollen. Verurteilt wurden dagegen die nicht zu verstehenden Maßnahmen einzelner Unterführer."

119 Gestapo Oldenburg, März 1934 (S. 97).

120 Stapo Hannover, Feb. 1934 (S. 117). Zu der Unzufriedenheit über die schlechte Einkommenssituation s. beispielsweise auch die fortlaufende Berichterstattung des RP Schwaben zwischen Nov. 1933 und Juni 1934; ferner: RP Niederb./Oberpf., Mai 1934 I; Stapo Erfurt, Feb. 1934 (S. 60), April 1934 (S. 86f.); OP Rheinprov., März 1934; Stapo Kassel, April 1934 (S. 96); Sächs. Min. d. Innern, März 1934.

121 Stapo Kassel, 28.7.1933, gedr. in UF IX, Nr. 2163; Stapo Hannover, März 1934 (S. 128); Sächs. Min. d. Innern, 1. Quartal 1934; Morsch, Arbeit, S. 103.

122 Stapo Potsdam, März 1934 (S. 104); auch RP Unterf., Mai 1934 II. Morsch, Arbeit, S. 102f., bezeichnet die „Einstellungen und Haltungen der deutschen Arbeiter" zwischen Sommer 1933 und Frühjahr 1934 als „durch Depressionen und Resignation geprägt".

123 RP Schwaben, Mai 1934 II; RP Unterfr., Dez. 1933 I.

124 Positive Wirkungen der Arbeitsbeschaffungspolitik auf die Stimmung und die Einstellung zum Regime meldeten in den insgesamt über 160 durchgearbeiteten

Berichten über die Stimmung vor dem 30.6.1934 lediglich: Stapo Dortmund, Nov. 1933; Stapo Hannover, März 1934 (S. 126); Stapo Kassel, April 1934 (S. 96); RP Unterf.; März 1934 II; RP Oberf./Mittelf., April 1934 I; RP Schwaben, Dez. 1933 II sowie März 1934 I; Sächs. Min. d. Innern, 1. Quartal 1934. Die gegenteilige Auffassung von Morsch, wonach die RP und OP übereinstimmend über positive stimmungsmäßige Auswirkung des Kampfes gegen die Arbeitslosigkeit berichtet hätten, ist unzureichend belegt: Arbeit, S. 181.

125 RGBl 1934 I S. 45ff.; Schneider, Hakenkreuz, S. 291ff.; Frese, Betriebspolitik, S. 93ff.

126 Stapo Erfurt, April 1934 (S. 84).

127 Über die Unterwanderung der NSBO: Stapo Hannover Nov. 1933 (S. 83); Stapo Erfurt, März 1934, (S. 70); über zu viele Kommunisten in SA und NSBO: Pol. Präs. Hannover, Jan. 1934 (S. 97f.), auch April 1934 (S. 133). Die Stapo Erfurt kam in ihrem April-Bericht zu der Einschätzung, in der DAF bedeute die „einflussreiche Betätigung ehem. Marxisten in gehobenen Führerstellungen ein grosses Gefahrenmoment“, während überall davon gesprochen werde, „daß sich innerhalb der NSBO ein Bonzensystem übelster Art entwickelte“: Stapo Erfurt, April 1933 (S. 83).

128 Stapo Harburg-Wilhelmsburg, März 1934.

129 Sächs. Min. d. Innern, 1. Quartal 1934.

130 Frese, Betriebspolitik, S. 169ff.

131 RP Unterf., Mai 1934 II.

132 Stapo Kassel, April 1934 (S. 97): „Bei der Firma Henschel, Kassel, konnte für die zur Wahl gestellten Personen keine Mehrheit erreicht werden, so daß der Wahlleiter die Betreffenden für gewählt erklären mußte.“

133 Zu der Bildung zweier Lager in den Betrieben: Stapo Aachen, Feb. 1934 (S. 131).

134 Zusammengestellt aus: Rüther, Lage, S. 230ff.; Zollitsch, Vertrauensratswahlen, S. 368ff.; Frese, Betriebspolitik, S. 177ff.; Wisotzky, Ruhrbergbau, S. 104ff. sowie S. 177ff., Tabellen 9–11 im Anhang.

135 Gestapo Erfurt, Juni 1934 (S. 92) S: hierzu bereits der April-Bericht (S. 85).

136 SOPADE, April/Mai 1934, S. 29ff. sowie Mai/Juni, S. 106ff.

137 Scholder, Kirchen I, S. 627ff.; Meier, Kirchenkampf I, S. 85ff.

138 Scholder, Kirchen I, S. 683ff.; Meier, Kirchenkampf I, S. 121ff.; Niemöller, Pfarrernotbund, S. 31.

139 Dokumente Kirchenpolitik I, Nr. 47/33 III, Verfügung der Reichsleitung der NSDAP, gez. Heß, 13.10.1933; zur Veröffentlichung in der deutschen Presse s. VB, 17.10.1933; Scholder, Kirchen I, S. 745ff.

140 Meier, Kirchenkampf, S. 204ff.; Scholder, Kirchen II, S. 159ff.

141 Scholder, Kirchen II, S. 309f.

142 Scholder, Kirchen II, S. 172ff.; Meier, Kirchenkampf I, S. 175ff.

143 Stapo Berlin, Lagebericht 5.5.1934; ähnlich Stapo Hannover, Mai 1934 (S. 162) sowie Juni 1934 (S. 176); RP Oberf./Mittelf., Mai 1934 I.

144 OP Rheinprov., März 1934.

145 S. hierzu etwa die besorgte Berichterstattung der Politischen Polizei Stuttgart (Lagebericht vom 5.9.1933, also unmittelbar vor der Ratifizierung). Der Kölner Regierungspräsident meldete etwas mehr als zwei Wochen später, das „ostentative Herausstellen der katholischen Jugend“ nach dem Abschluss des Konkordats werde „von der Hitlerjugend als Provokation empfunden“. Auffällig sei auch, dass nun „die katholische Geistlichkeit wieder in zunehmenden Masse aus ihrer bisherigen zurückhaltenden Stellung herausgetreten“ sei (Politische Lage und Stimmung, 21.9.1933). Der Regierungspräsident in Ansbach meinte Anfang Oktober, „daß es in der Hauptsache nicht mehr die ehem. Marxisten verseuchten Bezirke sind, die noch zu Schwierigkeiten und Unruhen Anlaß geben, sondern die Domänen der ehm. Bayernwacht“ (also des Selbstschutzverbandes der ehem. Bayrischen Volkspartei): Sept. 1933 II, auch bereits Sept. 1933 I sowie Okt. 1933 I u. II. – Zum Verhältnis Staat – katholische Kirche nach dem Abschluss des Konkordats: Scholder, Kirchen I, S. 700ff.

146 Scholder, Kirchen I, S. 702ff.

147 RP Unterf., Sept. 1933 II sowie Okt. 1933 I u. II; RP Schwaben, Okt. 1933 I; RP Pfalz, Nov. 1933 II; RP Schw., Nov. 1933 II; RP Niederb./Oberpf., Nov. 1933 I und II; RP Schwaben, Jan. 1934 I und II; RP Pfalz, Jan 1934 II. – Zum Verhältnis von HJ und katholischen Jugendorganisationen um die Jahreswende 1933/34: Scholder, Kirchen I, S. 722ff.

148 Stapo Kassel, Okt.–Dez. 1934 (S. 77f.).

149 RP Oberf./Mittelf., Dez. 1934 II.

150 Stapo Karlsruhe, Lagebericht, 9.–15.12.1933 (S. 57); RP Unterf., Jan. 1934 I; RP Pfalz, Feb. 1934 II; RP Schwaben, Feb. 1934 II.

151 RP Unterf., Jan. 1934 II; Stapo Erfurt, Jan. 1934 (S. 65); Stapo Aachen, Feb. 1934 (S. 118f.); RP Oberf./Mittelf., Feb. 1934 I.

152 RP Oberf./Mittelf., Jan. 1934 I; Stapo Osnabrück, Nov. 1933 (S. 46); OP Rheinprov., Jan. 1934; RP Köln, 21.9.1933, Politische Lage und Stimmung.

153 RP Pfalz, Jan. 1934 II.

154 Stapo Düsseldorf; März 1934 (S. 144ff.); RP Pfalz, Mai 1934 II; Stapo Aachen, Juni 1934 (S. 170f.).

155 Stapo Kassel, April 1934 (S. 90).

156 Kassel, Mai 1934 (S. 107).

157 Ebd., S. 109.

158 RP Oberf./Mittelf., Feb. 1934 I. – Andere Berichterstatter sahen jedoch die Situation (noch) relativ gelassen und glaubten, die Masse der Geistlichen habe sich – abgesehen von einigen jüngeren „Heißspornen“ – mit dem neuen Staat abgefunden: RP Niederb./Oberpf., Jan. 1934 II; Stapo Osnabrück, Feb. 1934 (S. 53f.); RP Niederb./Oberpf., Feb.1934 II; Stapo Oldenburg, Feb. 1934 (S. 98).

159 RP Unterf., Feb. 1934 I; RP Oberb., April 1934 II (BA Berchtesgaden und Altötting); RP Schwaben, April 1934, April I u. II; RP Niederb./Oberpf., 1934 II (Bez. Amberg); Stapo Kassel, Mai 1934 (S. 107f.); Stapo Oldenburg, März 1934 II (S. 105) sowie April 1934 II (S. 115).

160 RP Unterf., April 1934 I.

161 RP Unterf., April 1934 II.

162 Stapo Düsseldorf, März 1934 (S. 147); Stapo Berlin, Lagebericht 5.5.1934 sowie Mai 1934; RP Pfalz, Mai 1934 I und Juni 1934 I; RP Schwaben, Mai 1934 I; RP Niederb./Oberpf., April 1934 II (BA Amberg) sowie Mai 1934 II; Stapo Kassel, April 1934 (S. 91f.) und Juni 1934 (S. 120f.); RP Oberf./Mittelf., Mai 1934 I.

163 RP Oberb., April 1934 II; Stapo Kassel, April 1934 (S. 91f.); RP Niederb./ Oberpf., April 1934 I u. II. – Hierzu Scholder, Kirchen I, S. 142ff.

164 RP Niederb./Oberpf., Mai 1934 II (Straubing); RP Unterf., Mai 1934 II (Würzburg).

165 RP Niederb./Oberpf., Juni 1934 I; RP Oberb., Juni 1934 I.

166 RP Oberf./Mittelf., Mai 1934 II.

167 Stapo Osnabrück, Nov. 1933 (S. 45).

168 Stapo Kassel, Mai 1934 (S. 102); Stapo Erfurt, April 1934 (S. 85).

169 OP Rheinprov., Mai 1934. Schmiechen-Ackermann konstatiert in seinem Aufsatz über die Blockwarte, diese untersten Funktionäre der NSDAP seien Träger „negativen Sozialprestiges" gewesen (S. 596).

170 Stapo Harburg-Wilhelmsb., März 1934. Auch Stapo Hannover, Nov. 1933 (S. 85) über das „selbstherrliche Auftreten untergeordneter Führer"; Stapo Magdeburg, Feb. 1934 (S. 47) über die Protektion alter, jedoch ungeeigneter Parteigenossen. Die überaus große Zahl von Korruptionsfällen innerhalb der Partei, aber gerade auch bei DAF und SA machen deutlich, dass es sich hier um ein Strukturproblem der NS-Bewegung handelt: Bajohr, Parvenüs, S. 49ff.

171 RP Mittelf,/Oberf., Feb. 1934 I; RP Schwaben März II 1934, über entsprechende Berichte der Pol. Dir. Augsburg sowie des BA Memmingen; RP Unterf., Jan. 1934 II.

172 RP Pfalz, Feb. I; ähnliche Klagen RP Niederb./Oberpf., Jan. 1934 I; RP Schwaben, Feb. 1934 II; Stapo Erfurt, April 1934 (S. 83).

173 Stapo Hannover, Jan. 1934 (S. 105); OP der Rheinprovinz, März 1934; Stapo Potsdam, Feb. 1934 (S. 91). Zu den weit verbreiteten und nie aufhörenden Klagen über Korruption, Missbrauch der eingezogenen Beiträge, undisziplinertes Verhalten, Vandalismus etc. im Zusammenhang mit der HJ s. Postert, Hitlerjugend, S. 139ff.

174 Dieses Stimmungsbild zeichnen insbesondere die sechs bayerischen Regierungspräsidenten für den Zeitraum November 1933–April 1934. Ferner: Stapo Erfurt, Nov. u. Dez. 1933 (S. 39 und 41); Stapo Hannover, Nov. 1933 (S. 81ff.), Feb. 1934 (S. 117); Stapo Potsdam, Oktober 1933 (Stand der kommunistischen Bewegung, S. 58), Stapo Halle, Jan. 1934 (S. 53); Stapo Osnabrück, Nov. 1933 (S. 46) und Feb. 1934 (S. 55); Sächs. Min. d. Innern, April 1934.

175 OP Rheinprovinz, Jan. 1934.

176 Stapo Aachen, Feb. 1934 (S. 166, allgemein); Gestapo Harburg-Wilhelmsburg, März 1934 (allg., auch Angehörige der Partei); Stapo Hannover, April 1934 (S. 147, allg.); Sächs. Min. d. Innern, März 1934, nimmt die Arbeiterschaft von dem sonst positiv gezeichneten Stimmungsbild ausdrücklich aus; Stapo Erfurt, April 1934 (S. 85), die Stimmung in Arbeiterschaft und gebildeten Mittelschichten sei nicht durchweg gut; RP Niederb./Oberpf., Mai 1934 II (allg.); RP Schwaben, Juni 1934 II, Klagen aus Landwirtschaft und Arbeiterschaft; RP

Oberb., Juni 1934 I sowie RP Niederb./Oberpf., Juni 1934 I, beziehen sich auf die kritische Stimmung auf dem Land.

177 OP Rheinprov., Feb., März und Mai 1934.

178 SOPADE, April/Mai 1934, S. 9f., gestützt auf einer Reihe von Berichten aus verschiedenen Landesteilen.

179 SOPADE, Mai/Juni 1934, S. 99f., dito.

180 Ebd., S. 99.

181 NB, Jan. 1934, S. 26.

182 NB, Feb. 1923, S. 51.

183 NB, Feb. 1934, S. 79; März 1934, April 1934, S. 98.

184 NB, Mai 1934, S. 124 und S. 135 (Zwischenüberschrift).

185 Longerich, Himmler, S. 177f.

186 Höhne, Mordsache, S. 226ff. (über Zusammenarbeit Gestapo – Reichswehr); IMT 36, Dok. 951 D, Beschwerde Blombergs v. 2.3.1934 bei Hitler über die Aufstellung bewaffneter SA-Verbände; Göring in IMT Bd. IX, S. 302, er habe Nachrichten gesammelt und an Hitler weitergeleitet SAM, LG München I, Nr. 28791, Bd. VI, Zeugenvernehmung des ersten Gestapo-Chefs Rudolf Diels, 22.10.1953: Laufende Orientierung Hitlers über SA durch hohe Militärs, aber auch durch Göring und ihn selbst, übereinstimmend mit der Darstellung in seinen Memoiren (Lucifer, S. 384f.); Sauer, Mobilmachung, S. 345.

187 Domarus, Hitler I, S. 382.

188 Stapo Kassel, Juni 1934 (S. 117).

189 Stapo Hannover, Mai 1934 (S. 151f.); ähnlich RP Minden, August 1934; Skepsis von Anfang an in OP Rheinprovinz, Mai 1934. Positive Einschätzung demgegenüber in: RP Oberb., Mai 1934 II; auch RP Niederb./Oberpf., Mai 1934 I u. II; Skepsis aber im 1. Bericht Juni 1934. Zum weitgehenden Fehlschlagen der Miesmacher-Aktion Sopade, Mai/Juni 1934, S. 105ff. und Juni/Juli 1934, S. 187 sowie Morsch, Arbeit, S. 178.

190 Akten Regierung Hitler I, Nr. 359, Chefbesprechung.

191 Tooze, Ökonomie, S. 96f.

192 Volkmann, NS-Wirtschaft, S. 298f.

193 Domarus, Hitler I, S. 418.

194 Datiert vom 7. Juni 1934, Domarus, Hitler I, S. 385; siehe auch den ebenfalls sehr selbstbewussten Befehl Röhms vom 8. Juni an die SA (ebd.).

195 Goebbels TB, 16.5.1934.

196 Pyta, Hindenburg, S. 859ff.

197 Goebbels TB, 21.5.1934.

198 Goebbels TB, 25.8.1933.

199 Die Pläne sind im Detail hauptsächlich durch die Angaben in den Memoiren von Tschirschky, Erinnnerungen, S. 162f. und S. 174ff. überliefert; weitere, diese Angaben stützenden Aussagen stammen ausschließlich aus der Nachkriegszeit. Die Pläne sahen demnach im Einzelnen vor, den Konflikt zwischen SA und Heer weiter zu schüren und Hindenburg davon zu überzeugen, wegen dieses Unruheherdes

den Ausnahmezustand auszurufen, mit Hilfe der Reichswehr SA und SS zu entwaffnen und ein Regierungs-Direktorium zu bilden, das überwiegend aus Konservativen bestehen, dem aber – für eine Übergangszeit – auch Hitler und Göring angehören sollten. Letzten Endes sei aber eine völlige Neuordnung der staatlichen Verhältnisse geplant gewesen. S. hierzu die Darlegungen bei Orth, „Amtssitz", S. 423ff. sowie Graß, Jung, S. 264ff. mit einer zurückhaltenderen Bewertung der Zuverlässigkeit von Tschirschkys Angaben; wie auch immer man diese Frage beurteilt, illusorisch waren solche Überlegungen und Pläne allemal.

200 Text in: UF X, Nr. 2375; hierzu Petzold, Papen, S. 206ff.

201 Hitlers Anordnung geht hervor aus Goebbels TB v. 18.6.1933 und schlug sich in einschlägigen Presseanweisungen vom gleichen Tag nieder.

202 BAB, NS 10/50: In dieser Akte aus Hitlers Adjutantur findet sich ein Auszug aus der Rede samt Anschreiben der Vizekanzlei an das Propagandaministerium v. 17.6. mit der Bitte um Freigabe für Veröffentlichung in der Presse; der Auszug ist mit zahlreichen Anstreichungen und Ausrufezeichen versehen. Ferner Beschwerde Papens bei Hitler v. 27.6. über die Inhaftierung bzw. Entlassung verschiedener Personen wegen der Verbreitung der Rede. Petzold, Papen, S. 219ff., zitiert in seiner ausführlichen Darstellung dieser Tage hierzu insb. auch Schreiben Papens an Hitler v. 18. Juni (Sonderarchiv Moskau).

203 Pyta, Hindenburg, S. 844f.

204 Zu Hitlers Auftritt in Gera: VB, 19.6.1933, Die Welt muss wissen: Die Zeit der Diktate ist vorbei; ebd., Dr. Goebbels gegen die Nörgler; VB, 23.6.1934, Bericht über die Sonnwendfeier.

205 UF X, Nr. 2376; die Rede wurde im VB vom 26.6.1934 unter der Schlagzeile „Keiner wacht mehr über die Revolution als der Führer" abgedruckt.

206 VB, 27. Juni 1934.

207 Orth, „Amtssitz", S. 480ff.; Tschirschky, Erinnerungen, S. 186ff., Goebbels TB, 29.6.1934, über den Vortag: „Reaktion überall am Werk".

208 Über den Verhandlungsverlauf: Akten Bischöfe I, Nr. 160, Niederschrift Bischof Bernings; S. 731 über den Empfang bei Hitler. Über die Verhandlungen, Scholder, Kirchen II, S. 24ff.

209 Akten Bischöfe I, Nr. 160g, 29. Juni 1934, Entwurf II einer Vereinbarung betr. Ausführung von Artikel 31.

210 Niederschrift Berning (wie Anm. 208).

211 Hierzu Scholder, Kirchen II, S. 243.

212 Lagebericht des Chefs des Sicherheitsamtes des Reichsführers SS, Mai/Juni 1934, in: Berichte des SD, Nr. 1, S. 13.

213 Bei der Wiederaufnahme der Verhandlungen Anfang 1935 ließ Hitler erklären, dass er das im Juni 1934 erreichte Verhandlungsergebnis nicht mehr als verbindlich ansehe. Der Vatikan hatte bereits im Juli 1934 ein Veto gegen den Entwurf eingelegt, das wohl auch als Reaktion auf die Ereignisse vom 30. Juni 1934 zu verstehen war: Besier, Kirchen III, S. 142f.; Scholder, Kirchen II, S. 261f.

214 Papen versuchte insbesondere mit der von ihm gegründeten Arbeitsgemeinschaft Katholischer Deutscher einen Brückenschlag zum Nationalsozialismus herzustellen: Möckelmann, Papen, S. 307ff.

215 Gauleitung Westfalen Nord, Lageberichtsauszüge zu Kirchenfragen, Juni 1934.

216 Etwa am 24. Juni informierte der Chef des Allgemeinen Heeresamtes Friedrich Fromm seine Mitarbeiter über einen eventuellen Putsch der SA und ordnete an, Sicherungsmaßnahmen in den Kasernen zu treffen. Bei Bedarf seien Waffen an die SS abzugeben. Besorgnis erregten zwei angebliche Führerbesprechungen Röhms am 21. in München und am 23. in Bad Reichenhall. Der Reichswehr-Kommandeur in Schlesien, Ewald von Kleist, erhielt ebenfalls etwa am 24.6. den Befehl von Werner von Fritsch, besondere Sicherungsmaßnahmen in seinem Bereich anzuordnen. Er habe sich daraufhin mit dem SA-Führer Heines in Verbindung gesetzt, der ihm erklärte, die SA träfe lediglich Abwehrmaßnahmen gegen einen befürchteten Überfall der Reichswehr. Kleist kam zu der Schlussfolgerung, dass SA und Reichswehr wohl durch gezielte Informationen aufeinandergehetzt werden sollten, und meldete dies seinem Ministerium. Der Chef der Abwehr Conrad Patzig fand am 26. Juni in seinem Büro einen mysteriösen Befehl Röhms zur beschleunigten Bewaffnung der SA vor, den er sogleich an die Ministeriumsspitze weiterleitete. (IFZ, ZS 66, Undatierte Notizen Heinricis über Fromm; IfZ, ZS 25, Affidavit Kleist von 1946; ZS 540, Aktennotiz über Gespräch mit Patzig vom 14.6.54). Über diese und weitere Sicherungsmaßnahmen seit dem 23.6.1934: Müller, Heer, S. 115f. Vgl. Hierzu Sauer, Mobilmachung, S. 352f.

217 Müller, Reichswehr: Aufzeichnungen des Artillerieführers der 7. Division, 28.6.1934 (S. 124ff.) sowie 30.6.1934 (S. 129).

218 SAOs, Rep 945 2019/74, Bd. 16, Vernehmung Woyrsch, 27.2.1956; SAM, Staatsanwaltschaften, Nr. 34608, Vernehmung Eberstein, 23.10.1961; Orth, „Amtssitz“, S. 925.

219 SAOs, Rep 945 2019/74, Bd. 16, Aussage Best, 18.2.1956.

220 Führerbesprechung des SD-OA Chemnitz v. 12.8.1934, wörtlich zitiert nach der Dissertation von Johannes Tuchel bei Herbert, Best, S. 570.

221 IfZ, ZS 317, Karl Wolff, Niederschrift über Unterredung am 7./8.9.1952.

222 SAM, LG München I, Nr. 28791, Bd. 6, Vernehmung Walter Kureck, 12.3.1953.

223 Siemens, Lutze, S. 392f.; das Telefonat Hitlers nahm Röhms Adjutant Robert Bergmann an: SAM, LG München I, Nr. 28791, Bd. 1, Schreiben Robert Bergmann,14.5.1949. – Görings Staatssekretär Paul Körner berichtet, dass Himmler eigens nach Essen kam, um Hitler zu unterrichten (ebd., Bd. 6, Aussage v. 5.6.1953), ohne hierzu nähere Angaben zu machen.

224 VB vom 29.6.1934; Die Wehrmacht im Dritten Reich; ebd. (Göring), „Deutschland lebt, wenn Adolf Hitler es führt!“; ebd., Goebbels in Kiel.

225 Domarus, Hitler I, S. 394; Goebbels TB, seit dem 18.6.1934, bes. 29.6.1934.

226 Über den 29.6. in Godesberg: Domarus, Hitler I, S. 394f., auch Siemens, Lutze, S. 393f.

227 SAM, LG München I, Nr. 28791, Bd. 6, Aussage Körner, 5.6.1953. Lutze schreibt in seinem Tagebuch (S. 393), Körner sei am Vortag mit wichtigen Nachrichten (die er aber nicht erfuhr) per Flugzeug in Essen angekommen. Da Körner sich bei der Hochzeit Terbovens nach eigenen Angaben in Begleitung Görings befand, dürfte Lutze die beiden Orte verwechselt haben. An Körners angeblichen Flug vom 28.6. hat Höhne (Mordsache, S. 256) die Spekulation geknüpft, er habe Nachrichten von Himmler über einen bevorstehenden Putsch Röhms mitgebracht. Von dort aus

breitete sich diese kühne Behauptung unaufhaltsam in der Sekundärliteratur aus.

228 SAM, LG München Nr. 28791, Bd. 6, Vernehmung Dietrich, 2.3.1953.

229 Domarus, Hitler, S. 420f.

230 Goebbels TB, 1.7.1934.

231 SAM, LG München I, Nr. 28791, Bd. 6, Vernehmung Best, 11.3.1953; ebd., Bd. 12, Aussage d. ehem. Majors Hans Doerr über seine nächtlichen Beobachtungen; im Prozess gegen Dietrich und Lippert sagten auch die Zeugen Winderl und Kiessling über die nächtliche Alarmierung ihrer Stürme aus, referiert im Urteil vom 14.5.1957 (ebd., Bd. 13). Ferner: Notiz eines in die SA eingeschleusten V-Mannes der Reichswehr, zitiert in Müller, Reichswehr, S. 131. Vgl. Höhne, Mordsache, S. 262ff. mit weiteren Einzelheiten.

232 Zusammengetragen bei Höhne, Mordsache, S. 261f.

233 LG München I, Bd. 13, Urteil vom 14.5.1957; Siemens, Lutze (Tagebuch), S. 395f.; Domarus, Hitler I, S. 399.

234 SAM, LG München I, Nr. 2879, Bd. 1, Aussage Brückner, 30.5.1949. Die Kolonne der Leibstandarte traf erst nach den Ereignissen in Bad Wiessee, von ihrem Ausladebahnhof Kaufering kommend, dort ein und wurde nach München weiterdirigiert: Ebd., Bd. 1 und Bd. 6, Aussagen Dietrich, 18.5.1949 und 2.3.1953 sowie Vernehmung Best, 11.3.1952; siehe auch Lehmann, Leibstandarte, Bd. 1, S. 51f. Von ihrem Standort Dachau wurden 800 Mann der „österreichischen Flüchtlings-SS" auf Wehrmachtfahrzeugen Richtung Bad Wiessee in Marsch gesetzt: Ebd., Aussage Alfred Rodenbücher, 18.5.1953.

235 Über das unter einem anderen Namen geführte und mittlerweile zum Abriss anstehende Gebäude: Süddeutsche Zeitung, 1.8.2017, So sieht es im Hotel Lederer aus.

236 SAM, LG München I, Nr. 28791, Bd. 32, Vernehmung von Ludwig Bergmüller, 12.2.1949. Nach Lutzes Tagebuch, S. 396f., habe Hitler das Zimmer mit gezogener Pistole betreten. – Zu den Ereignissen in Bad Wiessee, Höhne, Mordsache, S. 267ff. Zu Röhms Festnahme und Ende, Hancock, Röhm, S. 133ff.

237 SAM, LG München I, Nr. 28791, Bd. 1, Aussage Wilhelm Brückner, 30.5.1949.

238 SAM, LG München I, Nr. 28791, Bd. 1, Aussage Max Jüttner, 8.4.1949 sowie Bericht Karl Schreyer, 27.5.1949.

239 SAM, LG München I, Nr. 28791, Bd. 32, Vernehmungen Emil Maurice, 24.2.1949, Karl Meister (Kripo), 1.3.1949 sowie Max Jüttner, 8.4.1949.

240 Heusler, Das Braune Haus, München 2008.

241 SAM, LG München I, Nr. 28791, Bd. 12, Bericht Karl Schreyer, 27.5.1949; Aufzeichnungen Artillerieführer der 7. Division, 30. Juni 1934 (Müller, Reichswehr, S. 132).

242 SAM, LG München I, Nr. 28791, Bd. 6, Aussage des SS-Mannes Simon Füss, 16.2.1953.

243 110 Jahre München-Stadelheim, München 2004.

244 Ebd., Bd. 6, Aussage Dietrich, 2.3.1953; Koch erwähnt weder in seiner Niederschrift vom 30.6.1934 (Bd. 1) noch in seinen Vernehmungen diesen ersten Besuch Dietrichs (Bd. 6, 26.5.1953, Bd. 32, 25.1.1949).

245 Die Liste ist im Original in den Prozessakten (Bd. 40) erhalten. Der handschriftliche Zusatz Wagners lautet: „Auf Befehl des Führers sind an SS-Gruppenführer Dietrich die Herren auszuliefern, die dieser des näheren benennt." Zu den Vorgängen in Stadelheim: Höhne, Mordsache, S. 274f. Hierzu Bd. 32, Vernehmung Koch, 25.1.1949.

246 LG München I, Bd. 32, Vernehmung Koch, 25.1.49; Bd. 40, Niederschrift Kochs v. 30.6.1934. Zu den Erschießungen auch Bd. 6, Aussage der Gefängnisbeamten Josef Habermeier, 10.8.1953 sowie Heinrich Dötter, 17.8.1953.

247 Bd. 40, Exekutionsliste.

248 Zu diesen Erschießungen Höhne, Mordsache, S. 286, der hierzu insbesondere die Beobachtungen des SS-Mannes Dietrich Müller-Grote zitiert; Hinweise auf weitere Zeugen bei Orth, „Amtssitz", S. 930. – Zum Hintergrund: Rudorff, Misshandlung. Insgesamt waren sechs SS-Angehörige verurteilt worden: Hoffman, Pleines und Fink wurden möglicherweise umgebracht, weil sie in erneuten Vernehmungen den für das KZ verantwortlichen ehemaligen Stettiner Polizeipräsidenten Fritz Karl Engel schwer belasteten, der jedoch die Protektion Himmlers genoss. Diese Erschießungen wären somit keine „Selbstreinigung" der SS, sondern ein weiterer Versuch, das ganze Ausmaß und die Zusammenhänge der in dem KZ begangenen Gräueltaten zu vertuschen. Hierzu auch Gruchmann, Justiz, S. 352.

249 Urteil des Schwurgerichts beim Landgericht Berlin, 18.5.1953, gedr. in Sauer, Auftrag, S. 134ff.; ebd., S. 44f. über Einzelheiten der Verhaftung aufgrund der Aussagen von Martin Kirschbaum (Ernsts Begleiter) sowie Gildisch. Weiteres Material zu diesem Prozess in IfZ, Gb 06.12/1, Aussage Kirschbaum, 16.5.1951, wonach die Festnahme ursprünglich in Bremerhaven erfolgte.

250 Diese Exekutionen gehen aus der offiziellen Opferliste hervor (BAB, NS 23/475). Bei den Ernst-Mitarbeitern handelte es sich um seine Adjutanten Daniel Gerth, Walter von Mohrenschildt sowie den Rechtsberater der SA-Gruppe Gerd Voss. Gerth wurde zwischenzeitlich Göring vorgeführt, der ihm, so berichtete es Gerth noch einem Mitgefangenen, eigenhändig die Orden herunterriss und ihn beschimpfte (IfZ, ZS 268-1, Befragung des ebenfalls inhaftierten Kripo-Beamten Alfred Martin, 18.12.1951, der auch angab, er habe von seinem Gewahrsam aus die Exekutionen beobachten können). Zu Voss siehe Orth, SD-Mann, S. 197. Dort der Hinweis, dass das Todesdatum „30. Juni" in der amtlichen Totenliste der Gestapo zum Röhm-Putsch falsch sei, belegt durch eine spätere Verhöraussage von Voss' Vater Hermann Voss, der den Sohn noch am 1. Juli in der Haft besuchte. – Zu Schragmüller siehe die Kurz-Biographie bei Wilhelm, Polizei, S. 230.

251 SAM, LG München I, Nr. 28791, Bd. 36, Aussage der Ehefrau Dorothea Koch, 13.5.1949.

252 Werner Stephan, Acht Jahrzehnte, S. 229.

253 Bei dem „Oberführer Klein", den Gildisch nach eigener Aussage nach Lichterfelde überführte, dürfte es sich um den in der Totenliste aufgeführten Brigadeführer Willi Klemm handeln: Urteil des Schwurgerichts beim Landgericht Berlin, 18.5.1953, gedr. in Sauer, Auftrag, S. 134; siehe auch ebd., S. 43.

254 Der auf der offiziellen Totenliste ohne Vornamen aufgeführte Krause wurde

von Rainer Orth („Amtssitz", S. 695f.) als Oberleutnant Kurd Krause identifiziert, dessen Tod zum fraglichen Zeitpunkt amtlich bestätigt ist.

255 Judith Hahn, Erwin Villain und Leonardo Conti: Scharmützel unter NS-Kameraden. in: Deutsches Ärzteblatt 2007, Heft 42, Jahrgang 104, S. 2862f.; Karrieredaten Contis in: Thomas Maibaum, Die Führerschule der deutschen Ärzteschaft Alt-Rehse, Diss. (online) Hamburg, 2007, S. 241ff.

256 Orth, „Amtssitz", S. 493f.

257 So war Schleicher noch am Abend des 28.2.1934 über die von Hitler erzwungene Vereinbarung zwischen der Reichswehr und der SA informiert: Strenge, Bredow, Eintragung vom 5.3.1934

258 Orth, „Amtssitz", S. 419f.

259 Die entsprechenden Angaben der Haushälterin Marie Günzel sind in zwei Berichten vom 30.6. bzw. 2.7.1934 festgehalten; gedr. bei Orth, SD-Mann, S. 42ff. Nach den Recherchen von Orth, die in diesem Buch ausgebreitet werden, spricht einiges dafür, dass es sich bei dem Anführer der Gruppe um den SD-Mann Johannes Schmidt gehandelt hat.

260 Strenge, Bredow, S. 238; IfZ, ED 86/7, Aufzeichnung Arthur v. Bredow, 3.8.1934 über die Umstände der Verhaftung.

261 S. hierzu die Erläuterungen Görings (der behauptete, Bredow sei tatsächlich in Paris gewesen), in: Akten Regierung Hitler, Ministerbesprechung vom 20.3.1933, S. 241f.

262 Orth, „Amtssitz", S. 495ff.; Tschirschky, Erinnerungen, S. 188ff.

263 Tschirschky, Erinnerungen, S. 192ff.

264 Orth, „Amtssitz", S. 500. Zur Erschießung Boses s. den Bericht des Vizekanzlei-Mitarbeiters Kurt Josten, gedr. in Tschirschky, Erinnerungen, S. 204ff.

265 Orth, „Amtssitz", S. 500ff.; Papen, Wahrheit, S. 353ff.; Tschirschky, Erinnerungen, S. 189f.

266 Orth, „Amtssitz", S. 503ff. Der Mitgefangene Tschirschky hatte am 30.6. noch kurz Gelegenheit, mit Jung zu sprechen (Erinnerungen, S. 194f).

267 Große Kracht, Klausener, dort auch Nachweis weiterer Literatur.

268 Die Position Görings zu Klauseners Ermordung bleibt unklar: Noch im Nürnberger Prozess hatte er jede Verantwortung für dessen Tod abgelehnt, während der damalige Ankläger Robert Kempner im Ermittlungsverfahren gegen Gildisch 1953 aussagte, Göring habe ihm gegenüber im Laufe der Zeit eben diese Verantwortung mehr oder weniger eingeräumt (Große Kracht, Klausener, S. 291; IMT Bd. IX, S. 486; IfZ, Gb 06.12/1, Vernehmung Kempner, 28.4.1953).

269 Urteile des Schwurgerichts beim Landgericht Berlin v. 24.5.1951 sowie 18.5.1953 (Revision), gedr. in: Sauer, Auftrag, S. 95ff.

270 IfZ, ZS 1134-1, Gespräch mit Heinz Hauenstein, 18.7.1956. S. auch Diels, Lucifer, S. S. 417f., wonach Kessel ihm im Auftrag des Großindustriellen Otto Wolff durch die Überlassung von „Material über die Auswirkungen der Judenverfolgung laufend orientiert" habe.

271 Sauer, Toifl zitiert aus der Aussage des Laboranten Ernst Otto v. 30.9.1946 betr. die Abholung der Leiche am Fundort (S. 833); Schilde/Tuchel, Columbia-Haus, S. 29f.

272 Kissenkoetter, Straßer, S. 190ff.; Tschirschky, Erinnerungen, S. 195 und S. 228. Nach einer Auskunft Hans Berckemeyers, Aufsichtsratsvorsitzender beim Arzneimittelhersteller Schering, habe er Straßer eingestellt und ihn – nach ausdrücklicher Genehmigung von Hitler – in den Vorstand geholt: SAM München, LG München, Nr. 27891, Bd. 2, Schreiben v. 11.8.1949.

273 Schulz, Meine Erschiessung.

274 Ich folge hier den Ermittlungen der Anklagebehörde, die diese Morde auf den 30.6. datierte und nicht der Angabe der „amtlichen" Totenliste (BAB, NS 23/475 dort jeweils 1.7.1934): SAM, LG München I, Nr. 28791, Bd. 10: Generalstaatsanwalt an 5. Strafkammer, 4.7.1956, Aufstellung der in Dachau erschossenen Personen. Zu den Erschießungen in Dachau insgesamt: Richardi, Schule, S. 235ff.; Kimmel, Konzentrationslager, S. 365.

275 Gruchmann, Justiz, S. 440; Orth, Lennings, S. 55.

276 Aretin, Gerlich, 2. A. 1983, S. 129; weiteres Material bei Orth, Lennings, S. 56.

277 In der in der Forschung heftig geführten Kontroverse um die Ursachen des Reichstagsbrandes – die nicht Thema dieses Buches ist – werden von den Befürwortern der These, die Nazis (bzw. präziser: Angehörige der Berliner SA) hätten das Gebäude selbst in Brand gesteckt, immer wieder eine Reihe von Opfern des 30. Juni genannt, die man als lästige „Mitwisser" dieser Tat aus dem Weg habe räumen wollen. Im Einzelnen betrifft diese Vermutung – neben Röhrbein – insbesondere den Berliner SA-Chef Ernst, die SA-Führer Villain, v. Falkenhausen, v. Detten, Belding und Edmund Heines und sogar den Leiter der Katholischen Aktion in Berlin, Klausener. S. hierzu: Der Reichstagsbrand (1992), S. 372ff. sowie zuletzt Orth, Lennings, S. 55ff.

278 Selig, Ermordet, S. 349. Hierzu auch die Vernehmung des ehemaligen Kriminalrats Josef Gerum, 13.1.1949: Adler sei in Würzburg als „Sartist" bekannt gewesen und wurde auf Anweisung der Politischen Polizei nach Dachau überstellt; nach zwei, drei Wochen kam die Meldung, dass er durch Erhängen verstorben sei (SAM, Landgericht München I, Nr. 28791, Bd. 29).

279 SAM, LG München I, Nr. 28791, Bd. 2, Vernehmung Best, 18.6.1951.

280 Seißer kehrte erst am 1.7. von Garmisch nach München zurück und wurde spät am Abend festgenommen, als er sich im Polizeipräsidium nach Frau und Tochter erkundigte, die von der Polizei abgeholt worden waren. An die Gestapo übergeben, verbrachte er drei Tage im KZ Dachau: LG München I, Nr. 28791, Bd. 32, Vernehmung Seißers, 14.1.1949.

281 Nach seiner eigenen Darstellung wurde Duesterberg in der Nacht in seinem Urlaubsort Kreuth von einem SS-Trupp festgenommen und zunächst nach München, wohl zum Sitz der Gestapo verschleppt, dann nach Dachau und nach einigen Tagen in das Berliner KZ Columbia-Haus, wo er nach einigen Wochen entlassen wurde. Er sei nur mit großem Glück der ihm bereits angekündigten Erschießung entgangen: Duesterberg, Stahlhelm, S. 80ff. Zu seiner Verhaftung s. auch die Aufstellung der Gestapo in der Akte GStA, Rep. 90 Ann. P Nr. 114.

282 SAOs, Rep 945 2019/74, Bd. 16, Vernehmung Best, 18.2.1956. Am Morgen verließ Best für einige Stunden sein Büro, um die Kolonne der Leibstandarte von Kaufering über Bad Tölz und Bad Wiessee nach München zu führen: SAM, LG München I, Nr. 28791, Bd. 6, Vernehmung Best, 11.3.1952.

283 SAM, LG München I, Nr. 28791, Bd. 6, Vernehmung Walter Kureck, 12.3.1953.

284 Ebd., Bd. 2, Vernehmung v. 3.3.1953.

285 SAOs, Rep 945 2019/74, Bd. 16, Aussage Best, 18.2.1956; s. auch: SAM, LG München I, Nr. 28791, Bd. 2, Vernehmung Best, 18.6.1951: „Himmler und Heydrich, die erst seit etwa sechs Wochen in Berlin tätig waren, fühlten sich noch durchaus im Münchener Milieu zu Hause und disponierten für München, als ob sie selbst anwesend wären."

286 Siehe unten, S. 99.

287 LG München, Bd. 2., Vernehmung Best v. 18.6.1951.

288 SAM, LG München I, Nr. 28791, Bd. 6, Vernehmung Best, 11.3.1952.

289 Ebd., Bd. 6, Vernehmung Rodenbücher, 18.3.1953. Die österreichischen Flüchtlinge, die der SS angehörten, unterstanden dem SS-Oberabschnitt Donau (der seinen Sitz in München hatte), gleichzeitig aber auch – wie die aus SA-Männern gebildete „österreichische Legion" – der Obersten SA-Führung: Schafranek, Söldner, S. 37f.

290 Ebd., Bd. 6, 26.5.1953. Die Schreibweise der Namen wurde aus dem Protokoll übernommen: Stempfle und Kahr wurden tatsächlich ermordet, der Stahlhelm-Führer Seldte blieb unbehelligt. – Dass der SD eine Überwachungsakte über den Musikkritiker Schmid angelegt hatte, muss überraschen, da die Ermordung Schmids seinerzeit stets mit einer Namensverwechslung erklärt wurde; möglicherweise irrte Stark also. Aus den staatsanwaltschaftlichen Ermittlungen geht allerdings hervor, dass etwa eine Woche vor dem 30. Juni zwei Angehörige der Bayerischen Politischen Polizei im Auftrag des Münchner SD damit beschäftigt waren, die Adresse eines „Schmid, Münchner Neueste Nachrichten" zu ermitteln und dabei auf das spätere Opfer Willi Schmid stießen (ebd. Generalstaatsanwalt, Bericht an Staatsmin. d. Justiz, 5.10.1949). Diese Information deutet darauf hin, dass beim SD-Oberabschnitt in München auch im Vorfeld der Aktion über den Kreis „verdächtiger" SA-Führer hinaus Angaben zu potenziellen Opfern gesammelt wurden.

291 Ebd., Bd. 6, Vernehmung Stark, 26.5.1953. Er selbst erhielt mündlich den Auftrag, Huber in Dießen am Ammersee zu verhaften; der aber war nicht aufzufinden.

292 Nur Kahr und Schmid sind auf der offiziellen Liste mit dem Todesdatum 30.6.1934 vermerkt, die übrigen unter dem 1.7.1934.

293 Deutinger, Gustav von Kahr.

294 SAM, LG München I, Nr. 28791, Bd. 32, Vernehmung der Tochter Ilse Kahr, 14.1.1949: gegen 20 Uhr; Bd. 28, Schreiben Anton Kerschensteiner an Kripo München, 27.5.1949, über die Verhaftung seines Schwiegervaters, ungefähr um 21 Uhr durch einige SS-Leute.

295 Bd.6, Aussage Johannes Johann Steinbrenner, Mitarbeiter des Kommandanturstabes, 1.6.1953.

296 Zu Gerlich: Aretin, Gerlich; Meetschen, Weg; Morsey, Gerlich; Selig, Ermordet, S. 351. LG München, Bd. 32, Steinbrenner sagte aus (1.6.1953), er sei Zeuge der Exekution von Gerlich und einem „Offizier" in der Nacht vom 30.6. auf den 1.7. gewesen; Bd. 27, Münchner Polizei, K 1 Notiz v. 10.1.1948.

297 Ebd., Bd. 32, Schreiben der Witwe, Mrs. Herman W. Hoerlin, Binghampton, N.Y. v. 8.12.1948 an Generalstaatsanwaltschaft München, anbei eine Aufzeichnung, die sie zwei Wochen nach dem Mord gemacht hatte; ebd., Aussage Graf v. Rechberg, 18.9.1948, als Mitglied des SS-Motorsturms-Fahrer des Wagens, in dem Schmid von seiner Wohnung in München nach Dachau transportiert wurde; ebd., Aussage Steinbrenner, 1.6.1953, über die Einlieferung in Dachau; ebd., Bericht des Generalstaatsanwalts, an den bayr. Justizminister, 5.10.1949, über die Verwechslung.

298 Bd. 6, Vernehmung vom 11.3.1952: „In den Fällen Schmid und Kahr lag kein Exekutionsbefehl vor. Heydrich war über die Erschießung von Kahr sehr ungehalten."

299 Selig, Ermordet, S. 355f. Zu ihrer Erschießung liegt der Augenzeugenbericht des Häftlings Josef Ecksteins vor, zitiert in: Kerstin Engelhardt, Frauen im Konzentrationslager Dachau, in: Dachauer Hefte S. 218–244, S. 221f.

300 SAM, Landgericht München I, Nr. 28791, Bd. 6, Aussage Max Müllers, Fahrer des Wagens, in dem Z. aus Dachau abgeholt wurde und Zeuge der Erschießung, 6.6.1953; Bd. 30, Aussage seiner Schwester Katharina Staub über die Verhaftung, 17.6.1949.

301 Julius Schaub, der ehemalige Adjutant Hitlers, erinnerte sich, dass Stempfle bis 1934 ständiger Gast an Hitlers Stammtisch im Café Heck gewesen sei und den Tod von Stempfle außerordentlich bedauert habe (Notiz über ein Telefonat sowie Interview, 26.7.51, IfZ, Zs 137-1.). Kritisch hierzu Plöckinger, Geschichte (s. folgende Anm.).

302 SAM, Pol Dir. 15544, Vermisstenanzeige von Stempfles Schwester: Danach wurde er am 1. Juli um 18 Uhr von zwei Männern in ziviler Kleidung aus der Wohnung geholt, auf der Straße warteten noch zwei weitere Personen. Der Akt enthält Zeitungsausschnitte und Polizeiberichte über Stempfles Aktivitäten in den 1920er- und frühen 1930er-Jahren. Zur Person und Stempfles Beziehungen zu Hitler s. Plöckinger, Geschichte, S. 133ff., der mit einigen in der Literatur weit verbreiteten Mythen aufräumt.

303 Selig, Ermordet, S. 351f.; SAM, LG München I, Nr. 28791, Schreiben Kurt Sendtner an PolPräs. München, 21.7.1948, Oberstaatsanwalt München an bayr. Justizministerium, 10.11.1951.

304 Longerich, Hitler, S. 104.

305 Hitler, Monologe, 30.1.1942.

306 SAM, LG München I, Nr. 28791, Bd. 30, Aussage Martin Fridinger, 28.4.1949, Ehemann der Hausmeisterin: Er habe von dem Wohnungsinhaber Sattler, bei dem B. zur Untermiete wohnte, erfahren, dass er am Abend von 4 oder 6 SS-Männern verhaftet worden sei.

307 Diem, Beck.

308 Selig, Ermordet, S. 350.

309 SAM, LG München I, Nr. 28791, Bd. 40, Niederschrift Koch, 1.7.1934; Bd. 32, Vernehmung Kochs, 25.1.1949.

310 Hierzu die Aussagen der Angehörigen der Landespolizei, die an Lippert und Eicke vorbei Einsicht in die Zelle hatten, in der Hauptverhandlung:

SAM, LG München I, Nr. 28791, Bd. 12: Walter Kopp, Gustav Seybold, Otto Hofbauer, Johann Mühlbauer; Bd. 6, Aussage Wilhelm Noetzel, 2.6.1953, ehem. Ordonnanz von Lippert an diesen Tagen.

311 Zu dieser richtigen Schreibweise (nicht Schwieweck, wie in der offiziellen Totenliste) Orth, SD-Mann, S. 195.

312 SAM, LG München I, Nr. 28791, Bd. 1, Vernehmung der Mutter Katharina Schätzl, 27.4.1949: Danach hatte Schätzl Röhm kurz vor dem 30.6. in Bad Wiessee besucht und kam dann noch einmal nach München, um für die geplante Besprechung die „Staatsuniform" von Röhm zu holen. Chauffiert wurde er dabei von Röhms Fahrer König. Hier auch Vernehmung des Vaters Martin Schätzl, 29.4.1949.

313 S. hierzu und zum Folgenden die Aufstellung über die im Zusammenhang mit der Aktion in Stadelheim eingelieferten Gefangenen und ihre weitere Behandlung (in Stadelheim erschossen, nach Dachau bzw. Berlin überführt oder entlassen): SAM, LG München I, Nr. 28791, Bd. 40. Zu den Erschießungen s. die Vernehmung von Johannes Steinbrenner (Kommandanturstab), ebd., Bd. 6, 1.6.1953 sowie Bd. 32, 25.5.1949, ferner zahlreiche weitere Aussagen von Häftlingen und Wachmannschaften in Bd. 3. Die Häftlinge waren „als Warnung" gezwungen worden, bei den Erschießungen präsent zu sein. Über die Exekutionen: Richardi, Schule, S. 237; Kimmel, Konzentrationslager, S. 364f.

314 Zu Heines Vorleben: Orth, SA-Führer. Zu Heines und Schmidts Exzessen, allerdings auf Kolportage beruhend: Kater, Ansätze, S. 822.

315 SAOs, Rep 945 2019/74, Urteil vom 2.8.1957; diese Darstellung der Ereignisse liegt dem folgenden Text zugrunde.

316 Nämlich an Edmund Heines und seinen Bruder Oskar, an Ramshorn, Wechmar, Belding, Engels, Nixdorf; alle wurden tatsächlich erschossen.

317 Müller nahm das Schreiben nicht entgegen, sondern las eine angefertigte Abschrift. Gegen Mittag oder am frühen Nachmittag erhielt Müller ein von Göring unterzeichnetes Fernschreiben, mit dem er zum kommissarischen Leiter der Stapo-Stelle Breslau bestellt wurde.

318 Schmidt, Ramshorn.

319 Graß, Jung, Anmerkungsteil, S. 83f.; Gisevius, Ende, S. 88.

320 Wechmar, Akteur, S. 25.

321 Goebbels TB, 7.7.1934. Ein ähnlicher Hinweis findet sich in einem Schreiben Papens an Hitler vom 12. Juli 1934, in dem er Bezug auf ein Gespräch am Vortag nahm. Zur Sprache gekommen seien dabei „die Geschehnisse, die ausserhalb ihrer eigenen Initiative und nicht im unmittelbaren Zusammenhang mit der Revolte stattfanden, wie sie mir an Beispielen selbst erläuterten". IMT Bd. 35, S. 397; vgl. Gruchmann, Justiz, S. 458.

322 IfZ, Fa 223/4, Denkschrift Brückner, übersandt unter dem 19.10.1934 an den Obersten Parteirichter Buch, mit Hinweis auf Versendung an Hitler und Göring.

323 Dies geht aus der Personalakte von Engels hervor: BAB, R 1501/206075.

324 Zur Amtszeit von Sembach befand sich der Abschnitt noch in Brieg.

325 Urteil Osnabrück, 2.8.1957. In der offiziellen Liste der am 30. Juni 1934 Erschossenen (BAB, NS 23/475) wurde Sembach unter dem Namen „Sassbach" geführt.

326 SAM, Landgericht München I, Nr. 28971, Bd. 8, Vernehmung Josel Makosch. 20.6.1952.

327 IfZ, Fa 223/4, Denkschrift Brückner. Blümel wird auf der nach dem 14.8.1934 aufgestellten Liste der am und nach dem 30. Juni festgenommenen Personen als noch inhaftiert aufgeführt, und zwar mit dem Vermerk „Staatskrankenhaus": GSTA, Rep. 90 Ann. P, Nr. 114, Näheres hierzu unten S. 123ff.)

328 Urteil Schwurgericht Hannover, 5.3.1934 gegen Makosch (Totschlag, 1 Jahr, 6 Monate) sowie den Todesschützen Erich Moschner (Beihilfe zum Totschlag, 9 Monate); beide Angeklagte waren geständig. Auch Urteil Osnabrück v. 2.8.1957; SAM, Landgericht München I, Nr. 28971. Bd. 8, Vernehmung Makosch, 2.9.1952.

329 Gauleiter Brückner bestätigt in seiner Denkschrift (IfZ Fa 223/4) das geplante Vorgehen gegen den Oberbürgermeister und seine Beamten.

330 Gruchmann, Justiz, S. 468f.

331 IfZ, Fa 223/4: Urteil des Schwurgerichts Breslau v. 26.9.1934; Gruchmann, Justiz, S. 461 und S. 465ff.

332 SAM, LG München I, Nr. 28971. Bd. 8, Schwurgerichtsurteil Braunschweig vom 8.5.1956.

333 Laut der Liste der Festgenommen (GSTA, Rep. 90 Ann. P, Nr. 114, das auf S. 123ff. näher erläutert wird.

334 SAM, Landgericht München I, Nr. 28971, Bd. 8, Schwurgericht beim LG Berlin, Urteil v. 28.1.1954 gegen Hans Himpe (10 Jahre wegen Beihilfe); Urteil Osnabrück v. 2.8.1957; Gruchmann, Justiz, S. 460f.

335 Schwurgerichtsurteil Braunschweig, 28.5.1956. Skarabis wurde wegen Beihilfe zum Totschlag zu 4 Jahren Freiheitsstrafe verurteilt, vier weitere SS-Männer erhielten ebenfalls wegen Beilhilfe zum Totschlag zwischen einem und zwei Jahren, einer wurde freigesprochen.

336 SAM, Landgericht München I, Nr. 28971, Bd. 8, Urteil Schwurgericht beim LG Kassel, 10.10.1952 gegen Herbert Bischoff (lebenslänglich Zuchthaus wegen Mordes); Urteil Osnabrück v. 2.8.1957; Gruchmann, Justiz, S. 461. Das Kasseler Gericht ging davon aus, dass von vorneherein eine Mordabsicht bestand. Da der Angeklagte Bischoff die Tat leugnete, wurden keine Feststellungen über die Befehlslage getroffen.

337 SAM, Landgericht München I, Nr. 28971, Bd. 8, Vernehmung Seifert, 2.3.1956; ebd., Vernehmung Alfred Scholz, 24.4.1957, Führer der 45. SS-Standarte sowie Vernehmung Kurt Proske, 15.4.1957, Führer einer Pionierkompanie des Grenzschutzes, der das Material hatte einlagern lassen; Urteil Osnabrück v. 2.8.1957. Gegen Seifert wurde durch die Staatsanwaltschaft Kassel ermittelt, währenddessen verstarb er jedoch.

338 SAM, LG München I, Nr. 28791, Bd. 38, Aussage Eberstein, 19.9.1949 sowie eidesstattliche Erklärung v. 29.1.1949.

339 SAM, Staatsanwaltschaften, Nr. 34608: Vernehmung Willy Martin, 24.8.1961,

der wegen Differenzen mit dem sächsischen SA-Führer Hayn aus der SA beurlaubt worden war; Vernehmung Johannes Döring, 23.8.1961, SS-Abschnittsführer Sachsen, der die Politische Bereitschaft aufgestellt hatte.

340 SAM, Staatsanwaltschaften, Nr. 34608: So fasste das LKA Bayern in einem Schreiben an den Generalstaatsanwalt beim LG Berlin (11.9.1961) den Ermittlungsstand zusammen; Einstellungsverfügung vom 14.11.1961.

341 Zu diesen vier Opfern Orth, SD-Mann, S. 193f. sowie S. 196, wobei der Autor Anhaltspunkte dafür nennt, dass Pietrzok nach dem 30.6.1934 unbehelligt weiter lebte. Zu Schroedter s. die Aussage der Ehefrau Beatrice Schroedter, 29.7.1949, wonach Schroedter wegen seiner „christlichen und sozialen Einstellungen" ermordet worden sei; hierzu hatte sie bereits unter dem 21.4.1949 Briefauszüge vorgelegt. Zu Schroedter auch Eidesstattliche Erklärung Eberstein, 29.1.1949, alles in LG München, Bd. 38.

342 Hierzu der ehemalige Vorstand des Kriminalamtes Chemnitz, Albrecht Böhme, zum Zeitpunkt seiner Befragung am 21.8.1961 Leiter des Landeskriminalamtes Bayern. Danach habe sich Schuldt gerühmt, 17 Morde begangen zu haben: SAM, Staatsanwaltschaften, Nr. 34608. Eine wichtige Rolle spielte dabei möglicherweise seine Verwicklung in einen besonders brutalen Mord im Jahre 1933, über den in der internationalen Presse berichtet worden war: Siemens, Sturmabteilung, S. 195ff. Siehe auch Orth, SD-Mann, S. 197, der davon ausgeht, dass Schuldt in Chemnitz erschossen wurde.

343 Wawrzinek, Killinger, S. 200ff.; Wagner, Mutschmann, S. 134ff.

344 Staatsanwaltschaft beim Landgericht Kiel, Schwurgerichtsanklage gegen Glauning, 19.4.1968, der im Zuge der Ermittlungen seinen Tatanteil einräumte. Die Klage wurde nicht zugelassen, da das Landgericht Kiel im Gegensatz zur Staatsanwaltschaft die Tat nur als Beihilfe (die mittlerweile verjährt war), werten wollte (Beschluss vom 23.5.1963, beide Dokumente gedr. in: Hess, Mord, S. 161ff. In den Akten zum Verfahren gegen Dietrich/Lippert findet sich ein Band mit weiteren Aussagen und Ermittlungsergebnissen zu dem Fall, erstellt durch die Kripo Plauen 1945/46 (SAM, LG München I, Nr. 28791, Bd. 31).

345 IfZ, Gn 02.15; Urteil Landgericht Nürnberg-Fürth,10.2.61; Bach-Zelewski wurde zu einer Freiheitsstrafe von 4 Jahren und 6 Monaten verurteilt. Er hatte nach langem Leugnen die „Selbstermächtigung" zur Ermordung Hohbergs zwar zugegeben, im Prozess dann aber wieder eine ihn entlastende Version abgegeben. S. auch SAM, LG München I, Nr. 28791; Bd. 39, Ausarbeitung Vera von Forthagen (1949?) über die Hintergründe.

346 Fanslau wurde hierfür wegen Beihilfe zum Mord zu drei Jahren Zuchthaus verurteilt: IfZ Gm 07/35, Schwurgerichtsurteil, 8.7.1963.

347 Schuhladen-Krämer, Exekutoren, S. 407ff.; Maier, Mattheiß.

348 Kopie der Sterbeurkunde im Wikipedia-Artikel Walter Schulz. Bei seiner Intervention im Justizministerium im Falle Mosert (s. unten S. 123) stellte Heydrich eine Verbindung zu dem Tod von Schulz her: Bei diesem sei „die Vollstreckung des Schießbefehls von demselben Kommando zur selben Zeit wie im Fall Mosert ausgeführt worden". Diese Bemerkung deutet darauf hin, dass Schulz tatsächlich im KZ Lichtenburg erschossen wurde.

349 Durch die Gestapo angefertigte Liste der Verhafteten: GSTA, Rep. 90 Ann. P, Nr. 114.

350 Thevoz/Branig/Lowenthal-Hensel. Pommern 1934/35 Bd. 2, S. 39ff.

351 Schulze, „Röhm-Putsch“, bes. S. 21ff.

352 Stapo Halle, Sept. 1934, S. 177.

353 BAB,R 3001/164159, Schreiben v. 24.7.1934.

354 Schulze, „Röhm-Putsch“, S. 27f.

355 Orth, SD-Mann, S. 125.

356 Schellenberger, Probst; Deutsche Jugendkraft 1. April 1933, S. 159: Danach ernannte der Vorstand Probst Mitte März zum Geländesportreferenten.

357 S. seine Beiträge in der Deutschen Jugendkraft, 15.8.1933, S. 369f., Wehrhaftigkeit sowie 1.7.1933, S. 292, Neue Wege zur sportlichen Erziehung.

358 Schellenberger, Probst, S. 282ff.

359 Rösch, Sport (mit einem längeren Zitat Wolkers aus einem Vortrag über Probst).

360 Schulze, „Röhm-Putsch“, S. 26; BAB NS 23/475: Auf dieser „offiziellen“ Opferliste ist Probst als „b. Lichtenburg verstorben“ benannt, was bedeuten dürfte, dass er auf dem Transport dorthin ermordet wurde.

361 VB, 23.6.1934, Aufklärung in der Gollmützer Bluttat; zur übrigen NS-Presse siehe etwa: NS Volksblatt für Westfalen 23./24. Juni 1934; Christlicher Jugendbündler ermordet Nationalsozialisten oder Das Hakenkreuzbanner, 23.6.1934, Schwarze Jugendbündler als Mörder. – Ein Vermerk aus dem PolPräs. München vom 6.4.1932, wonach sich Probst zur Vorbereitung eines Attentats in die Umgebung Röhms eingeschlichen haben soll, ist lediglich als bloßes Gerücht zu bewerten (SAM, PolDir. München 6783).

362 Der Mord an den hier genannten vier Persönlichkeiten war dazu geeignet, das Verhältnis zur Reichswehr (Schleicher), zu Vizekanzler Papen (Bose), zur katholischen Kirche (Klausener) und zu den nicht wenigen Parteigenossen, die den Abtritt Strassers Ende 1932 bedauerten, aufs Schwerste zu belasten, sodass anzunehmen ist, dass diese Entscheidungen nicht ohne ausdrückliche Zustimmung Hitlers erfolgten.

363 Regierung Hitler I, Nr. 375, Ministerbesprechung vom 3. Juli 1934.

364 So etwa Mosert, der von Angehörigen der Wachmannschaft des KZ Lichtenburg ermordet wurde und auch nicht auf der offiziellen Totenliste erscheint; Bläsner und Röhrbein, deren Ermordung möglicherweise auf die Initiative von Bach-Zelewski bzw. Eicke erfolgte; im Falle der beiden SA-Wachen aus Leobschütz wurde die Entscheidung zur Erschießung relativ spät getroffen.

365 Kahr, Stempfle, Ballerstedt, Glaser, Zehntner, Beck, Gerlich, eventuell auch Frau Zoref. Der irrtümlich ermordete Schmid ist auf der offiziellen Todesliste ursprünglich nicht aufgeführt, seine Ermordung wurde also von Hitler nicht nachträglich durch ein „Todesurteil“ autorisiert.

366 Schleicher, Bredow, Klausener, Jung, Bose, Kessel, Strasser.

367 Sie wurden auf der offiziellen Totenliste nachgetragen (BAB, NS 23/475).

368 Abgedruckt mit Ergänzungen und Korrekturen bei Orth, Schmidt, S. 102ff.

Der Autor macht darauf aufmerksam (S. 195), dass der auf der Liste aufgeführte Theodor Schmidt von der Gestapo im August 1934 als Irrtum erklärt und durch den Namen des Musikkritikers Wilhelm Schmid ersetzt wurde. Dies dürfte aber nicht als nachträgliche Autorisierung dieses „versehentlichen" Mordes zu werten sein, sondern diente dazu, Ermittlungen gegen die Mörder von Schmid zu verhindern.

369 BAB, R 3001/164159, Besprechung v. 13.10.1934.

370 Ebd., Schreiben v. 31.1.1935 und Verfügung Hitlers v. 13.2.1935.

371 Ebd., Gestapo an das Landgericht Torgau, 8.12.1934.

372 BAB, R 3001/164159, Adj. Reichsführer SS an Justizministerium, 19.1.1935: Himmler habe entschieden, den Eltern eine monatliche Rente von 150 Reichsmark anzuweisen. In der Akte befinden sich auch schriftliche „Hilferufe" des Vaters an Hitler.

373 Gruchmann, Justiz, S. 479ff.

374 GSTA, Rep. 90 Ann. P, Nr. 114. Die Angaben bei Schulze, Röhm-Putsch, S. 16ff. sind zum Teil fehlerhaft.

375 Die Liste führt insgesamt 79 Personen als noch inhaftiert auf, bei zweien findet sich der – nicht datierte Zusatz – bereits entlassen.

376 Obwohl der Münchner Teil der Aktion nach den Aussagen von Best (und anderen) in den Händen der von ihm geleiteten SD-Stelle lag.

377 Auf Anordnung Lutzes wurde Otto Schramme, SA-Gruppenführer Niedersachsen, festgenommen. Sauckel wird im Zusammenhang mit dem SA-Führer Adolf Freund sowie Berthold Ocker (ebenfalls SA-Führer?) genannt. Göring zeichnete persönlich verantwortlich für die Festnahme des Erfurter SA-Führers und Polizeipräsidenten Werner von Fichte, Heydrich für die von Fritz Brodhuber durch die Stapo Kassel. Himmler ordnete persönlich die Festnahme des Leiters der sächsischen Staatskanzlei, Ministerialdirektor Friedrich Günther, an.

378 Röhm hatte sich bereits Ende 1933 von Luetgebrune als Chef seiner Rechtsabteilung getrennt, doch der hatte sich durch seine vielfältigen Tätigkeiten als Anwalt (unter anderem durch die Vertretung jüdischer Mandanten) sowie in amtlichen Funktionen offenbar zahlreiche Feinde in der NS-Führung zugezogen: Heydeloff, Staranwalt, bes. S. 417ff. S. auch NS 23/550, Anordnung Lutzes, 3.7.1934: Ausschließung Lutzes von Luetgebrune aus der SA.

379 Alle Erklärungen in der Berliner Ausgabe des VB vom 1./2.7.1933. Der Befehl an Lutze bestand in der vom VB abgedruckten Fassung – infolge eines „technischen Versehen", wie es in der nächsten Ausgabe hieß – allerdings nur aus 10 Punkten, die später immer wieder zitierten „12 Punkte" finden sich in Domarus, Hitler I, S. 401.

380 Ereignisse vom 1. Juli in VB, 3.7.1933.

381 VB, 3. und 4.7.1934; Gesetz über Maßnahmen der Staatsnotwehr v. 3. Juli 1934 (RGBl 1934 I, S. 529).

382 Domarus, Hitler I. S. 405.

383 VB, 6.7.1934, Der Stellvertreter des Führers über die Meuterei.

384 VB, 10.7.1934, Rudolf Heß in Königsberg.

385 Regierung Hitler I, Nr. 375, Bericht des Deutschen Nachrichtenbüros vom 11.7.1934.

386 Stapo Hannover, Juni 1934 (S. 167f.).

387 S. für den Juni: Stapo Aachen (S. 166): „… war das Vertrauen zum Führer mit einem Schlage Allgemeingut der Bevölkerung"; RP Unterfr. II: „Das scharfe Zugreifen der Reichsregierung wird allgemein gebilligt"; Stapo Oldenburg, II (S. 132): „Das energische Durchgreifen des Führers wird von der Bevölkerung allseitig begrüßt". Ganz ähnlich Stapo Kassel (S. 116), RP Mittelf./Oberf. II, RP Schwaben II.

388 Für Juli: Stapo Bielefeld: „Das schnelle und rücksichtlose Eingreifen des Führers wirkte klärend und befreiend; RP Breslau: „reinigendes Gewitter"; Stapo Breslau: „große Befriedigung"; ähnlich KHS Dresden-Bautzen, Stapo Düsseldorf (S. 178), Stapo Erfurt (S. 93), Stapo Frankfurt/M. (S. 392), Stapo Frankfurt/O., Stapo Halle (RP Hildesheim,S. 197), Stapo Kassel (S. 126), RP Kassel (S. 67), Stapo Koblenz (S. 265), Stapo Köln (S. 236f.), RP Königsberg, OP Ostpreußen, RP Köslin (S. 153), RP Lüneburg, Stapo Harburg-Wilhelmsb., Stapo Magdeburg (S. 76), RP Magdeburg, OP Brandenburg, RP Schneidemühl, Stapo Stettin (S. 31), Stapo Wesermünde, RP Oberb. I, RP Pfalz I, RP Oberf./Mittelf. I, RP Schwaben I, RP Niederb./Oberp. I, RP Unterf. I, KHS Dresden-Bautzen, Thür. Min. d. Innern, Stapo Aurich, Anh. Staatsmin.; Hitlers Rede in: Domarus, Hitler I, S. 410ff.

389 Stapo Aachen, Juni 1934 (S. 167); RP Schwaben, Juni 1934 I. Juli-Berichterstattung: Stapo Hannover (S. 188), RP Merseburg (S. 107), RP Hildesheim (S. 197), Stapo Köslin (S. 153); Stapo Schneidemühl, RP Niederb./Oberfr., Stapo Köln (S. 237), Stapo Magdeburg (S. 77), Stapo Erfurt (S. 93).

390 RP Breslau, Juli und Aug. 1934.

391 Hüttenberger, Gauleiter, S. 200. Zu Brückner s. die biographische Skizze von Helmut Neubach.

392 RP Königsberg, Juli 1934.

393 Stapo Bielefeld, Juli 1934.

394 Stapo Köln, Juli 1934 (S. 239f.).

395 Stapo Koblenz, Juli 1934 (S. 266); KHS Dresden-Bautzen (Juli 1934); Stapo Breslau (Juli 1934); Stapo Stuttgart, Aug. 1934.

396 RP Potsdam, Juli 1934 (S. 141f.). S. auch Stapo Potsdam, Juli 1934 (S. 149): „Die bereits nach meinen früheren Berichten im Sinne einer Steigerung zur Kritikbereitschaft vor sich gegangene innerpolitische Entwicklung in Deutschland hat durch die Ereignisse des 30.6.1934 den erwünschten Anlaß erhalten, sich ruckartig weiter zu entwickeln und zu verbreitern."

397 RP Oberf./Mittelf., Juli 1934 I. Auch der Oberpräsident von Brandenburg nahm nach dem 30. Juni bei „einem Teil der Bevölkerung eine gewisse Kritikbereitschaft" wahr; „unberechtigten Vorwürfen gegenüber leitenden Persönlichkeiten" müsse aber entgegengetreten werden: OP Brandenburg, Juli 1934.

398 RP Breslau, Aug. 1934.

399 Stapo Koblenz, Juli 1934 (S. 267).

400 Stapo Potsdam Juli 1934 (S. 150).

401 Hannover, Juli 1934 (S. 189).

402 Stapo Koblenz, Juli 1934 (S. 266). So auch Stapo Köln, derzufolge jedoch von dieser Kritik lediglich „ein kleiner Kreis ewig Unzufriedener im Bürgertum" erfasst sei: Stapo Köln, Juli 1934 (S. 237).

403 Stapo Breslau, Juli 1934.

404 RP Pfalz, Juli 1934 I; Stapo Hannover, Aug. 1934 (S. 214); RP Unterfr., Juli 1934 I.

405 Anhalt. Staatsministerium, Juli 1934 (S. 242); Stapo Potsdam, Juli 1934 (S. 150).

406 Domarus, Hitler I, S. 418; RP Niederb./Oberpf. und KHS Dresden-Bautzen, Juli 1934.

407 Stapo Bielefeld, Juli 1934; ganz ähnlich Gauleitung Westfalen-Nord, Juli 1934.

408 Stapo Aachen, Juli 1934 (S. 209f.).

409 Stapo Düsseldorf, Juli 1934 (S. 179).

410 Stapo Frankfurt/M., Juli 1934 (S. 394).

411 Stapo Recklinghausen, Juli 1934.

412 Gauleitung Westfalen-Nord, Juli 1934.

413 Petersen, Mussolini, S. 344ff.; ADAP C III, Nr. 5 und Nr. 7, Aufzeichnungen Neurath vom 15. Juni über die Unterredung am Vortag. Wie bei Hitler der Eindruck entstehen konnte, Mussolini werde einen NS-Putsch in Österreich hinnehmen, ist aufgrund dieser Aufzeichnungen nicht nachvollziehbar.

414 Jagschitz, Putsch, S. 99ff.; Bauer, Elementar-Ereignis.

415 Hierzu Bauer, Elementar-Ereignis, mit den Details des Aufstands im gesamten Land.

416 Jagschitz, Putsch, S. 82ff., ging von dieser Konkurrenzthese aus, ähnlich Schausberger, Griff, S. 289, der Hitler Untätigkeit attestiert, sowie Schafranek, Sommerfest, S. 214, demzufolge Hitler den Putschplänen, soweit sie ihm bekannt wurden, „keinen ernstlichen Widerstand" entgegensetzte. Auch Schafranek, Söldner, S. 151f.: Für das Scheitern des Putschplanes war u.a. ein Veto Hitlers (vom Februar) maßgebend, der in den folgenden Monaten zumindest partiell auf einen neuen Kurs und nicht auf eine Gewaltlösung setzt; aus Sicht der SA kam der Putsch der SS „verfrüht". Ross, Hitler und Dollfuß, S. 233: Die Rivalität zwischen Partei/SS und SA habe „die Motivation des Putschplanes entscheidend mitbestimmt". Bauer, Elementar-Ereignis, S. 120, vermutete, Hitler habe die Dinge „einfach … treiben lassen".

417 Von Reichenau hatte bereits Anfang Juni an einer Besprechung in Hitlers Privatwohnung teilgenommen, bei der auch Reschny anwesend gewesen war (Schausberger, Griff, S. 287f.).

418 Goebbels-Tagebücher, 24.7.1934 über den 22.7. Zu den Konsequenzen, die dieser Fund für die Gesamtbewertung des Putsches hat, s. Kurt Bauer: Hitler und der Juli-Putsch. Hinweis auf die Goebbels-Eintragung bereits bei Longerich, Himmler, S. 187.

419 Domarus, Hitler I, S. 427.

420 Jagschitz, Putsch, S. 182 zu den unmittelbaren Folgemaßnahmen.

421 Juli 1934: Stapo Bielefeld, Stapo Düsseldorf (S. 178), Stapo Koblenz (S. 266),

OP Brandenburg, RP Ober- und Mittelfr. II, Stapo Köln (S. 259), OP Ostpreußen, Stapo Magdeburg (S. 77), RP Magdeburg, (S. 86f.); die Stapo Harburg-Wilhelmsbg. nahm „eine Art Kriegsangstpsychose im Volke" wahr. August: Stapo Köln (S. 310), RP Trier, PolPol., Stuttgart.

422 Stapo Frankfurt/O. sowie Aachen (S. 210), Juli 1934 sowie RP Oberf./Mittelf., Juli 1934 II.

423 Zu Hindenburgs Tod und die Nachfolgeregelung: Pyta, Hindenburg, S. 855ff.

424 Regierung Hitler I, Nr. 382, Ministerbesprechung v. 1.8.1934; RGBl 1934 I S. 747, Gesetz über das Staatsoberhaupt des Deutschen Reiches v. 1.8.1934; Goebbels TB, 2.8.1934.

425 Hierzu die Überlegungen bei Müller, Heer, S. 134ff.

426 Regierung Hitler I, Nr. 383, Ministerbesprechung vom 2. August.

427 Jung, Plebiszit, S. 61ff. zur Abstimmung sowie S. 68 zu den Ergebnissen.

428 So notierte die Stapo Kassel (S. 146) Gerüchte über „in zahlreichen ländlichen Wahlbezirken mehr oder weniger bedeutungsvolle Wahlschwindeleien", wobei man davon ausgehe, „daß ein Teil der Gerüchte auf Wahrheit beruht". Der OP der Rheinprov. schrieb, „die aus dem Ausland kommende Behauptung von Terror und Wahlfälschung" könne man bedauerlicherweise „nicht ohne jede Einschränkung zurückweisen". Der Kreishauptmann Zwickaus berichtete, in einzelnen Gemeinden hätten sich „Abordnungen des Abstimmungsvorstandes in die Wohnungen der bettlägerig kranken Abstimmungsberechtigten verfügt und dort unter deren Zustimmung die Abstimmung der Kranken durchgeführt". In der Bevölkerung werde die Ansicht geäußert, dass die Stimmzettel bzw. Umschläge gekennzeichnet werden. – Hinweise auf Verletzung des Wahlgeheimnisses finden sich in RP Hannover (S. 214) sowie RP Wiesbaden (Registrierung von Nein-Stimmen), auf Wahlmanipulationen in RP Arnsberg, RP Koblenz (S. 330), RP Wiesbaden sowie RP Lüneburg, alle Berichte Aug. 1934.

429 OP Rheinprovinz, Abstimmungsergebnisse in der Rheinprovinz, 11.9.1934.

430 RP Minden, Aug.1934. Auch die Stapo Kassel (S. 147) kam zu der Schlussfolgerung, „der Wahlausfall darf nicht darüber hinwegtäuschen, daß gerade in den Reihen der Ja-Sager sehr viele verantwortungsbewußte Kritiker zu suchen sind"; ähnlich KHS Leipzig (beide Aug. 1934).

431 Stapo Dortmund, Stapo Aachen (S. 292), Gauleitung Westfalen-Nord, RP Minden (alle Aug. 1934).

432 OP Schlesien, OP Sachsen (S. 104f.), RP Osnabrück (S. 85), Stapo Kassel (S. 147, zitiert Bericht eines V-Manns über den Kreis Gelnhausen), Stapo Trier (S. 986), PolDir. Augsburg (alle Aug. 1934). – Demgegenüber wird das schlechte Resultat nur vereinzelt darauf zurückgeführt, dass Teile der Bevölkerung den eigentlichen Gegenstand des Plebiszits, nämlich die Billigung des Gesetzes über die Nachfolge des Reichspräsidenten, ablehnten: Stapo Köln (S. 307) sowie PolDir. Augsburg (beide Aug. 1934).

433 RP Minden und RP Gumbinnen, Aug. 1934.

434 OP Brandenburg, OP Prov. Sachsen (S. 105f.), OP Ostpreußen, RP Allenstein, RP Arnsberg, RP Liegnitz, RP Lüneburg, RP Merseburg (S. 144), RP Sigmaringen, RP Wiesbaden, RP Niederb./Oberpf, RP Zwickau, Stapo Koblenz (S. 334), Stapo Recklinghausen (alle Aug. 1934).

435 RP Merseburg (S. 142), ähnlich Stapo Koblenz (S. 334) und OP Prov. Sachsen (S. 106), alle Aug. 1934.

436 Stapo Köln, Aug. 1934 (S. 313).

437 RP Arnsberg, RP Trier.

438 RP Allenstein, RP Arnsberg, RP Liegnitz, Gestapo Trier, Anh. Staatsmin. (alle Aug. 1934).

439 OP Ostpreußen, Aug. 1934.

440 Stapo Köln, Aug. 1934 (S. 312).

441 So in den August-Berichten: RP Breslau, Stapo Koblenz (S. 334), RP Liegnitz, RP Lüneburg, OP Magdeburg, RP Pfalz. Trotz dieser Beschwernisse stünde, so die Behauptung einiger Berichte, die große Mehrheit der Arbeiterschaft hinter dem Regime: RP Arnsberg, Stapo Dortmund, Stapo Köln (S. 311), RP Trier (alle Aug. 1934).

442 RP Minden, RP Breslau, Stapo-Bielefeld, RP Hannover, RP Königsberg, RP Sigmaringen, KHS Zwickau; OP Rheinprov., Abstimmungsergebnisse in der Rheinprovinz (alle Berichte Aug. 1934).

443 Ferner aus der August-Berichterstattung: RP Allenstein, RP Breslau, Stapo Dortmund, RP Merseburg (S. 141, HJ), Stapo Hannover (S. 214), Stapo Kassel (S. 147, Kreis Gelnhausen), RP Königsberg, RP Münster (HJ), RP Osnabrück (S. 86), Stapo Recklinghausen, RP Schneidemühl, RP Mittelf./Oberf., RP Niederb./Oberpf., RP Wiesbaden.

444 Stapo Aachen (S. 302), Stapo Dortmund, Stapo Köln (S. 320), RP Schneidemühl (alle Aug. 1934).

445 RP Breslau und RP Liegnitz, Aug. 1934.

446 Sammlungen: RP Schneidemühl, RP Merseburg (S. 142), Stapo Hannover (S. 207, Hildesheim), PolDir. Augsburg, KHS Zwickau, OP Brandenburg (alle Aug. 1934). Gesetz über das Verbot von öffentlichen Sammlungen v. 3.7.1934 (RGBl. 1934 I S. 531).

447 Stapo Bielefeld; negative Auswirkungen des Kirchenstreits auf das Wahlergebnis auch bei RP Schneidemühl, RP Arnsberg (Siegerland), RP Lüneburg, RP Münster, GL Münster (für das Mindener-Ravensberger Land), Stapo Recklinghausen sowie OP Rheinprov., Abstimmungsergebnisse in der Rheinprovinz (alle August 1934).

448 Stapo Aachen (S. 291) und RP Trier, Juli 1934. Ferner in der August-Berichterstattung: RP Arnsberg, Stapo Bielefeld, RP Minden, Stapo Kassel (S. 151), Stapo Koblenz (S. 330), Stapo Köln (S. 307f.), RP Königsberg, RP Liegnitz, OP Prov. Sachsen (insbesondere für das katholische Eichsfeld), RP Münster, Gauleitung Westfalen-Nord, OP Westfalen, RP Osnabrück (S. 84f.), Stapo Recklinghausen, RP Wiesbaden, Anh. Staatsmin. sowie OP Rheinprov., Abstimmungsergebnisse in der Rheinprovinz.

449 Stapo Köln, Aug. 1934 (S. 317).

450 OP Ostpreußen, Sonderbericht Kirchenpolitik sowie Lagebericht, beide Aug. 1934.

451 RP Münster, Aug. 1934.

452 GL Münster Aug.1934. S. ferner Gestapo Aachen (S. 291): „Außerordentlich stark dürfte das Wahlergebnis die Beurteilung der Erschiessung Klauseners und Probsts durch die hiesige Bevölkerung beeinflusst haben." Stapo Bielefeld: Der Klerus habe sich „auch in Gottesdiensten mit den Fällen Dr. Klausener und Probst beschäftigt und erreicht, daß diese Fälle in der katholischen Bevölkerung sehr stark besprochen werden." S. hierzu auch RP Pfalz, RP Minden sowie RP Schneidemühl (alle Berichte Aug. 1934).

453 OP Westfalen und RP Osnabrück (S. 84).

454 Pol.Präs. Berlin, Sonderbericht über die Gestaltung der kirchenpolitischen Lage im Landespolizeibezirk Berlin, 15.9.1934.

455 So die Beurteilung bei Müller, Heer, S. 125f.

456 Regierung Hitler I, S. 1358.

457 So Herbert, Best, in seiner Zusammenfassung der neu gewonnenen Kompetenzen Himmlers in Best, 147; vgl. Longerich, Himmler, S. 184ff.

458 Zur SA nach dem 30. Juni 1934 s. Longerich, Geschichte, S. 220ff. sowie Siemens, Sturmabteilung, S. 255ff.

Bibliografie

Literatur

Erwein Freiherr von Aretin, Fritz Michael Gerlich. Prophet und Märtyrer. Sein Kraftquell, 2. Aufl. München 1983

Frank Bajohr, Parvenüs und Profiteure, Korruption in der NS-Zeit, Frankfurt a. M. 2004

Kurt Bauer, Elementar-Ereignis. Die österreichischen Nationalsozialisten und der Juliputsch 1934, Wien 2003

Kurt Bauer, Hitler und der Juliputsch 1934 in Österreich. Eine Fallstudie zur nationalsozialistischen Außenpolitik in der Frühphase des Regimes, in: Vierteljahrshefte für Zeitgeschichte 59 (2011), S. 193–227.

Volker R. Berghahn, Der Stahlhelm. Bund der Frontsoldaten 1918–1935, Düsseldorf 1966

Gerhard Besier, Die Kirchen und das Dritte Reich: Spaltungen und Abwehrkämpfe 1934–1937 – Berlin etc. 2001 (zitiert als Besier, Kirchen III)

Richard Bessel, Anfänge des Terrorregimes: Zur Rolle der Gewalt der SA beim Aufstieg des Nationalsozialismus, in: Die Linke im Visier, S. 52–69.

Charles Bloch, Die SA und die Krise des NS-Regimes 1934, Frankfurt a. M. 1970

Christoph Buchheim, Das NS-Regime und die Überwindung der Weltwirtschaftskrise in Deutschland, in: Vierteljahrshefte für Zeitgeschichte 56 (2008), S. 381–414.

Bürgerkriegsarmee. Forschungen zur nationalsozialistischen Sturmabteilung (SA). Hg. v. Yves Müller, Frankfurt a. M. 2013

Gustavo Corni, Horst Gies, Brot – Butter – Kanonen: Die Ernährungswirtschaft in Deutschland unter der Diktatur Hitlers, Berlin 1997

Wilhelm Deist, Die Aufrüstung der Wehrmacht, in: Ursachen und Voraussetzungen der deutschen Kriegspolitik, Stuttgart 1979, S. 39–467.

Stephan Deutinger, Gustav von Kahr. Regierungspräsident von Oberbayern 1917–1924, in: Die Regierungspräsidenten von Oberbayern im 19. und 20. Jahrhundert. Hrsg. im Auftr. von Regierungspräsident Werner-Hans Böhm durch Stephan Deutinger, Karl-Ulrich Gelberg und Michael Stephan, München 2005, S. 218–231.

Veronika Diem, Fritz Beck (1889–1934) und die Gründungsgeschichte des Münchner Studentenwerks, in: Elisabeth Kraus [Hrsg.]: Die Universität München im Dritten Reich. Aufsätze, Teil I, München 2006, S. 43–71.

Ortwin Domröse, Der NS-Staat in Bayern von der Machtergreifung bis zum Röhm-Putsch, München 1974

Michael Ebi, Export um jeden Preis. Die deutsche Exportförderung von 1932–1938, Stuttgart etc. 2004

Kerstin Engelhardt, Frauen im Konzentrationslager Dachau, in: Dachauer Hefte 14 (1998), S. 218–244.

Conan Fischer, Stormtroopers. A social, economic and ideological analysis, 1929–35, London/Boston/Sydney 1983

Hermann Foertsch, Schuld und Verhängnis. Die Fritsch-Krise im Frühjahr 1938 als Wendepunkt in der Geschichte der nationalsozialistischen Zeit, Stuttgart 1951

Matthias Frese, Betriebspolitik im „Dritten Reich". Deutsche Arbeitsfront, Unternehmer und Staatsbürokratie in der westdeutschen Großindustrie 1933–1939, Paderborn 1991

Michael Geyer, Aufrüstung oder Sicherheit. Die Reichswehr in der Krise der Machtpolitik, 1924–1936, Wiesbaden 1980

Karl Martin Graß, Edgar Jung, Papenkreis und Röhmkrise 1933/34. Heidelberg 1966

Otto Gritschneder, „Der Führer hat Sie zum Tode verurteilt …". Hitlers „Röhm-Putsch"-Morde vor Gericht, München 1993

Klaus Große Kracht, Erich Klausener (1885–1934), Preußentum und Katholische Aktion zwischen Weimarer Republik und Dritten Reich, in: Preußische Katholiken und katholische Preußen im 20. Jahrhundert. Hg. v. Richard Faber und Uwe Puschner, Würzburg 2011, S. 271–296.

Lothar Gruchmann, Justiz im Dritten Reich 1933–1940, Anpassung und Unterwerfung in der Ära Gürtner, 3. A., München 2001

Judith Hahn, Erwin Villain und Leonardo Conti: Scharmützel unter NS-Kameraden. in: Deutsches Ärzteblatt 104 (2007), S. 2862f.

Eleanor Hancock, Ernst Röhm. Hitler's SA chief of staff, New York 2008

Ulrich Herbert, Arbeiterschaft im „Dritten Reich". Zwischenbilanz und offene Fragen, in: Geschichte und Gesellschaft 15 (1989), S. 320–360.

Ulrich Herbert, Best: Biographische Studien über Radikalismus, Weltanschauung und Vernunft 1903–1989, Bonn 1996

Beatrix Herlemann, Der Bauer klebt am Hergebrachten. Bäuerliche Verhaltensweisen unterm Nationalsozialismus auf dem Gebiet des heutigen Landes Niedersachsen, Hannover 1993

Wolfgang Hess, Der Mord an Karl Lämmermann am 1. Juli 1934 in Plauen. Eine Dokumentation, Plauen 1993

Rudolf Heydeloff, Staranwalt der Rechtsextremisten. Walter Luetgebrune in der Weimarer Republik, in: Vierteljahrshefte für Zeitgeschichte 32 (1984), S. 373–421.

Heinz Höhne, Mordsache Röhm: Hitlers Durchbruch zur Alleinherrschaft, 1933–1934, Reinbek bei Hamburg 1984

Peter Hüttenberger, Die Gauleiter. Studie zum Wandel des Machtgefüges in der NSDAP, Stuttgart 1969

Detlev Humann, Alte Kämpfer in der neuen Zeit. Die sonderbare Arbeitsvermittlung für NS-Parteigänger nach 1933, in: Vierteljahrschrift für Sozial- und Wirtschaftsgeschichte 98 (2011), S. 173–194.

Detlev Humann, „Arbeitsschlacht". Arbeitsbeschaffung und Propaganda in der NS-Zeit 1933–1939, Göttingen 2011

Holger Impekoven, Die Alexander von Humboldt-Stiftung und das Ausländerstudium in Deutschland 1925–1945. Von der „geräuschlosen Propaganda" zur Ausbildung der „geistigen Wehr" des „Neuen Europa", Göttingen 2013

Gerhard Jagschitz, Der Putsch. Die Nationalsozialisten 1934 in Österreich, Graz 1976

Mathilde Jamin, Zur Rolle der SA im nationalsozialistischen Herrschaftssystem, in: Der „Führerstaat": Mythos und Realität, Stuttgart 1981, S. 329–360.

Michael H. Kater, Ansätze zu einer Soziologie der SA bis zur Röhm-Krise, in: Soziale Bewegung und politische Verfassung. Beiträge zur Geschichte der modernen Welt. Hg. v. Ulrich Engelhardt, Stuttgart 1976

Günther Kimmel, Das Konzentrationslager Dachau. Eine Studie zu den nationalsozialistischen Gewaltverbrechen, in: Bayern in der NS-Zeit, Bd. 2. Herrschaft und Gesellschaft im Konflikt. Hg. v. Martin Broszat u. Elke Fröhlich, München 1979, S. 349–413.

Jochen Klenner, Verhältnis von Partei und Staat 1933–1945. Dargest. am Beispiel Bayerns, München 1974

Helmut Krausnick, Der 30. Juni 1934, Bedeutung, Hintergründe, Verlauf, in: Aus Politik und Zeitgeschichte, 30. Juni 1954, S. 317–324.

Rudolf Lehmann, Rudolf, Die Leibstandarte, 2. A., Osnabrück 1978

Peter Longerich, Die braunen Bataillone. Geschichte der SA, München 1989, verbess. u. ergänzte Neuauflage u.d.T. Geschichte der SA (München 2003)

Peter Longerich, Hitler, München 2015

Thomas Maibaum, Die Führerschule der deutschen Ärzteschaft Alt-Rehse, Diss. (online) Hamburg, 2007, S. 241ff.

Roland Maier, Herrmann Mattheiß. Leiter der Politischen Polizei in Württemberg 1933 bis 1934, in: Stuttgarter NS-Täter. Vom Mitläufer bis zum Massenmörder, Stuttgart 2009, S. 114–119.

Hermann Mau, Die „Zweite Revolution" – Der 30. Juni 1934, in: Vierteljahrshefte für Zeitgeschichte 1 (1953), S. 119–137.

Stefan Meetschen, Ein gerader Weg. Der katholische Journalist, Widerstandskämpfer und Märtyrer Fritz Gerlich, Kißlegg 2015

Kurt Meier, Der evangelische Kirchenkampf. Gesamtdarstellung in drei Bänden, Bd. 1: Der Kampf um die „Reichskirche", Göttingen 1976

Reiner Möckelmann, Franz von Papen. Hitlers ewiger Vasall, Darmstadt 2016

Günter Morsch, Arbeit und Brot. Studien zu Lage, Stimmung, Einstellung und Verhalten der deutschen Arbeiterschaft 1933–1936/37, Frankfurt a. M. etc. 1993

Rudolf Morsey: Fritz Gerlich (1883–1934). Ein früher Gegner Hitlers und des Nationalsozialismus, Paderborn 2016

Klaus-Jürgen Müller, Das Heer und Hitler. Armee und nationalsozialistisches Regime 1933–1940, Stuttgart 1969

Daniela Münkel, Nationalsozialistische Agrarpolitik und Bauernalltag, Frankfurt a. M. etc. 1996

Daniela Münkel, Bauern und Nationalsozialismus. Der Landkreis Celle im Dritten Reich, Bielefeld 1991

Helmut Neubach, Helmuth Brückner. Gauleiter von Schlesien, 1925–1934, Stuttgart 1998

Wilhelm Niemöller, Der Pfarrernotbund. Geschichte einer kämpfenden Bruderschaft, Hamburg 1973

Rainer Orth: „Der Amtssitz der Opposition"? Politik und Staatsumbaupläne im Büro des Stellvertreters des Reichskanzlers in den Jahren 1933–1934, Köln 2016

Rainer Orth, Martin Lennings und das Rätsel des Reichstagsbrandes, Stuttgart 2021

Rainer Orth, Der SD-Mann Johannes Schmidt, Marburg 2012

Rainer Orth, Der SA-Führer Edmund Heines als Prototyp des nationalsozialistischen Gewaltmenschen, in: Triduum Historicum. Początek końca czy początek „nowego świata"?, Hg. v. Jamil Frąckiewicz/ Agnieszka Klarman, Wrocław 2022, S. 75–90.

Jens Petersen, Hitler – Mussolini. Die Entstehung der Achse Berlin-Rom 1933–1936, Tübingen 1973

Joachim Petzold, Franz von Papen. Ein deutsches Verhängnis. Buchverlag Union, München/Berlin 1995

Othmar Plöckinger, Geschichte eines Buches: Adolf Hitlers „Mein Kampf" 1922–1945, 2. A., München 2011

André Postert, Die Hitlerjugend. Geschichte einer überforderten Massenorganisation, Göttingen 2021

Wolfram Pyta, Hindenburg: Herrschaft zwischen Hohenzollern und Hitler, München 2007

Hans-Jürgen Rautenberg, Deutsche Rüstungspolitik vom Beginn der Genfer Abrüstungskonferenz bis zur Wiedereinführung der allgemeinen Wehrpflicht, 1932–1935, Bonn 1973

Hans-Günter Richardi, Schule der Gewalt. Die Anfänge des Konzentrationslagers Dachau 1933–1934. Ein dokumentarischer Bericht, München 1983

Heinz-Egon Rösch, Sport um der Menschen willen. 75 Jahre DJK-Sportverband „Deutsche Jugendkraft", 1920–1995, Aachen 1995

Dieter Ross, Hitler und Dollfuß. Die deutsche Österreich-Politik, 1933–1934, Hamburg 1966

Andrea Rudorff, Misshandlung und Erpressung mit System. Das Konzentrationslager „Vulkanwerft" in Stettin-Bredow, in: Instrumentarium der Macht. Frühe Konzentrationslager 1933–1937. Hg. v. Wolfgang Benz u. Barbara Distel, Barbara, Berlin 2003, S. 35–69.

Martin Rüther, Lage und Abstimmungsverhalten der Arbeiterschaft. Die Vertrauensratswahlen in Köln 1934 und 1935, in: Vierteljahrshefte für Zeitgeschichte 39 (1991), S. 221–264.

Bernhard Sauer, Othmar Toifl (1898–1934). Kurt Dalueges geheimnisvoller Nachrichtenmann, in: Zeitschrift für Geschichtswissenschaft 64, 2016, S. 833–853.

Bernhard Sauer, In Heydrichs Auftrag: Kurt Gildisch und der Mord an Erich Klausener während des „Röhm-Putsches", Berlin 2017

Wolfgang Sauer, Die Mobilmachung der Gewalt, Köln/Opladen 1974 (zuerst 1962)

Hans Schafranek, Sommerfest und Preisschießen. Die unbekannte Geschichte des NS-Putsches im Jahre 1934, Wien 2006

Hans Schafranek, Söldner für den Anschluss. Die Österreichische Legion 1933–1938, Wien 2011

Norbert Schausberger, Der Griff nach Österreich. Der Anschluß, Wien 1978

Barbara Schellenberger, Adalbert Probst (1900–1934). Katholischer Jugendführer – Opfer des Nationalsozialismus, in: Düsseldorfer Jb. 69 (1998), S. 279–286.

Kurt Schilde/Johannes Tuchel, Columbia-Haus. Berliner Konzentrationslager 1933–1936, Berlin 1990

Daniel Schmidt, Der SA-Führer Hans Ramshorn. Ein Leben zwischen Gewalt und Gemeinschaft (1892–1934), in: Vierteljahrshefte für Zeitgeschichte, 60 (2012) S. 201–235.

Detlef Schmiechen-Ackermann, Der „Blockwart": Die unteren Parteifunktionäre im nationalsozialistischen Terror- und Überwachungsapparat, in: Vierteljahrshefte für Zeitgeschichte 48 (2000), S. 575–602.

Michael Schneider, Unterm Hakenkreuz, Arbeiter und Arbeiterbewegung 1933 bis 1939, Bonn 1999

Klaus Scholder, Die Kirchen und das Dritte Reich, Frankfurt a. M. 1977. Bd. 1: Vorgeschichte und Zeit der Illusionen 1918–1934, 1977; Bd. 2: Das Jahr der Ernüchterung 1934, 1985

Jürgen Schuhladen-Krämer, Die Exekutoren des Terrors. Hermann Mattheiß, Walter Stahlecker, Friedrich Mußgay. Leiter der Geheimen Staatspolizeileitstelle Stuttgart", in: Michael Kißener u. Joachim Scholtyseck (Hrsg.): Die Führer der Provinz, Konstanz 1999, S. 405–432.

Dietmar Schulze: Der „Röhm-Putsch" in der Provinz Sachsen, in: Hallische Beiträge zur Zeitgeschichte Nr. 15 (2005), S. 9–34.

Martin Schuster, Die SA in der nationalsozialistischen „Machtergreifung“ in Berlin und Brandenburg 1926–1934, online, 2005

Wolfram Selig, Ermordet im Namen des Führers. Die Opfer des Röhm-Putsches in München, in: Staat, Kultur, Politik. Beiträge zur Geschichte Bayerns und des Katholizismus. Festschrift zum 65. Geburtstag von Dieter Albrecht. Hg. v. Winfried Becker u. Werner Chrobak, Kallmünz/Opf. 1992, S. 341–356.

Daniel Siemens, SA-Gewalt, nationalsozialistische Revolution und Staatsräson. Der Fall des Chemnitzer Kriminalamtschefs Albrecht Böhme 1933/34, in: Nikolaus Wachsmann, Sybille Steinbacher (Hrsg.): Die Linke im Visier. Zur Errichtung der Konzentrationslager 1933, Göttingen 2014, S. 191–213.

Daniel Siemens, Sturmabteilung, München 2019

Robert Thévoz, Hans Branig, Cécil Lowenthal-Hensel, Pommern 1934/35 im Spiegel von Gestapo-Lageberichten und Sachakten. Bd. 2: Darstellung, Köln/Berlin 1974

Adam J. Tooze, Ökonomie der Zerstörung. Die Geschichte der Wirtschaft im Nationalsozialismus, München 2007

Thilo Vogelsang, Der Chef des Ausbildungswesens (Chef AW), in: Gutachten des Instituts für Zeitgeschichte, Bd. II, S. 146–156.

Hans-Erich Volkmann, Die NS-Wirtschaft in Vorbereitung des Krieges, in: Ursachen und Voraussetzungen der deutschen Kriegspolitik, Stuttgart 1979, S. 209–435.

Andreas Wagner, Mutschmann gegen Killinger. Konfliktlinien zwischen Gauleiter und SA-Führer während des Aufstiegs der NSDAP und der „Machtergreifung“ im Freistaat Sachsen, Beucha 2001

Bert Wawrzinek, Manfred von Killinger (1886–1914). Ein politischer Soldat zwischen Freikorps und Auswärtigem Amt, Preußisch Oldendorf 2003

Klaus Wisotzky, Der Ruhrbergbau im Dritten Reich. Studien zur Sozialpolitik im Ruhrbergbau und zum sozialen Verhalten der Bergleute in den Jahren 1933–1939, Düsseldorf 1983

Alexander Zinn, Die soziale Konstruktion des homosexuellen Nationalsozialisten: Zu Genese und Etablierung eines Stereotyps, Frankfurt a. M. 1997

Wolfgang Zollitsch, Die Vertrauensratswahlen von 1934 und 1935. Zum Stellenwert von Abstimmungen im „Dritten Reich“ am Beispiel Krupp, in: Geschichte und Gesellschaft 15 (1989), S. 361–381.

Memoiren

Rudolf Diels, Lucifer ante portas. Es spricht der erste Chef der Gestapo, Stuttgart 1950

Theodor Duesterberg, Der Stahlhelm und Hitler, Wolfenbüttel/Hannover 1949

Hans Bernd Gisevius, Bis zum bitteren Ende. Vom 30. Juni 1934 zum 20. Juli 1944, Frankfurt a. M./Berlin 1964

Franz von Papen, Der Wahrheit eine Gasse, München 1952

Ernst Röhm, Geschichte eines Hochverräters, München 1928, 5. A., München 1934

Paul Schulz, Meine Erschiessung am 30. Juni 1934, 1948, ND Stuttgart 1967.

Fritz Günther von Tschirschky, Erinnerungen eines Hochverräters, Stuttgart 1972

Rüdiger v. Wechmar, Akteur in der Loge, Berlin 2000

Zeitgenössische Periodika

Deutsche Corps-Zeitung

Deutsche Jugendkraft

Nationalsozialistische Monatshefte

Reichsgesetzblatt Teil I

Ministerialblatt für die preußische innere Verwaltung

Der SA-Mann

Statistisches Jahrbuch für das Deutsche Reich

Völkischer Beobachter

Quellen-Editionen

Akten deutscher Bischöfe über die Lage der Kirche. Bd. 1: 1933–1934. Bearb. v. Bernhard Stasiewski, Mainz 1968

Akten der Reichskanzlei. Regierung Hitler 1933–1938, Teil I. Hg. v. Karl-Heinz Minuth, Boppard a. Rh. 1983

Akten zur Deutschen Auswärtigen Politik, Serie C, Bd. 2 und 3, Göttingen 1973

Berichte des SD und der Gestapo über Kirchen und Kirchenvolk in Deutschland, 1934–1944. Bearb. v. Heinz Boberach, Mainz 1971

Deutschland-Berichte der Sozialdemokratischen Partei Deutschland (Sopade) 1934–1940. Neuausgabe als Nachdruck hg. v. Klaus Behnke, 7 Bde., Frankfurt a. M. 1980

Dokumente zur Kirchenpolitik des Dritten Reiches, Bd. 2: 1934–1935. Hg. v. Georg Kretschmar, Carsten Nicolaisen und Gertraud Grünzinger, München 1975

Gestapo Hannover meldet … Polizei- und Regierungsberichte für das mittlere und südliche Niedersachsen zwischen 1933 und 1937. Bearb. u. eingel. von Klaus Mlynek, Hildesheim 1986

Gestapo Oldenburg meldet … Berichte der Geheimen Staatspolizei und des Innenministers aus dem Freistaat und Land Oldenburg 1933–1936. Bearb. und eingel. von Albrecht Eckhardt und Katharina Hoffmann, Hannover 2002

Gestapo Osnabrück meldet … Polizei- und Regierungsberichte aus dem Regierungsbezirk Osnabrück aus den Jahren 1933 bis 1936. Bearb. und eingeleitet von Gerd Steinwascher, Osnabrück 1995

Hitler. Reden und Proklamationen 1933–1945. Kommentiert von einem deutschen Zeitgenossen. Hg. v. Max Domarus, Bd. 1, Neustadt a. d. Aisch 1963

International Military Tribunal, Der Prozeß gegen die Hauptkriegsverbrecher vor dem Internationalen Militärgerichtshof, 42 Bde., Nürnberg 1947–1949

Die Lageberichte der Geheimen Staatspolizei über die Provinz Brandenburg und die Reichshauptstadt Berlin 1933 bis 1936. Hg. von Wolfgang Ribbe, Köln etc. Bd. 1: Der Regierungsbezirk Potsdam. Mit erg. Materialien bearb., eingel. u. erl. von Sibylle Hinze, 1998

Die Lageberichte der Geheimen Staatspolizei über die Provinz Hessen-Nassau 1933–1936. Mit erg. Materialien hg., eingel. u. erl. von Thomas Klein, 2 Bde., Köln/Wien 1986

Die Lageberichte der Geheimen Staatspolizei zur Provinz Sachsen. 1933 bis 1936, Hg. von Hermann-J. Rupieper u. Alexander Sperk. Bd. 1: Regierungsbezirk Magdeburg. Bearb. v. Alexander Sperk, 2003; Bd. 2: Regierungsbezirk Merseburg. Bearb. v. Alexander Sperk, 2004; Bd. 3: Regierungsbezirk Erfurt. Bearb. v. Alexander Sperk, 2006

Lageberichte rheinischer Gestapostellen. Bearb. von Anselm Faust, Bd. 1: 1934, Düsseldorf 2012

Meldungen aus Münster 1924–1944. Geheime und vertrauliche Berichte von Polizei, Gestapo, NSDAP und ihren Gliederungen, staatlicher Verwaltung, Gerichtsbarkeit und Wehrmacht über die politische und gesellschaftliche Situation in Münster. Eingel. u. bearb. v. Joachim Kuropka, Münster 1992

Monologe im Führerhauptquartier 1941–1944. Die Aufzeichnungen Heinrich Heims. Hg. v. Werner Jochmann, Hamburg 1980

Klaus-Jürgen Müller, Reichswehr und „Röhm-Affäre". Aus den Akten des Wehrkreiskommandos (Bayer.) VII, in: Militärgeschichtliche Mitteilungen 3/1968, S. 107–144.

Der Regierungsbezirk Kassel 1933–1936. Bericht der Regierungspräsidenten und der Landräte. Hg. u. eingel. von Thomas Klein, 2 Bde., Darmstadt 1985

Der Reichstagsbrand. Eine wissenschaftliche Dokumentation. Hg. v. Walther Hofer und Alexander Bahar, Freiburg 1992

Ernst Röhm, Die nationalsozialistische Revolution und die S. A. Berlin (1934)

Daniel Siemens, Rechtfertigung und Selbsterhöhung nach der „Nacht der langen Messer". Die Aufzeichnungen von SA-Stabschef Viktor Lutze 1934 bis 1943, in: Vierteljahrshefte für Zeitgeschichte 71 (2023), S. 370–433.

Bernd Stöver, Berichte über die Lage in Deutschland. Die Lagemeldungen der Gruppe Neu Beginnen aus dem Dritten Reich; 1933–1936, Bonn, Dietz, 1996

Irene Strenge: Ferdinand von Bredow. Notizen vom 20.2.1933 bis 31.12.1933. Tägliche Aufzeichnungen vom 1.1.1934 bis 28.6.1934, Berlin 2009

Die Tagebücher von Joseph Goebbels. Teil 1: Aufzeichnungen 1923–1941. Hg. v. Elke Fröhlich, Bd. 2/3 und Bd.3/1, München 2006 und 2005

Robert Thévoz, Hans Branig, Cécil Lowenthal-Hensel, Pommern 1934/35 im Spiegel von Gestapo-Lageberichten und Sachakten. Bd. 1: Quellen, Köln/Berlin 1974

Ursachen und Folgen. Vom deutschen Zusammenbruch 1918 und 1945 bis zur staatlichen Neuordnung Deutschlands in der Gegenwart. Eine Urkunden- und Dokumentensammlung zur Zeitgeschichte. Hg. v. Herbert Michaelis und Ernst Schraepler, Bd. 9 u. 10, Berlin 1964 und 1965

Verfolgung und Widerstand unter dem Nationalsozialismus in Baden. Die Lageberichte der Gestapo und des Generalstaatsanwalts Karlsruhe 1933–1940. Hg v. Jörg Schadt, Stuttgart etc. 1976

Archive

Bundesarchiv Berlin

NS 10	Adjutantur des Führers
NS 23	SA
R 1501	Reichsinnenministerium
R 3001	Reichsjustizministerium
R 43 II	Reichskanzlei

Geheimes Staatsarchiv Preußischer Kulturbesitz Berlin

Rep 90 Ann. P. Geheime Staatspolizei

Bayerisches Hauptstaatsarchiv München

Staatskanzlei

Staatsarchiv München

Landgericht München I
Staatsanwaltschaften
Polizei-Direktion München

Staatsarchiv Hamburg

Bestand SA

Staatsarchiv Koblenz

Landesarchiv NRW, Abteilung Ostwestfalen-Lippe, Detmold
M 1 I P Regierungspräsident Minden

Landesarchiv NRW, Abteilung Westfalen, Münster

001/NSDAP, Gauleitung Westfalen-Nord, Nr. 4

Niedersächsisches Landesarchiv, Abteilung Osnabrück

Rep 945 Landgericht Osnabrück

Institut f. Zeitgeschichte München

Bestände ED, ZS, Fa, G

Verzeichnis der Fundorte der Stimmungs- und Lageberichte

Preußische Oberpräsidenten

OP Brandenburg	BAB, R 58/3713
OP Prov. Sachsen	Lageberichte Prov. Sachsen, RegBez. Magdeburg
OP Ostpreußen	BAB, R 58/3874
OP Rheinprovinz	BAB, R 58/3856
OP Schlesien	BAB, R 58/3722
OP Westfalen	BAB, R 58/3916

Preußische Regierungspräsidenten und Stapo-Stellen

Stapo Aachen	Lageberichte Rhein. Gestapostellen
RP Allenstein	BAB, R 58/3621
RP Arnsberg	BAB, R58/3627
RP Aurich Jan	BAB, R 58/3630
Stapo Berlin	R 58/3026
PolPräs. Berlin	R 58/3026
Stapo Bielefeld, Juli 1934	R 58/3709
Stapo Bielefeld, Aug. 1934	GSTA Rep 90 Ann. P 14.6
Stapo Breslau	BAB, R 58/3722
Stapo Düsseldorf	Lageberichte Rhein. Gestapostellen
Stapo Dortmund, Nov. 1933	BAB/R 43 II/1263
Stapo Dortmund, Aug. 1934	GSTA Rep 90 Ann. P 14.3
Stapo Erfurt	Lageberichte Geheime Staatspolizei Sachsen, Bd. 3
Stapo Frankfurt/Main	Lageberichte Geheime Staatspolizei Hessen-Nassau
Stapo Frankfurt/Oder	GSTA, Rep 90 Ann. P 2.3
RP Gumbinnen	R 58/3821
Stapo Halle	Lageberichte Geheime Staatspolizei Sachsen, Bd. 2
Stapo Hannover	Gestapo Hannover meldet
PolPräs. Hannover	Gestapo Hannover meldet
RP Hannover	Gestapo Hannover meldet
Stapo Harburg-Wilhelmsb.	GSTA, Rep 90 Ann. P 3.3.
RP Hildesheim	Gestapo Hannover meldet
Stapo Kassel	Lageberichte Geheime Staatspolizei Hessen-Nassau
RP Kassel	Regierungsbezirk Kassel
Stapo Koblenz	Lageberichte Rhein. Gestapostellen
RP Koblenz	Lageberichte Rhein. Gestapostellen
RP Köln	BAB, R 58/3860
Stapo Köln	Lageberichte Rhein. Gestapostellen
RP Königsberg	BAB, R 58/3874

RP Köslin	Thévoz u.a., Pommern
RP Liegnitz	BAB, R 58/3890
RP Lüneburg	BAB, R 58/3895
Stapo Magdeburg	Lageberichte Geheime Staatspolizei Sachsen, Bd. 1
RP Magdeburg	Lageberichte Geheime Staatspolizei Sachsen, Bd. 1
RP Merseburg	Lageberichte Geheime Staatspolizei Sachsen, Bd. 2
RP Minden	LA Detmold, M 1 I P Nr. 630
RP Münster	BAB, R 58/3916
Stapo Osnabrück	Gestapo Osnabrück meldet …
Stapo Potsdam	Lageberichte Geheime Staatspolizei Brandenburg
Stapo Recklinghausen	BAB, R 58/3944
RP Sigmaringen	BAB, R 58/3989
RP Schneidemühl	BAB, R 58/3956
Stapo Stettin	Thévoz u.a., Pommern
RP Trier	BAB, R 58/ R 58/3972
Stapo Wesermünde	GSTA, Rep 90 Ann. P 3.7.
RP Wiesbaden	BAB, R 58/ R 58 3987

Bayern

RP Niederb./Oberb.	BayHSTA, StK 6672
RP Oberbayern	BayHSTA, StK 6670
RP Oberf./Mittelf.	BayHSTA, StK 6677
RP Pfalz	BayHSTA, StK 6675
RP Schwaben	BayHSTA, StK 6682
RP Unterfranken	BayHSTA, StK 6680
PolDir Augsburg	BayHSTA, StK 6697

Sachsen

Sächsisches Ministerium des Innern	BAB, R58/ R 58/3036a
KHS Dresden-Bautzen	BAB, R 58/3750
KHS Leipzig	BAB, R 58 3884
KHS Zwickau	BAB R 58/3992

Andere Dienststellen

Stapo Karlsruhe	Verfolgung und Widerstand Baden
Stapo Lübeck	BAB, R 58/2057
Mecklenburgische Politische Polizei	BAB, R 58/ R 58 2086
Oldenburg	Gestapo Oldenburg meldet …
Politische Polizei Stuttgart, Aug. 1933	BAB, R 58/2088
Stapo Stuttgart, Aug. 1934	BAB, R 58/3968
Thür. Min. d. Innern	BAB, R 58/3975
Gauleitung Westfalen-Nord	SAMs, 001/NSDAP, GL Westfalen-Nord, Nr. 4

Abkürzungsverzeichnis

Anhalt. Staatsministerium Anhaltinisches Staatsministerium

BA Bezirksamt

BAB Bundesarchiv Berlin

BayHSTA Bayerisches Hauptstaatsarchiv

DAF Deutsche Arbeitsfront

Ebd. Ebenda

Gestapo Geheime Staatspolizei

HJ Hitlerjugend

IfZ Institut für Zeitgeschichte

IMT International Military Tribunal

KHS Kreishauptmannschaft

LA Detmold Landesarchiv NRW, Abteilung Ostwestfalen-Lippe, Detmold

LG Landgericht

MinBlatt Ministerialblatt für die preußische innere Verwaltung

Mitttelf. Mittelfranken

NB Neu Beginnen

NSBO Nationalsozialistische Betriebszellen Organisation

NSDAP Nationalsozialistische Deutsche Arbeiterpartei

OA Oberabschnitt

Oberb. Oberbayern

Oberf. Oberfranken

Oberpf. Oberpfalz

OP Oberpräsident

OSAF Oberster SA-Führer

PolPol Politische Polizei

PolDir. Polizei-Direktion

PolPräs. Polizeipräsidium

RGBl Reichsgesetzblatt

RP Regierungspräsident

SA Sturmabteilung

SAHH Staatsarchiv Hamburg

SAMs Landesarchiv NRW, Abteilung Westfalen, Münster

SAOs Niedersächsisches Landesarchiv, Abteilung Osnabrück

Sächs. Min. des Innern Sächsisches Ministerium d. Innern

SAM Staatsarchiv München

SOPADE Sozialdemokratische Partei Deutschlands

SS Schutzstaffel

Stapo Staatspolizeistelle

Stat. Jahrbuch Statistisches Jahrbuch

Stk Staatskanzlei

UF Ursachen und Folgen

Unterf. Unterfranken

VB Völkischer Beobachter

Bildnachweis

Friedrich / Interfoto / picturedesk.com: Cover; 4

ullstein bild - Hoffmann / Ullstein Bild / picturedesk.com: 2; 54 u.; 55 o.

ullstein bild / Ullstein Bild / picturedesk.com: 10; 50 u. re.; 108 o.; 109 u.; 110 o.; 111 u. li.; 113 o. re., u. re.; 146 o., u. li.

WEIMA / Mary Evans / picturedesk.com: 50 o.

akg-images / picturedesk.com: 50. u. li.; 51 u. li.; 54 o.; 108 u. re.; 158

dpa / dpa Picture Alliance / picturedesk.com: 51 o.

Fotoarchiv für Zeitgeschichte / dpa Picture Alliance / picturedesk.com: 51 u. re.

Fritz Gerlich Archiv, Sankt Michaelsbund Diözesanverband: 52 o. li., o. m.

Bayerische Staatsbibliothek, Karikatur aus dem „Geraden Weg" vom 26. Februar 1933, digiPress.digitale-sammlungen.de: 52 o. re.

Simplicissimus, 1931, Heft 16, Seite 182, Simplicissimus Online-Edition, Klassik Stiftung Weimar: 52 u. re.

Roger-Viollet / picturedesk.com: 53 o.

ullstein bild - Hans Henschke / Ullstein Bild / picturedesk.com: 53 u. li.

Universitätsbibliothek Heidelberg, digi.ub.uni-heidelberg.de, „Der Wahre Jacob", 16.7.1932: 53 u. re. (Willi Steinert); 55 u. „Der Wahre Jacob", 15.10.1932 (Gerhart Holler)

Bayerisches Hauptstaatsarchiv München: 62; 112 o.

Scherl / SZ-Photo / picturedesk.com: 108 u. li.; 109 o.; 111 o.; 112 u. re.; 126; 147 o., u. re.

SZ Photo / SZ-Photo / picturedesk.com: 110 u. li., 146 o.

Sammlung Rauch / Interfoto / picturedesk.com: 110 u. re.

Austrian Archives (S) / brandstaetter images / picturedesk.com: 111 u. re.

Reichstags-Handbuch 1933, IX. Wahlperiode, Verlag der Reichsdruckerei, Berlin 1934: 112 u. li.

Staatsnotwehrgesetz vom 3.7.1934, Wikipedia Creative Commons: 113 o. li.

awkz / Interfoto / picturedesk.com: 113 u. li.

Personalities / TopFoto / picturedesk.com: 144

New York Times, 1.7.1934, nytimes.com, Wikipedia Creative Commons: 145 o.

dpa / picturedesk.com: 145 m.

1934 Le Magazine d'Aujourd'hui, Paris, vom 11.7.1934 Bibliothèque nationale de France, gallica.bnf.fr: 145 u. li.

Das kleine Blatt, Wien, 1934, ANNO / Österreichische Nationalbibliothek Online: anno.onb.ac.at: 145 u. re.

Der Großdeutsche Reichstag 1938, IV. Wahlperiode, R. v. Decker's Verlag, Berlin 1938: 146 u. re.

Liebe Leserin,
lieber Leser,

hat Ihnen unser Buch gefallen?

Dann freuen wir uns über Ihre Weiterempfehlung! Und erzählen Sie davon, Ihren Freundinnen und Freunden, Ihrer Buchhändlerin oder Ihrem Buchhändler. Weil jede gute Geschichte davon lebt, weitergetragen zu werden.

/Styriabuchverlage

Wollen Sie weitere Informationen zu unserem Programm? Möchten Sie mit Peter Longerich in Kontakt treten? Wir freuen uns auf Austausch und Anregung unter

post@styriabooks.at

Inspiration, Geschenkideen und gute Geschichten finden Sie auf

www.styriabooks.at

ISBN 978-3-222-15103-3

Projektleitung: Stefan Schlögl
Umschlaggestaltung und Layout: Emanuel Mauthe, Extraplan
Lektorat: Palma Müller-Scherf
Korrektorat: Arnold Klaffenböck
Herstellungsleitung: Franz Schaffer
Druck und Bindung: GRASPO, Zlín, Tschechien
Printed in the EU
7 6 5 4 3 2 1